新时代高等法学教育创新教材

# 国际经济法案例教程

宋阳 主编　　李乐儿　刘学文 副主编

知识产权出版社
全国百佳图书出版单位
—北京—

**图书在版编目（CIP）数据**

国际经济法案例教程/宋阳主编. —北京：知识产权出版社，2020.8
ISBN 978-7-5130-7069-0

Ⅰ.①国… Ⅱ.①宋… Ⅲ.①国际经济法—案例—教材 Ⅳ.①D996

中国版本图书馆 CIP 数据核字（2020）第 132939 号

**责任编辑**：韩婷婷　　**责任校对**：谷　洋
**封面设计**：张　悦　　**责任印制**：刘译文

**国际经济法案例教程**

主　编　宋　阳
副主编　李乐儿　刘学文

| | |
|---|---|
| **出版发行**：知识产权出版社有限责任公司 | **网　　址**：http://www.ipph.cn |
| **社　　址**：北京市海淀区气象路 50 号院 | **邮　　编**：100081 |
| **责编电话**：010-82000860 转 8359 | **责编邮箱**：176245578@qq.com |
| **发行电话**：010-82000860 转 8101/8102 | **发行传真**：010-82000893/82005070/82000270 |
| **印　　刷**：北京建宏印刷有限公司 | **经　　销**：各大网上书店、新华书店及相关专业书店 |
| **开　　本**：720mm×1000mm　1/16 | **印　　张**：17 |
| **版　　次**：2020 年 8 月第 1 版 | **印　　次**：2020 年 8 月第 1 次印刷 |
| **字　　数**：295 千字 | **定　　价**：65.00 元 |

ISBN 978-7-5130-7069-0

contents

# 目录

# ■ 第一章

# 国际经济法的渊源

## 案例一　灿林实业有限公司国际货物贸易合同上诉案

### 案情简介

我国台湾灿林实业有限公司（以下简称“灿林公司”）于 1999 年 11 月 19 日向巴基斯坦某公司销售了一批布料，该合同是由台湾偕格公司（以下简称“偕格公司”）作为居间人促成的，但是巴基斯坦的买方并没有及时地支付货款 93626 元。灿林公司遂向偕格公司催要，偕格公司承诺一定将其中五笔货款合计 71689 元以电传的方式汇至灿林公司账户。但剩余欠款，偕格公司拒绝予以支付，并要求灿林公司向巴基斯坦的买家讨要。灿林公司认为，虽然布料并不是销售给偕格公司的，但是合同一直是与偕格公司进行谈判的，且偕格公司既已明示承诺给付，亦可认为偕格公司同意承担债务。因而，依买卖契约及债务承担之法律关系，请求偕格公司给付 93626 元及法定迟延利息之判决是合理的。

但是偕格公司则辩称：其仅为灿林公司与巴基斯坦厂商间的买卖提供中介服务，销售确认书是确认灿林公司将货物运至巴基斯坦交予买方后，偕格公司应得总销售金额 3% 的佣金，偕格公司亦未曾表示同意承担本件货款债务等语，资为抗辩。

台湾地区法院经审理后认为：灿林公司主张双方于 1999 年签订销售确认书，灿林公司因此送货至巴基斯坦予偕格公司所指定之国外客户，且销售契约书上记载有 3% 佣金的事实，已有销售确认书及中译本为证，并为偕格公司所不争执，堪信为真实。灿林公司虽主张该销售确认书是保全双方买卖证据之书面契约，然销售确认书是否即为买卖契约，不能仅凭双方就标的物、数量、价金、付款条件之约定即为认定，仍应参酌契约内之条款以认定双方是否有以彼此为买卖契约当事人之合意。依双方销售确认书中所记载“我们很荣幸提供贵公司以下之交易条件与情形”“含运保费交易条件（佣金百分之三）”等字句。衡情，倘双方即为买卖双方，何需有佣金之记载。灿林公司虽称此为给付国外贸易商之利润，然偕格公司否认有国外贸易商存在，灿林公司就此未能举证证明，尚不足采，是以销售确认书并不足以证明双方间为买卖关系。本件买卖之发票是由灿林公司直接开立给巴基斯坦厂商，巴基斯坦厂商亦直接开立信用状予灿林公司，此有被灿林公司所提之商业发票与信用状为证，灿林公司就此并不争执。

灿林公司主张贸易商为争取时效及节省程序之繁复，常要求直接由出卖人将货物出口予国外客户，贸易商亦会要求国外客户直接将信用状开给出货人，此乃国际贸易常有之交易习惯云云。惟据灿林公司所提之经济部国际贸易局书函记载，仅谓灿林公司所指系属国内外买卖双方、供货商之自行约定行为，该书函并无认此为常有之贸易习惯，灿林公司亦未证明本件乃循此方式所签订。而台北市进出口商业同业公会函则说明：“佣金制”贸易为国际贸易交易形态之一种。此特色为：货物买卖时，经由当事人以外的第三者居间进行，买卖双方或单方须支付第三者佣金以作为其报酬，而第三者不负担其交易盈亏及付款的风险。因此，国内供货商应直接出口货品予国外进口商，并由国外贸易商直接开信用状或付款予国内供货商，再由国内供货商开立以国外客户为买主名义之发票，有该回函足凭。以本件商业发票及信用状之记载，交易相对人即出卖人为灿林公司，买受人为国外公司，再参诸前开销售确认书佣金 3%记载，堪认符合上列佣金制贸易形态，灿林公司此部分之主张非可采信。灿林公司另主张偕格公司曾为送往中国大陆珠海及巴基斯坦之货物给付订金新台币（下同）300 万元。至于背书交付锦利公司名义之 380 万元支票，是借给灿林公司的，并举偕格公司法定代理人何宇辉 1999 年 10 月 12 日汇款 300 万元之银行存款往来明细为证。偕格公司则抗辩该笔汇款是贷与灿林公司的，灿林公司嗣后以锦利公司所签发之支票，背书清偿。查证人即锦利公司联络人陈玉坤到场证称：其系向灿林公司买货，所以交付一张 300 万元支票，因灿林公司欠偕格公司钱，所以灿林公司将支票转给偕格公司等语。另灿林公司前法定代理人王音之亦称：证人所述之支票是他们直接将票

380余万元交给偕格公司，说灿林公司欠他300万元扣下后，多余的80多万元会还给我，他请他们公司的人送来给我们公司的小姐背书……我答应过等语。灿林公司虽谓该300万元是偕格公司购买销往珠海、巴基斯坦货物之订金，惟灿林公司自陈货款共150万元，如依惯例付三成订金，应是新台币（下同）1000多万元，而灿林公司仅收取300万元，显与应付订金差距甚大，且其嗣后竟愿以锦利公司名义之支票背书退还偕格公司380余万元，实不合情理，灿林公司复未能证明嗣后交付支票为借贷行为，其主张不足采信。双方虽于2000年2月17日签认传真函表示："关于ZAHRA已出货但未开出信用证的部分（共计六笔），贵公司（指偕格公司）同意将由加拿大电汇货款至本公司（指灿林公司）结账，资将明细列述如下，并附上供参考……"观此记载内容，偕格公司同意由加拿大方面电汇款项结账，惟偕格公司仅为加拿大公司之代理商，此经证人陈玉坤证实在卷，核与偕格公司抗辩由于巴基斯坦厂商在其购买灿林公司之布料制成成衣后出口给美国一家进口商，母公司在加拿大，偕格公司为其代理商，因此灿林公司要求偕格公司向加拿大公司交涉，在巴基斯坦成衣出口后能将其布款由货款中扣下转汇给灿林公司，偕格公司承办员配合其所希望之方式签署同意书并配合办理等情，并无不合，该传真函亦难证明买卖关系存于双方之间。

灿林公司虽又主张，偕格公司于2000年1月11日致函灿林公司谓"以下为本公司向贵公司采购布料至珠海及孟加拉国的账目，本公司预付款……"，显已承认双方间为买卖关系云云。偕格公司则辩称是因珠海等方面厂商为长久客户，故先代为垫款付账，工作人员不明法律关系，才写为买卖等语。姑不论是否代垫款，双方争执之本件买卖系销往巴基斯坦，自与销往珠海或孟加拉国部分无法同论。何况证人陈玉坤亦证称：布料系其通过偕格公司向灿林公司购买，所以交付一张300万元支票给灿林公司等语，灿林公司亦自承认证人陈先生向灿林公司购买云云，并有灿林公司给锦利公司之发票、锦利公司给灿林公司之支票在卷足凭。依证人陈玉坤所述交易过程，既系通过偕格公司中介向灿林公司购买，再由灿林公司收取佣金，与本件灿林公司举销售确认书、商业发票、信用状之记载交易过程相仿，足认偕格公司同是立于中介之地位，而非属买受人。至于证人戴瑞祥虽证称偕格公司是向灿林公司直接下订单云云，惟依其陈述内容，该证人对本件买卖之实际情形并未亲自见闻，其所为有利于灿林公司之证言，不足采信。又灿林公司虽主张，本件销售确认书上共有五家国外厂商之买卖，倘偕格公司受该家厂商委任中介买卖，理应订立五份销售确认书或于确认书内一一分列厂商购买数量，何况五家厂商事后申诉函所载订购数量与销售确认书不符云云。然该销售确认书既是由灿林公司出具，旨在确认提供偕格公司交易条件如何及佣金，并非必须就五家厂商各别订立确认书，或所载数量必与最终送货数量一致，尚难因此即认销售确认书为买卖契约性质。灿林公司又主张，纵认双方间未存有买卖关系，惟偕格公司既已于上列 2000 年 2 月 17 日传真函承诺给付所争款项，该传真函至少亦可认系双方间之债务承担契约，偕格公司即应给付所争款项云云。惟依“民法”债务承担之规定，仍须有债务承担意思表示合致为前提，偕格公司既只是加拿大公司之代理商，该函又仅是同意由加拿大汇款结账，并不足以认为偕格公司本身有为债务承担之表示，灿林公司复未能提出其他证据证明有此合意，此部分主张亦不足采。灿林公司主张双方已签订销售确认书，偕格公司为买卖契约之当事人，且偕格公司已同意负担尚未给付之货款，无法采信。偕格公司抗辩其仅为灿林公司与买方之中介，销售确认书是确认灿林公司将货物运至巴基斯坦交予买方后，偕格公司应得总销售金额 3% 的佣金等情况，则为可采信。灿林公司本于买卖契约及债务承担之法律关系，请求偕格公司给付 93626 元及迟延利息，即有未合，不应准许。因此法院驳回了灿林公司的诉讼请求。

## 争议焦点

1. 灿林公司与偕格公司之间存在何种法律关系？
2. 应当如何确定交易习惯的性质？习惯在交易中究竟起到什么作用？
3. 债务承担需要符合哪些构成要件方可予以认定？

## 学理分析

1. 对于第一个问题，根据债法的一般原理，合同是确立当事人之间权利义务的一种协议。且合同具有相对性，只能约束当事人，对第三人没有约束力。但是，同样需要指出的是，合同成立的形式又是多种多样的。口头、书面以及某种行为都可以作为缔结合同的意思表示。因此，在法院的审理过程中就必须要努力去确认双方的法律关系。在该案审理过程中，法院查明了双方所提交的证据，并通过证据相互之间的印证关系认定：“销售确认书是否即为买卖契约，不能仅凭双方就标的物、数量、价金、付款条件之约定即为认定，仍应参酌契约内之条款以认定双方是否有以彼此为买卖契约当事人之合意。依双方销售确认书中所记载‘我们很荣幸提供贵公司以下之交易条件与情形’‘含运保费交易条件（佣金百分之三）’等字句衡情，倘双方即为买卖双方，何需有佣金之记载。灿林公司虽称此为给付国外贸易商之利润，然偕格公司否认有国外贸易商存在，灿林公司就此未能举证证明，尚不足采，是以销售确认书并不足以证明双方间为买卖关系。”可见，仅凭销售确认书不足以认定双方当事人之间存在买卖合同。此时，法院就需要借鉴各种已经存在的商事习惯或者惯例来确定双方的买卖合同是否存在。

《国际商事合同通则》对合同法形式的定义如下：

《国际商事合同通则》第2.16条（合同的形式）

（1）本通则不要求合同须以书面订立或以书面证明。合同可以包括人证在内的任何形式证明。

（2）书面合同如有条款表明其文字已完全包含了当事人已达成一致的条件，则先前的声明或协议均不能作为证据对抗或补充该合同。但此声明或协议可用来解释合同文字。

（3）书面合同如有条款规定双方必须以书面形式协议修改或终止合同，不得以其他方式协议修改或终止合同。但是，一方当事人的行为，如已使另一方当事人寄以信赖，该当事人不得坚持此项规定。

从上述规定来看，要想确认是否存在合同，则必须要证明当事人的行为相互之间已然充分密合，足以产生约束力。而从当事人的行为和交易的条款来看，灿林公司显然不能证明与偕格之间成立了货物买卖的合同关系。

2. 对于第二个问题，在当事人没有明示选择的情况下，交易惯例和交易习惯仅仅是一种事实。虽然这种事实并非对合同的成立毫无意义，也并非仅仅是作为合同条款存在的一种自治性规则，必须足够明确且在当事人明确知晓这种习惯的存在的前提下，才能对当事人产生约束力。这种约束力的来源与法律的直接约束的情况是不尽相同的。

3. 对于第三个问题，对于债务承担来说，英美法主张必须有充分之“约因”才可促成，也就是说必须证明债务承担人获得了承担债务的好处后，才可以判定令其承担债务。而大陆法系则从主观角度出发，认为必须充分确认债务承担人承担债务之明确的意思表示后才可令其承担债务。对此问题法院认为：“‘民法’债务承担之规定，仍须有债务承担意思表示合致为前提，偕格公司既只是加拿大公司之代理商，该函又仅是同意由加拿大汇款结账，并不足认为偕格公司本身有为债务承担之表示，灿林公司复未能提出其他证据证明有此合意，此部分主张亦不足采。”这也体现了台湾地区法官的大陆法思维模式。不过，即使依照英美法，在没有证明偕格公司获得了承担债务对价的情况下，也是不能判令其承担债务的。

## 案例二　长城工贸有限责任公司诉佛莱芒有限责任公司货物买卖案

### 案情简介

北京长城工贸有限责任公司与荷兰某有限责任公司设在中国上海的独资公司——佛莱芒有限责任公司（上海）签订了一份货物买卖合同，北京长城工贸有限责任公司购买佛莱芒有限责任公司（上海）通信设备一套。交货地点在北京长城工贸有限责任公司在北京延庆的仓库。该合同还约定，如果因为合同的执行发生争议，首先通过双方协商。协商不成，请双方都信任的某公司调解。如果调解也不成的话，就提交中国国际经济贸易仲裁委员会上海分会仲裁，适用的法律为《联合国国际货物销售合同公约》。

### 争议焦点

1. 对该合同，应该适用的法律是什么？

2. 当事人能否选择适用《联合国国际货物销售合同公约》作为该合同的准据法？

### 学理分析

判断合同当事人选择适用的法律规定是否正确，要看合同的性质。而判断合同的性质，要看合同是否有涉外因素、当事人的身份如何。结合上述因素，本案中当事人选择适用的法律规定是不正确的。理由主要是：

1. 从合同性质上来看，该案不属于国际经济法调整的范围。国际经济法调整的是超越国境的经济关系的规范总和，这就要求经济关系必须具有国际性，即主体具有国际性，当事人不在同一个国家；经济关系具有国际性，订立合同或履行合同的行为发生在不同的国家；或是买卖合同的标的具有跨国流动的性质；等等。而本合同显然都不具备以上这些条件。尤其是合同双方当事人都是中国的法定代表人，因为外商独资公司只要在中国工商部门登记就是中国的公司。

2. 该案中的合同不适用《联合国国际货物销售合同公约》。该公约的适用范围是：

（1）公约适用于国际性的货物销售合同。公约采用营业地标准作为衡量买卖合同是否具有国际性，营业地处于不同国家的当事人之间订立了销售合同，适用该公约，而不考虑国籍因素，不考虑货物是否发生了跨国运输，也不考虑合同的当事人发生的要约和承诺是否在不同的国家。例如，都是美国人出资开办的公司，一个在墨西哥，依当地法律设立；一个在加拿大，根据当地法律设立，这两个公司之间的货物买卖属于国际货物买卖。这两个公司与当地企业的货物买卖属于国内货物买卖。营业地是指永久性营业地，如果当事人有数个营业地，与合同及合同履行联系最密切的营业地为永久性营业地。

（2）公约适用于当事人所在国都是公约缔约国的国际货物销售合同。如果当事人所在国都是公约的缔约国，当然可以在销售合同中明确规定适用该公约解决争议，即使双方没有按照意思自治原则在销售合同中就法律适用作出规定，将自动适用公约。在当事人一方或双方都不是缔约国的情况下，根据公约第一条第一款第六项，也可以因为国际私法规则，导致适用某一公约缔约国的法律，而使当事人之间的销售合同适用公约。例如，日本人与加拿大人订立了销售合同，且没有规定法律适用问题，发生争议以后，在加拿大起诉，加拿大法院根据国际私法的“最密切联系原则”，决定适用加拿大法律，这个时候，就应该适用公约，而不是加拿大的国内法，因为加拿大是缔约国。

（3）公约是非强制性的规范。根据意思自治原则，即使当事人双方所在国都是缔约国，也可以在合同中明示或默示排除适用公约，选择其他法律作为准据法，当事人也可以通过合同规定改变公约效力。例如，公约第三十九条规定，声称货物与合同不符的期限，最长不得超过 2 年，在合同中可以声明该条款不适用，或改为 1 年。但是，缔约国作出保留的条款不能排除或改变其效力。

（4）公约不涉及的法律问题。公约第四条规定，该公约适用于销售合同的订立以及当事人因此种合同产生的权利义务。公约不适用于：合同及其任何条款的效力或任何惯例的效力；合同对所受货物的所有权可能产生的影响；所受货物对任何人造成伤害或死亡的产品责任。

（5）公约不适用的交易及货物销售。首先，公约不适用于由于买方提供大部分原材料制作和销售的货物，这属于来料加工。其次，公约不适用于供货方的大部分义务在于提供劳务和服务的合同。再次，公约不适用于以下几种货物销售：①供私人或家庭使用而购买的货物；②经由拍卖销售的货物；③根据法律执行令状或其他令状销售货物；④货币、债券销售；⑤船舶、飞机与气垫船销售；⑥电力销售；⑦卖方的主要义务在于提供劳务或其他服务的买卖。

3. 在国际经济法律渊源问题上，如果是一个纯国内贸易合同，是不能使用国际经济条约的，就算当事人选择适用也不可以。但是却有可能适用某些国际商事惯例，例如 Incoterms 2010 版就明确规定，既可以适用于国际贸易，也可以适用于国内贸易。

综上所述，当事人选择适用联合国 CISG 公约是有问题的，法院不应予以适用，而应该依据我国的国内法予以判决。

## 相关法律法规

**《联合国国际货物销售合同公约》**

第一条

（1）本公约适用于营业地在不同国家的当事人之间所订立的货物销售合同：

（a）如果这些国家是缔约国；或

（b）如果国际私法规则导致适用某一缔约国的法律。

（2）当事人营业地在不同国家的事实，如果从合同或从订立合同前任何时候或订立合同时，当事人之间的任何交易或当事人透露的情报均看不出，应不予考虑。

（3）在确定本公约的适用时，当事人的国籍和当事人或合同的民事或商业性质，应不予考虑。

第二条　本公约不适用于以下的销售：

（a）购供私人、家人或家庭使用的货物的销售，除非卖方在订立合同前任何时候或订立合同时不知道而且没有理由知道这些货物是购供任何这种使用；

（b）经由拍卖的销售；

(c) 根据法律执行令状或其他令状的销售;

(d) 公债、股票、投资证券、流通票据或货币的销售;

(e) 船舶、船只、气垫船或飞机的销售;

(f) 电力的销售。

第三条

(1) 供应尚待制造或生产的货物的合同应视为销售合同,除非订购货物的当事人保证供应这种制造或生产所需的大部分重要材料。

(2) 本公约不适用于供应货物一方的绝大部分义务在于供应劳力或其他服务的合同。

第四条　本公约只适用于销售合同的订立以及卖方和买方因此种合同而产生的权利和义务。特别是,本公约除非另有明文规定,与以下事项无关:

(a) 合同的效力,或其任何条款的效力,或任何惯例的效力;

(b) 合同对所售货物所有权可能产生的影响。

第五条　本公约不适用于卖方对于货物对任何人所造成的死亡或伤害的责任。

第六条　双方当事人可以不适用本公约,或在第十二条的条件下,减损本公约的任何规定或改变其效力。

第十二条　本公约第十一条、第二十九条或第二部分准许销售合同或其更改或根据协议终止,或者任何发价、接受或其他意旨表示得以书面以外任何形式作出的任何规定不适用,如果任何一方当事人的营业地是在已按照本公约第九十六条作出了声明的一个缔约国内,各当事人不得减损本条或改变其效力。

第三十九条

(1) 买方对货物不符合同,必须在发现或理应发现不符情形后一段合理时间内通知卖方,说明不符合同情形的性质,否则就丧失声称货物不符合同的权利。

(2) 无论如何,如果买方不在实际收到货物之日起两年内将货物不符合同情形通知卖方,他就丧失声称货物不符合同的权利,除非这一时限与合同规定的保证期限不符。

# 案例三　商事惯例与成文法冲突时的解决方法：某经纪公司诉德国某船舶转卖人佣金纠纷案

## 案情简介

试图转卖船舶的当事人 Z 是在德国汉堡市登记注册船舶的所有人。自 1959 年年初开始，在原告某经纪公司 I 的介绍下，上诉人与被上诉人开始进行船舶买卖事宜谈判，委托 I 公司将船舶以约定的价格进行出售。

在 1959 年 5 月 19 日的往来信件中，被告 Z 在针对船舶的固定报价中，如是描述："此份报价中包含给您的 2% 佣金费用。"

后在原告 I 公司的努力下，在印度尼西亚某国有公司 Mo 在 1959 年 12 月 16 日同意购买标的船舶 P，买卖双方确认了合同买卖条款，双方就船舶购买价 690000 马克达成一致意见，前述价格还包括了按约定给予上诉人的 2% 的佣金。

在 1960 年 1 月 19 日的电报中，被告 Z 告知案外人 Mo 同意交付船舶。然而，由于此份电报并未获得对方的回应，因此被告 Z 在 1960 年 1 月 21 日通过电报的形式提醒对方合同结束。1960 年 1 月 28 日 Z 电报致函 Mo，致函中说船舶 P 目前还可以供货，也就是说船舶所有人同意如果合同对方最晚于 1960 年 2 月 2 日上午 10 点之前将履约保证款项打入指定的德国银行，则双方签署的合同还继续生效，否则卖方可以自由处置船舶。对此电报 Mo 通过 1960 年 2 月 1 日的电报回应 L 如下：相关汇款将于 3 月初汇入。

根据合同中的约定，被告 Z 公司解除了合同，被上诉人将标的船舶 P 以价格 52750 英镑（约为 615000 德国马克）卖往了南非，但原告 I 不是本次船舶买卖交易活动中的中介方。现在原告 I 公司向 Z 公司主张合同成立后的佣金共计 13800 马克，但被被告 Z 公司拒绝。

原告主张根据《德国民法典》第六百五十二条的规定"某人就报告订立合同的机会或充当合同的媒介而许诺支付居间佣金的，仅在合同因该报告或居间人的媒介而成立时，许诺支付居间佣金的人才有义务去支付佣金。"但被告Z公司主张，根据汉堡地区上市交易的惯例，在船舶居间义务虽然完成，但是在委托人没有将船舶真正卖出并取得价款的情况下，居间人无权取得佣金，并提供了汉堡船舶商会的证言。

## 争议焦点

在居间合同中，居间人已然完成了中介义务并且让委托人的出售合同成立。可是由于非委托人的原因，合同没有被履行时被告能否依据在汉堡地区通行的商事惯例对抗《德国民法典》的规定？

## 学理分析

该案件在德国是一个引发争议的疑难案件，在初审中原告I公司胜诉，然而在上诉程序和再审程序中，初审法院的意见被推翻。上诉法院以双方当事人都是商人为由，援引了《德国商法典》第三百四十六条的规定“在商人之间，在行为的效力和意义方面，应注意在商业往来中的惯例和习惯”，并且指出：“确认了商业习惯或商业惯例，则在没有其他特殊参考的情况下，前述法院所确认的商业习惯或商业惯例就成了合同双方协议内容的一部分，合同双方如果不愿意遵守商业惯例或商业习惯，则必须在合同中明确约定排除对商业习惯或商业惯例的适用。即使是缔约合同的一方当事人认为根本不存在需要遵守的商业习惯或商业惯例，商业习惯或商业惯例也是有效的。缔约合同的当事人否认商业习惯或商业惯例的观点不重要，重要的是对方应该如何理解由合同另外一方所发表的陈述。如果存在有利于合同对方的商业惯例或商业习惯，则合同当事人中对方的陈述说明是否考虑了商业惯例或商业习惯就很重要。”

## 相关法条

**一、《中华人民共和国民法典》**

第九百六十一条　中介合同是中介人向委托人报告订立合同的机会或者提供订立合同的媒介服务，委托人支付报酬的合同。

第九百六十二条　中介人应当就有关订立合同的事项向委托人如实报告。

中介人故意隐瞒与订立合同有关的重要事实或者提供虚假情况，损害委托人利益的，不得请求支付报酬并应当承担赔偿责任。

第九百六十三条　中介人促成合同成立的，委托人应当按照约定支付报酬。对中介人的报酬没有约定或者约定不明确，依据本法第五百一十条的规定仍不能确定的，根据中介人的劳务合理确定。因中介人提供订立合同的媒介服务而促成合同成立的，由该合同的当事人平均负担中介人的报酬。中介人促成合同成立的，中介活动的费用，由中介人负担。

第九百六十四条　中介人未促成合同成立的，不得请求支付报酬；但是，可以按照约定请求委托人支付从事中介活动支出的必要费用。

**二、《德国民法典》**

第六百五十二条　某人就报告订立合同的机会或充当合同的媒介而许诺支付居间佣金的，仅在合同因该报告或居间人的媒介而成立时，许诺支付居间佣金的人才有义务去支付佣金。

**三、《德国商法典》**

第三百四十六条　在商人之间，在行为的效力和意义方面，应注意在商业往来中的惯例和习惯。

**四、《联合国国际货物销售合同公约》**

第九条

（1）双方当事人业已同意的任何惯例和他们之间确立的任何习惯做法，对双方当事人均有约束力。

（2）除非另有协议，双方当事人应视为已默示地同意对他们的合同或合同的订立适用双方当事人已知道或理应知道的惯例，而这种惯例，在国际贸易上，已为有关特定贸易所涉同类合同的当事人所广泛知道并为他们所经常遵守。

**五、《国际商事合同通则》**

《国际商事合同通则》5.1.2条：默示的义务源自于：（b）当事人各方之间确立的习惯做法，以及惯例。

# ■ 第二章

# 国际货物买卖合同法

## 案例四　中国欣华贸易有限责任公司诉巴西 WOLF 贸易公司国际货物买卖合同纠纷案

### 案情简介

2004 年 4 月 1 日，巴西 WOLF 公司向我国欣华贸易有限责任公司发来传真出售鱼粉，表示：于 4 月 6 日 15 时前答复有效。该要约主要内容为秘鲁或智利鱼粉，数量 20000 吨，溢短装 5%，价格条款为 CFR 上海，价格为每吨 483 美元，交货期限为 2004 年 7 月，信用证付款，还有索赔以及其他条件等。

欣华贸易有限责任公司在接到要约的当天即回复巴西 WOLF 公司传真，要求巴西 WOLF 公司将价格由 483 美元减至 480 美元，同时对索赔条款提出了修改意见。明确指出："如果同意以上两点，请速告知，并可签约。"

4 月 4 日，巴西 WOLF 公司与欣华贸易有限责任公司直接通过电话协商，结果是：欣华贸易有限责任公司同意接受每吨 483 美元的价格，但坚持修改索赔条款为："货到 45 天内，经中国商检机构检验后，如发现问题，在此期限内提出索赔。"巴西 WOLF 公司也同意了以上意见。至此，双方口头上达成了一致意见。

4 月 5 日，巴西 WOLF 公司在给欣华贸易有限责任公司的传真中，重申了要约的主要内容和双方电话协商的结果。同日，欣华贸易有限责任公司回传真给巴西 WOLF 公司，告知将由欣华贸易有限责任公司的经理某先生在广交会期间直接与巴西 WOLF 公司签署合同。

5 月 2 日，巴西 WOLF 公司副总裁来广交会会见了欣华贸易有限责任公司郝经理，交给他巴西 WOLF 公司已签了字的合同文本。郝经理表示要审阅后再签字。

5 月 6 日，当巴西 WOLF 公司派人去取该合同时，欣华贸易有限责任公司的郝经理仍未签字。巴西 WOLF 公司副总裁随即指示将欣华贸易有限责任公司未签字的合同取回。

5 月 9 日，巴西 WOLF 公司致传真给欣华贸易有限责任公司，重申了双方 4 月 5 日的传真的内容，并谈到在广交会期间双方接触的情况，声称要对欣华贸易有限责任公司不执行合同、未按合同条款规定开出信用证给巴西 WOLF 公司造成的损失提出索赔要求，除非欣华贸易有限责任公司在 36 小时内保证履行合同义务。

5 月 10 日，欣华贸易有限责任公司在给巴西 WOLF 公司的传真中称，该公司部门经理某先生 5 月 2 日在接到合同文本时明确表示：须对合同条款作完善补充后，我方才能签字。在买卖双方未签约之前，不存在买方开信用证问题。并且，5 月 6 日，巴西 WOLF 公司已经将合同取回，欣华贸易有限责任公司认为巴西 WOLF 公司“已改变主意，不需要完善合同条款，撤回了要约，没有必要等我方签字生效。这明确表示根本不存在承担责任的问题”。

5 月 11 日，巴西 WOLF 公司传真欣华贸易有限责任公司称，该公司取回合同不表示撤约，双方之间有合同存在，对双方仍然有约束力，重申要对所遭受损失保留索赔的权利。

5 月 12 日，欣华贸易有限责任公司答复：首先，买方确认卖方的报价、数量并不等于一笔买卖最终完成，这是国际贸易的惯例；其次，5 月 2 日，我方明确提出要完善、补充鱼粉合同条款时，你方只是将单方面签字的合同放下，对我方提出的要求不做任何表示；最后，5 月 6 日，未等我方在你方留下的合同上签字，也不提合同条款的完善、补充，就匆匆将合同取回，也没提出任何意见，现在贵公司提出要我方开信用证履约，我们不能依据被你方撤回的合同开证履约，你方对本次交易已毫无诚意，我们对你方的要求深表遗憾，也无须承担由此引起的任何责任。

5 月 13 日，巴西 WOLF 公司传真欣华贸易有限责任公司，告知该公司副总裁将去北京，并带去合同文本，让欣华贸易有限责任公司签字。

5 月 19 日，巴西 WOLF 公司又传真欣华贸易有限责任公司称：因巴西 WOLF 公司副总裁未能在北京与欣华贸易有限责任公司人员会见，故将合同文本快递给欣华贸易有限责任公司，让欣华贸易有限责任公司签字，并要求欣华贸易有限责任公司答复：是打算签合同，还是坚持认为双方不存在合同关系？巴西 WOLF 公司提出，如欣华贸易有限责任公司认为双方不存在合同关系，要欣华贸易有限责任公司同意将该争议提交伦敦仲裁机构仲裁。

5 月 20 日，欣华贸易有限责任公司传真答复：重申合同应该在欣华贸易有限责任公司签字以后生效，巴西 WOLF 公司取回合同文本是撤回要约。

5 月 22 日，巴西 WOLF 公司又传真欣华贸易有限责任公司，重述了双方往来情况，重申合同业已成立，再次要求欣华贸易有限责任公司开出信用证。

5 月 31 日，欣华贸易有限责任公司传真巴西 WOLF 公司，重申了 5 月 20 日传真的内容，并告知：由于双方合同矛盾，欣华贸易有限责任公司的客户已经将订单撤回，声明保留要求巴西 WOLF 公司赔偿损失的权利。同时告知，将巴西 WOLF 公司快递来的合同文本退回。

6 月 4 日，巴西 WOLF 公司电告欣华贸易有限责任公司，指出：欣华贸易有限责任公司已否认合同有效、拒开信用证，巴西 WOLF 公司有权就此所受损害、费用损失提出赔偿。双方多次的协商联系，均坚持自己意见，未果。

2004 年 7 月 15 日，巴西 WOLF 公司以欣华贸易有限责任公司违约为由起诉，要求欣华贸易有限责任公司承担赔偿责任。巴西 WOLF 公司认为：欣华贸易有限责任公司在接到巴西 WOLF 公司的要约后，仅对价格和索赔条款提出不同意见，并在以后的电话协商中，双方取得了一致，即巴西 WOLF 公司同意了欣华贸易有限责任公司对索赔条款的修改，欣华贸易有限责任公司同意接受要约中的价格条件，合同已于此时成立。

巴西 WOLF 公司还认为欣华贸易有限责任公司要求在广交会期间签署书面合同，这仅仅是一种形式而已。欣华贸易有限责任公司认为：双方虽然在口头上就合同主要内容协商一致，但欣华贸易有限责任公司提出要签署书面合同，合同应从双方正式签署后生效。当欣华贸易有限责任公司接到对方已签字的合同文本后，提出要对巴西 WOLF 公司提供的合同文本进行完善补充，巴西 WOLF 公司未表态，后又将合同文本索回，这是巴西 WOLF 公司“撤回要约”。合同并未成立生效，当然谈不上要履行问题。

本案是由于在合同成立的形式要求上的差异引起的。双方争议的主要问题为：

(1) 双方于 4 月 4 日通过电话协商，达成一致意见，是否表示合同已于此时成立？

(2) 欣华贸易有限责任公司要求签署书面合同是否仅仅是一种形式，会不会影响到合同的有效成立？

（3）巴西 WOLF 公司在欣华贸易有限责任公司还没有签字的情况下，又将合同取回是否是“要约的撤回”？

## 争议焦点

本案涉及的主要问题是要约与承诺、如何确认要约还是要约邀请、要约是否生效、承诺的识别，以及合同的成立等问题。

## 学理分析

1. 双方于 4 月 4 日通过电话协商，达成一致意见，是否表示合同已于此时成立？

这里涉及合同的形式，包括口头合同、书面合同的效力，什么是要约、什么是承诺、什么是要约撤回几个问题。

在本案中，双方经过反复协商，在口头上达成了一致意见；后来，巴西 WOLF 公司在给欣华贸易有限责任公司的传真中，重申了要约的主要内容和双方电话协商的结果。同日，欣华贸易有限责任公司复传真给巴西 WOLF 公司，并告知由欣华贸易有限责任公司经理某先生在广交会期间直接与巴西 WOLF 公司签署合同。

关于合同形式，可以查看：

《国际商事合同通则》《联合国国际货物销售合同公约》第十一条、第十三条，这几条规定都说明，以口头或默示行为的方式订立的合同同样有效。不要求合同必须以书面形式订立或由书面文件证明，合同可以通过包括证人在内的任何形式证明。

《中华人民共和国合同法》第十条、第十一条有关于合同形式的规定。❶

在本案中，法院之所以认定欣华贸易有限责任公司败诉，负赔偿责任，主要是因为目前在国际贸易中，广泛实施的以往来的电子传真等函电形式发出要约、承诺，依照此种方式达成的交易都自动纳入了书面合同的范围。

据此，无论是从口头上，还是从来往电函上，都可以认定合同已经成立。

---

❶ 《中华人民共和国合同法》废止后，《中华人民共和国民法典》第四百六十九条对合同形式作了相应规定。

欣华贸易有限责任公司要求签署书面合同仅仅是对已成立的合同的书面确认，不会影响到合同的有效成立。

在中国的对外贸易实践中，当事人进出口货物履行必要的报关手续或申领外汇手续时，都要求出示书面合同书，没有书面合同根本完成不了交易。这就决定了现在中国绝大多数的对外贸易合同仍然采取书面形式。但是，要式法律行为主要存在于古代法，现代社会当中法律行为以不要式为原则，以要式为例外。现代合同法的趋势也是如此。

欣华贸易有限责任公司停留于我国已经废止的《涉外经济合同法》第7条的旧观念，对于书面合同还理解为合同书，从而在贸易实践中遭受了重大损失。

2. 巴西WOLF公司在欣华贸易有限责任公司还没有签字的情况下，又将合同取回是否是“要约的撤回”呢？我们分别谈一谈要约、要约的生效、要约的撤回与要约的撤销。

（1）关于要约：

要约是向一个或一个以上特定的人提出的订立合同的建议。这在《联合国国际货物销售合同公约》第十一条中已经有明确规定。

《中华人民共和国合同法》第十五条❶也有类似的规定。

（2）关于要约生效：

关于要约生效的时间，《联合国国际货物销售合同公约》第十五条有相应的规定。

《联合国国际货物销售合同公约》没有采取一些国家法律制度所规定的“发送主义原则”而采取“到达主义原则”，即要约的生效以实际送达给受要约人时为准。这点与《中华人民共和国合同法》❷ 的规定是一致的。

规定要约生效时间对于计算要约有效期以及受要约人作出承诺的期限有重要意义。但是《国际货物销售合同公约》第二十条对于以电报信函发出的要约却作出了相反的规定。

这相当于以一个要约还没有生效的日期作为要约有效期的起算日，这不符合大陆法的传统，却体现了普通法的原则。所以，《联合国国际货物销售合同公约》是大陆法与普通法协调的结果。

在普遍运用电报、电传、传真、电子数据交换等瞬时通信手段送达要约和承诺的今天，发出要约与收到要约的时间差已经很小，究竟采取发送主义

❶ 《中华人民共和国合同法》废止后，《中华人民共和国民法典》第四百七十三条作了相应规定。

❷ 《中华人民共和国合同法》废止后，《中华人民共和国民法典》对此作了相应规定。

还是到达主义原则决定要约的生效日，已经没有太大的实际意义，重要的是对新的送达方式在法律上作出说明。如今我们可以参见《中华人民共和国民法典》第四百六十九条的规定。

（3）关于要约的撤回：

要约的撤回是指要约人在要约之后、要约尚未生效之前将其收回，使其不发生效力。《联合国国际货物买卖合同公约》第十五条规定，一项要约即使是不可撤销的，如果撤回通知于要约送达被要约人之前或同时送达被要约人，也可以撤回。

（4）关于要约的撤销：

要约的撤销是指将生效的要约收回的行为。

要约的撤回与撤销在普通法中没有太大区别。根据普通法原则，要约人在受要约人作出承诺前的任何时候都可以撤回其要约或改变其内容，即使要约规定了有效期，在期限届满前仍可随时撤回要约。理由是要约是一项允诺。一个人要受其作出的允诺的约束，需具备一定条件：或是取得对方某种对价，或是作出的允诺采取了特殊形式。

《联合国国际货物销售合同公约》第十六条有相应的规定。这一规定说明，首先要约人撤销要约必须在合同成立以前，如果合同已经成立就不能撤销要约。《中华人民共和国合同法》第十八条、第十九条[1]也作了与《联合国国际货物销售合同公约》类似规定。

根据上述分析可知，要约的撤回必须是发生在要约到达受要约人之前或是与要约同时到达，而文中的“合同文本”只是对业已成立的合同的一种确认。

上述案例中，双方通过传真和电话磋商时合同已经成立，所以巴西 WOLF 公司交给欣华贸易有限责任公司的“合同文本”根本就不是要约，故巴西 WOLF 公司将“合同文本”取回也不构成要约的撤回。

## 相关法律法规

### 一、《国际商事合同通则》

第 2.16 条　（合同的形式）

（1）本通则不要求合同须以书面订立或以书面证明。合同可以包括人证

[1] 《中华人民共和国合同法》废止后，《中华人民共和国民法典》第四百七十六条、四百七十七条作了相应规定。

在内的任何形式证明。

（2）书面合同如有条款表明其文字已完全包含了当事人所同意的条件，不得以先前的声明或协议来与之冲突或对之进行补充。但此声明或协议可用来解释合同文字。

（3）书面合同如有条款规定双方必须以书面形式协议修改或终止合同，不得以其他方式协议修改或终止合同。但是，一方当事人的行为，如已使另一方当事人寄以信赖，该当事人不得坚持此项规定。

**二、《联合国国际货物销售合同公约》**

第十一条　销售合同无须以书面订立或书面证明，在形式方面也不受任何其他条件的限制。销售合同可以用包括人证在内的任何方法证明。

第十三条　为本公约的目的，“书面”包括电报和电传。

第十四条

（1）向一个或一个以上特定的人提出的订立合同的建议，如果十分确定并且表明发价人在得到接受时承受约束的意旨，即构成发价。一个建议如果写明货物并且明示或暗示地规定数量和价格或规定如何确定数量和价格，即为十分确定。

（2）非向一个或一个以上特定的人提出的建议，仅应视为邀请作出发价，除非提出建议的人明确地表示相反的意向。

第十五条

（1）发价于送达被发价人时生效。

（2）一项发价，即使是不可撤销的，得予撤回，如果撤回通知于发价送达被发价人之前或同时，送达被发价人。

第十六条

（1）在未订立合同之前，发价得予撤销，如果撤销通知于被发价人发出接受通知之前送达被发价人。

（2）但在下列情况下，发价不得撤销：

（a）发价写明接受发价的期限或以其他方式表示发价是不可撤销的；或

（b）被发价人有理由信赖该项发价是不可撤销的，而且被发价人已本着对该项发价的信赖行事。

第二十条

（1）发价人在电报或信件内规定的接受期间，从电报交发时刻或信上载明的发信日期起算，如信上未载明发信日期，则从信封上所载日期起算。发价人以电话、电传或其他快速通信方法规定的接受期间，从发价送达被发价人时起算。

（2）在计算接受期间时，接受期间内的正式假日或非营业日应计算在内。但是，如果接受通知在接受期间的最后1天未能送到发价人地址，因为那天在发价人营业地是正式假日或非营业日，则接受期间应顺延至下一个营业日。

**三、《中华人民共和国民法典》**

第四百六十九条　当事人订立合同，可以采用书面形式、口头形式或者其他形式。

书面形式是合同书、信件、电报、电传、传真等可以有形地表现所载内容的形式。

以电子数据交换、电子邮件等方式能够有形地表现所载内容，并可以随时调取查用的数据电文，视为书面形式。

第四百七十三条　要约邀请是希望他人向自己发出要约的表示。拍卖公告、招标公告、招股说明书、债券募集办法、基金招募说明书、商业广告和宣传、寄送的价目表等为要约邀请。

商业广告和宣传的内容符合要约条件的，构成要约。

第四百七十四条　要约生效的时间适用本法第一百三十七条的规定。

第四百七十六条　要约可以撤销，但是有下列情形之一的除外：

（一）要约人以确定承诺期限或者其他形式明示要约不可撤销；

（二）受要约人有理由认为要约是不可撤销的，并已经为履行合同做了合理准备工作。

第四百七十七条　撤销要约的意思表示以对话方式作出的，该意思表示的内容应当在受要约人作出承诺之前为受要约人所知道；撤销要约的意思表示以非对话方式作出的，应当在受要约人作出承诺之前到达受要约人。

本案中，法院支持巴西WOLF公司的请求，确认来往函电也是书面形式，双方电话和往来函电证明合同已经存在，判决欣华贸易有限责任公司赔偿巴西WOLF公司违约损失85万美元。

# 案例五　虹荔有限责任公司诉利尔顿有限责任公司国际货物买卖纠纷案

## 案情简介

利尔顿有限责任公司发盘给虹荔有限责任公司称："供应 PC 机 1000 台，奔 4，每台 CIF 北京 800 美元，合同成立后 50 天内装船，不可撤销即期信用证付款。请复电。"

虹荔有限责任公司立即复电："接受你方发盘，合同成立后立即装船。"

后来利尔顿有限责任公司没有再对虹荔有限责任公司进行任何答复。1 个月后，由于受台湾地震的影响，PC 组装机价格大涨，虹荔有限责任公司催告利尔顿有限责任公司要求迅速交货，并签订销售确认书，但是利尔顿有限责任公司却以 800 美元价格太低无法履行为由拒绝了虹荔有限责任公司的交货要求。虹荔有限责任公司遂在北京某法院对利尔顿有限责任公司提起了诉讼。

## 争议焦点

1. 什么是承诺？
2. 承诺的构成要件有哪些？

## 学理分析

在国际货物买卖合同商订过程中，可能会出现 4 个过程：

(1) 询盘（即向对方探询交易条件）。

(2) 发盘（法律上称为要约，即向对方提出订立合同的建议）。

(3) 还盘（法律上称为反要约，即拒绝对方的要约或提出修改要约的内容）。

(4) 接受（法律上称为承诺，即接受要约人提出的订立合同的建议）。

四个过程中，要约和承诺是每笔交易订立合同必经的法律步骤，而其他两个环节，在交易中有时也可能不出现。因为，如了解对方交易条件，就不必向其发出询盘，如对方建议订立合同的交易条件合适，就没有必要还盘，可以直接表示接受。

所以，在这几个过程之中，最重要的就是要约与承诺两个过程。

利而顿有限责任公司发盘给虹荔有限责任公司，是有效的要约。虹荔有限责任公司的还盘，对该要约作出了修改，改变了装船日期，在CIF合同中，这个改变就是改变了交货日期，属于对要约的实质性改变。

《联合国国际货物销售合同公约》第十九条规定：

（1）对发价表示接受但载有添加、限制或其他更改的答复，即为拒绝该项发价，并构成还价。

（2）但是，对发价表示接受但载有添加或不同条件的答复，如所载的添加或不同条件在实质上并不变更该项发价的条件，除发价人在不过分迟延的期间内以口头或书面通知反对其间的差异外，仍构成接受。如果发价人不作出这种反对，合同的条件就以该项发价的条件以及接受通知内所载的更改为准。

（3）有关货物价格、付款、货物质量和数量、交货地点和时间、一方当事人对另一方当事人的赔偿责任范围或解决争端等的添加或不同条件，均视为在实质上变更发价的条件。

故上述两公司合同未成立。

## 相关法律法规

**《联合国国际货物销售合同公约》**

第十九条

（1）对发价表示接受但载有添加、限制或其他更改的答复，即为拒绝该项发价，并构成还价。

（2）但是，对发价表示接受但载有添加或不同条件的答复，如所载的添加或不同条件在实质上并不变更该项发价的条件，除发价人在不过分迟延的期间内以口头或书面通知反对其间的差异外，仍构成接受。如果发价人不作出这种反对，合同的条件就以该项发价的条件以及接受通知内所载的更改为准。

（3）有关货物价格、付款、货物质量和数量、交货地点和时间、一方当事人对另一方当事人的赔偿责任范围或解决争端等的添加或不同条件，均视为在实质上变更发价的条件。

本案中，由于虹荔有限责任公司实质性地改变了要约中的条件，因此，其意思表示并不能构成对要约的有效承诺，故而该合同未成立。

# 案例六　祺贤煤炭进出口有限责任公司与 H&W 有限责任公司煤炭销售合同仲裁案

## 案情简介

1999 年 8 月 1 日，祺贤煤炭进出口有限责任公司与 H&W 有限责任公司签订了一份煤炭销售合同。该合同约定：H&W 有限责任公司向祺贤煤炭进出口有限责任公司购买某 2 种规格煤炭共 1000 吨，单价均为 500 美元/吨，FOB 中国上海。合同总值共计 500000 美元。付款条件：即期信用证。装运期为 1999 年 9 月 30 日以前。双方约定，如有争议，提交中国国际经济贸易仲裁委员会仲裁。合同订立后，H&W 有限责任公司于 1999 年 9 月 15 日开立了信用证，有效期至 1999 年 11 月 15 日。

祺贤煤炭进出口有限责任公司并未于装运期内装船。H&W 有限责任公司多次催货未果。H&W 有限责任公司诉称，合同订立后，国际市场煤炭价格不断上涨，祺贤煤炭进出口有限责任公司不愿意按约交货。在已经开立的以祺贤煤炭进出口有限责任公司为受益人的信用证已过期的情况下，为减少损失，H&W 有限责任公司采取了必要的补救措施，于 1999 年 10 月，分别向另两家公司购买了相同品质的煤炭以替代与祺贤煤炭进出口有限责任公司合同项下的货物。H&W 有限责任公司遭受的经济损失如下：

（1）向 A 有限公司以 570 美元/吨 CIF 悉尼的价格购买替代货物 400 吨，包括有关费用，实际损失 30000 美元。

（2）向 B 公司以 580 美元/吨 FOB 巴西利亚的价格购买替代货物 600 吨，包括有关费用，实际损失：50000 美元。

（3）利润损失：50000 美元。

以上 3 项共计 130000 美元。

经与祺贤煤炭进出口有限责任公司协商，不能达成协议。H&W 有限责任公司向中国国际经济贸易仲裁委员会提起仲裁，其仲裁请求如下：

（1）祺贤煤炭进出口有限责任公司赔偿 H&W 有限责任公司经济损失

130000 美元。

（2）祺贤煤炭进出口有限责任公司负担仲裁费与 H&W 有限责任公司为办理本案支出的律师费。

祺贤煤炭进出口有限责任公司辩称：

（1）根据国际贸易惯例，信用证应在最迟装运期前 15 天开至祺贤煤炭进出口有限责任公司。合同装运期为 1999 年 9 月 30 日以前，H&W 有限责任公司应在 1999 年 9 月 16 日前将信用证开出。H&W 有限责任公司实际开证日期是 1999 年 9 月 15 日。因此，首先违约的是 H&W 有限责任公司。

（2）关于向第三方购买货物之事，1999 年 10 月份的市场价格应为 540~550 美元/吨，H&W 有限责任公司有义务使损失降至最低，而不应该以 570~580 美元/吨购买替代货物。

（3）关于利润损失是无理要求，只能是补偿实际损失。

祺贤煤炭进出口有限责任公司认为本案纠纷过错在 H&W 有限责任公司，祺贤煤炭进出口有限责任公司不应承担责任。

注：双方营业地所在国均为《国际货物销售合同公约》的缔约国。

## 争议焦点

1. 本案适用什么法律？
2. 祺贤煤炭进出口有限责任公司是否违约？
3. H&W 有限责任公司是否违约问题？
4. 违约赔偿责任如何处理？
5. 仲裁费、律师费应如何处理？

## 思路

参考《国际货物销售合同公约》相应的规定。

## 学理分析

H&W 有限责任公司和祺贤煤炭进出口有限责任公司签订了煤炭买卖合同。H&W 有限责任公司开立了信用证，祺贤煤炭进出口有限责任公司未交货。H&W 有限责任公司在信用证过期情况下购买了替代货物，要求祺贤煤炭进出口有限责任公司承担货物差价损失。

**一、关于本案适用的法律**

祺贤煤炭进出口有限责任公司与 H&W 有限责任公司未在合同中约定适用的法律，鉴于争议双方营业地所在国均为《国际货物销售合同公约》的缔约国，也没有在合同中排除该公约的适用，故该公约应适用于解决本案争议。

对于《国际货物销售合同公约》没有规定，而双方当事人存有争议的事项，仲裁庭应该根据“最密切联系原则”，依据中国法律处理。

**二、关于祺贤煤炭进出口有限责任公司是否违约问题**

依违约行为造成后果的程度，可将违约分为根本违约和一般违约。按照《国际货物销售合同公约》第二十五条根本违约之定义，一方当事人违反合同，造成了损害结果，使另一方当事人蒙受损失，以致实际上剥夺了该方当事人根据合同有权期待得到的利益的时候，被认为是根本违约。

祺贤煤炭进出口有限责任公司作为合同的卖方，应履行交付货物、移交一切与货物有关的单据并转移货物所有权。在买方已按合同开出信用证而没有违约的情形下，祺贤煤炭进出口有限责任公司不交付货物，已经实际上剥夺了 H&W 有限责任公司有权期待得到的利益，构成了根本违约，应该承担违约责任。

在祺贤煤炭进出口有限责任公司根本违约时，H&W 有限责任公司有权采取救济措施。祺贤煤炭进出口有限责任公司未交付货物，H&W 有限责任公司可以要求祺贤煤炭进出口有限责任公司实际履行，也可以选择确定履约宽限期、购买替代物、终止履行合同义务等方法进行救济。

在本案中，H&W 有限责任公司购买了替代物，对于祺贤煤炭进出口有限责任公司的违约造成的损失，H&W 有限责任公司有权要求损害赔偿。

**三、关于 H&W 有限责任公司是否违约问题**

合同签订于 1999 年 8 月 1 日，H&W 有限责任公司于 1999 年 9 月 15 日开出信用证。合同未约定开立信用证的期限，祺贤煤炭进出口有限责任公司指称 H&W 有限责任公司未按国际惯例在最迟装运期前 15 天开立信用证，H&W 有限责任公司违约在先的理由不能成立。

**四、关于违约赔偿责任**

祺贤煤炭进出口有限责任公司不交付货物的行为已构成了根本违约，应该承担违约责任。根据《国际货物销售合同公约》第四十五条、第七十条、第七十五条规定规定，H&W 有限责任公司采取合理的补救措施是有依据的。故仲裁庭认为 H&W 有限责任公司购买合同替代物是合理的，祺贤煤炭进出口有限责任公司应赔偿 H&W 有限责任公司为补货而遭受的经济损失。

由于仲裁庭已支持了 H&W 有限责任公司购买合同替代物所造成的货物差价损失，事实上已经按国际市价支持了原合同的利益，故对 H&W 有限责任公司要求补偿利润损失不予支持。

**五、关于律师费、仲裁费**

支持 H&W 有限责任公司的律师费请求。

本案仲裁费由 H&W 有限责任公司承担 20%，祺贤煤炭进出口有限责任公司承担 80%。参见《中国国际经济贸易仲裁委员会仲裁规则》第 59 条规定。

## 相关法律法规

**一、《联合国国际货物销售合同公约》**

第二十五条　一方当事人违反合同的结果，如使另一方当事人蒙受损害，以至于实际上剥夺了他根据合同规定有权期待得到的东西，即为根本违反合同，除非违反合同一方并不预知而且一个同等资格、通情达理的人处于相同情况中也没有理由预知会发生这种结果。

第四十五条

（1）如果卖方不履行他在合同和本公约中的任何义务，买方可以：

（a）行使第四十六条至第五十二条所规定的权利；

（b）按照第七十四条至第七十七条的规定，要求损害赔偿。

（2）买方可能享有的要求损害赔偿的任何权利，不因他行使采取其他补救办法的权利而丧失。

（3）如果买方对违反合同采取某种补救办法，法院或仲裁庭不得给予卖方宽限期。

第七十条　如果卖方已根本违反合同第六十七条、第六十八条和第六十九条的规定，不损害买方因此种违反合同而可以采取的各种补救办法。

第七十五条　如果合同被宣告无效，而在宣告无效后一段合理时间内，买方已以合理方式购买替代货物，或者卖方已以合理方式把货物转卖，则要求损害赔偿的一方可以取得合同价格和替代货物交易价格之间的差额以及按照第七十四条规定可以取得的任何其他损害赔偿。

**二、《中国国际经济贸易仲裁委员会仲裁规则》**

第五十九条　仲裁庭有权在裁决书中裁定败诉方应当补偿胜诉方因为办理案件所支出的部分合理的费用，但补偿金额最多不得超过胜诉方胜诉金额的 10%。

本案中，仲裁庭裁决：

1. 祺贤煤炭进出口有限责任公司应赔偿 H&W 有限责任公司经济损失 100000 美元。

2. 祺贤煤炭进出口有限责任公司应该支付 H&W 有限责任公司的律师费。

3. 本案仲裁费由 H&W 有限责任公司承担 20%，祺贤煤炭进出口有限责任公司承担 80%。

4. 要求补偿利润损失不予支持。

## 案例七　合利顺有限责任公司与 P&G 公司分批交货纠纷案

### 案情简介

2004 年 4 月 1 日，合利顺有限责任公司与 P&G 公司签订了一单货物销售合同，由合利顺有限责任公司向 P&G 公司出口 500 套计算机配件，共计 100 万美元。

货物分两批交付：2004 年 5 月 1 日，发运第一批货物；2004 年 12 月 1 日，发运第二批货物。P&G 公司预付款 40 万美元，余款在 P&G 公司提取每批货后的 10 日内，各电汇 30 万美元给合利顺有限责任公司。一方违约需支付违约金 5 万美元。

合利顺有限责任公司又与福莱特斯商业广场签订了销售合同，将这 2 批货物卖给了福莱特斯商业广场。合同订立后，P&G 公司如约支付了预付款，合利顺有限责任公司按时发运了第一批货物。

2004 年 6 月 12 日，P&G 公司收到货物。但是后来没有按时付余款，直到收货后的 9 月初才汇付第一批货款。

合利顺有限责任公司通过其他渠道了解到 P&G 公司被其他债权人起诉，财产被查封，并且随时有破产可能，遂中止履行第二批交货，并且要求 P&G 公司赔偿未能给福莱特斯商业广场按时供货造成的损失。

根据《联合国国际货物销售合同公约》，试问：

1. 合利顺有限责任公司中止履行第二批交货是否有法律依据？

2. 如 P&G 公司在合理时间内提供了有效的银行保函，并请求合利顺有限责任公司履约，合利顺有限责任公司应该继续履行合同吗？如果合利顺有限责任公司仍不履行该当如何？

3. 如果双方最终都不履行第二批交货，可否因此解除整个合同？为什么？

4. 违约金效力应依据何种法律决定？

5. P&G 公司是否应该承担该赔偿责任？

## 争议焦点

1. P&G 公司是否构成预期违约？
2. 合利顺有限责任公司的暂停履行合同的行为是否构成违约？
3. 违约金效力的问题如何可认定？
4. 如果解除合同，能否将已经履行的合同也解除？

## 学理分析

### 一、P&G 公司构成预期违约

P&G 公司收到货物后没有按时付余款，直到收货后的 9 月初才汇付第一批货款，并且财产被查封，随时有破产可能。因此，买方的行为属于先期违约。先期违约是指合同订立后，履行期到来之前，一方表示拒绝履行合同。对此，未违约方可以不去法院，不必诉诸法院行使终止履行权，法律授权当事人以采取自救措施的权利。

根据《联合国国际货物买卖合同公约》第七十一条、第七十二条规定：如果订立合同后，另一方当事人由于公约规定的原因显然将不履行其大部分重要义务，一方当事人就可以中止履行义务。

根据《联合国国际货物买卖合同公约》规定，合同当事人除了在另一方有根本违反合同之时可以解除合同外，在另一方显然将不履行其大部分重要义务时，可以暂时中止合同的履行。具体可以：

1. 在买方先期违约时，卖方可停止发货或对在途货物行使停运权。
2. 在卖方有先期违约情况时，买方可停止付款。

但是，双方当事人应承担下列义务：

1. 必须将自己中止或解除合同的决定立即通知对方。
2. 当对方提供了履行合同的充分保证时，仍应履行合同义务。

在发生先期违约的情况下，一方有权要求提供担保，在得到担保之前有权中止或解除合同，这一原则在各国国内法中都不同程度地得到承认。

### 二、合利顺有限责任公司应继续履行，否则应承担不交货的违约责任

P&G 公司确实存在着先期违约的情况，合利顺有限责任公司可以中止履行合同，应当注意的是，中止履行并不意味着解除合同。对于买方来说，他

可以一方面不付款或停止付款，另一方面要求卖方：

1. 提供担保。

2. 履行合同；如果卖方提供有效担保，买方应履行其合同义务。

3. 在履行期到来时，解除合同并就卖方违约要求损害赔偿。

对于卖方来说，一方面行使留置权、停运权，另一方面要求买方：

1. 开出信用证、付款。

2. 提供担保。

3. 在付款日到来时，转售货物，并就差额向买方要求损害赔偿。

如 P&G 公司在合理时间内提出了有效的银行保函，并请求合利顺有限责任公司履约，合利顺有限责任公司应继续履行合同。

**三、不可以，只能解除第二批交货义务**

这涉及如何理解分批交货合同。分批交货是指一个合同项下的货物分成若干批交货。例如，一个购买 20 万吨小麦的合同，可以分 5 批交货，每批 4 吨。此时，如果一方当事人对其中一批货物没有履行合同义务，并且构成根本违约，对方当事人是否可以宣告撤销整个合同，还是仅仅宣告这一批货物违约，而不可以撤销整个合同？根据《联合国国际货物买卖合同公约》，有 3 种情况：

1. 如果一方当事人仅仅不履行其中一批货物的义务，就对该批货物构成根本违约，对方只能撤销合同中这一批交货的效力，不能撤销整个合同。

2. 如果一方当事人不履行其中一批货物的义务，使当事人有理由断定以后各批货物将会发生根本违约的情况，则另一方当事人可以在一段合理的时间内宣告合同今后无效，就是撤销合同对以后各批货物有效，对以前已经履行的部分不能撤销。

3. 当买方宣告合同对某一批交货无效时，如果合同项下各批货物不可分割，例如一套设备分批交运，则买方可以宣告整个合同根本违约和无效。在本案中，合同属于可分割履行合同，所以不能撤销整个合同。

**四、依据国内相关准据法确定违约金效力**

《联合国国际货物买卖合同公约》仅仅就双方意思表示一致、合同形式等问题作了规定，其余问题，比如关于违约金的问题，留给国内法解决。

**五、P&G 公司是否应该负赔偿责任？**

这涉及损害赔偿范围的问题。关于损害赔偿，我们应该注意：

1. 损害赔偿是哪些违约原因造成的：包括利润损失在内的实际损失，这里强调违约造成的损失具有合理的确定性，它与违约事实有因果联系。

2. 损害赔偿不得超过违约一方在订立合同时预见的范围，这是指凭常识，和双方事先说明可以预见。

3. 损害赔偿不包括由于受害方原因造成的扩大的损失。

4. 损害赔偿不影响采取其他救济措施。

结合本案，损失显然超出了在签订合同时P&G公司应该预见的范围，这个损失属于不可预见。

## 相关法律法规

**《联合国国际货物买卖合同公约》**

第七十一条

（1）如果订立合同后，另一方当事人由于下列原因显然将不履行其大部分重要义务，一方当事人可以中止履行义务：

（a）他履行义务的能力或他的信用有严重缺陷；或

（b）他在准备履行合同或履行合同中的行为。

（2）如果卖方在上一款所述的理由明显化以前已将货物发运，他可以阻止将货物交给买方，即使买方持有其有权获得货物的单据。本款规定只与买方和卖方间对货物的权利有关。

（3）中止履行义务的一方当事人不论是在货物发运前还是发运后，都必须立即通知另一方当事人，如经另一方当事人对履行义务提供充分保证，则他必须继续履行义务。

第七十二条

（1）如果在履行合同日期之前，明显看出一方当事人将根本违反合同，另一方当事人可以宣告合同无效。

（2）如果时间许可，打算宣告合同无效的一方当事人必须向另一方当事人发出合理的通知，使他可以对履行义务提供充分保证。

（3）如果另一方当事人已声明他将不履行其义务，则上一款的规定不适用。

## 本案参考结论

1. 有法律依据，P&G公司构成预期违约。

2. 如 P&G 公司在合理时间内提供了有效的银行保函，并请求合利顺有限责任公司履约，合利顺有限责任公司应继续履行，否则应承担不交货的违约责任。

3. 不可以，只能解除第二批交货义务。该合同属于可分割履行合同。

4. 依据国内相关准据法确定违约金效力。

5. P&G 公司不负该赔偿责任。

# 案例八　中国南海 L&B 有限责任公司与日本 T&R 有限责任公司货物买卖纠纷案

## 案情简介

2004 年 4 月 1 日，中国南海 L&B 有限责任公司向日本北海道 T&R 有限责任公司出口一批彩棉睡衣，签订一单 FOB 合同。合同约定：南海 L&B 有限责任公司向北海道 T&R 有限责任公司出口一批彩棉睡衣，价格条件为每包 300 美元 FOB 中国某口岸，总价款为 3 万美元。交货时间为：2 月 25 日 150 包，3 月 25 日 150 包。

买方通过卖方可接受的银行，开立以卖方为受益人的不可撤销、即期信用证带电报索汇条款。信用证必须于装船月份前 15 天到达中国银行某分行，并保持在中国议付有效至装运月份后第 15 天。在合同附件的 FOB 装运条款中规定：买方所租载货船舶必须分别于 2 月 15 日和 3 月 15 日前抵达装运港，否则由此而使卖方遭受的任何损失和费用需由买方负担。

但是，首批货物应在 2 月份装运，买方日本 T&R 有限责任公司拖至 3 月 4 日才装船完毕。

3 月 10 日买方来电传称：由于船源紧缺，租不到船只，要求延缓 2 个月装运本应在 3 月份装运的货物。

卖方回复：同意延期装运，但买方应赔偿卖方由此而造成的实际损失 3000 美元。

买方回复称：经过多方努力，仍无法租到船只按照约定装船，只能赔付 1000 美元。

纠纷起。

## 争议焦点

买方未按 FOB 交货条件如期装运货物，是否应当承担违约责任？

## 学理分析

本案是一起交货条件为 FOB 的买卖合同。

按照《2000 年国际贸易术语解释通则》（简称 Incoterms 2000）的规定，FOB 术语是指：卖方在指定的装运港将货物装船并使货物越过船舷后即完成其交货义务。这就是说买方从那时起必须承担一切费用和货物灭失或损失的一切风险。FOB 术语要求卖方负责办理货物的出口报关手续，只适用于海运或内河运输。

在 FOB 交易中，买方的主要义务是自费租船或预订所需舱位，并将有关船只的名称及装运日期通知卖方，承担货物越过装运船船舷以后的一切风险，并支付货款。所以，在 FOB 条件的合同中，买方租船或订舱是卖方履行交货义务的前提条件，在买方没有将装船通知送达卖方之前，卖方是不能履行交货义务的。如果买方违反合同而迟延派船装运货物，就要承担违约责任。

FOB 术语是 FREE ON BOARD（named port of shipment）的英文缩略语，意思是船上交货（指定装运港）。根据《2010 年国际贸易术语解释通则》（简称 Incoterms 2010）的规定，在 FOB 术语中，在装运港船上开始风险由买方承担，除非卖方违反合同规定的义务。

FOB 术语是海上运输最早出现的国际贸易术语，也是目前国际贸易中普遍应用的贸易术语之一。按照国际商会 Incoterms 2010 的规定，将 FOB 合同中买卖双方的责任、风险和费用概括如下：

1. 卖方必须：

（1）提供符合合同规定的货物、单证或相等的电子单证；

（2）自负费用及风险办理出口许可证及其他货物出口手续，交纳出口捐、税、费；

（3）按照约定的时间、地点，依照港口惯例将货物装上买方指定的船舶并给予买方以充分的通知；

（4）承担在装运港货物越过船舷以前的风险和费用。

2. 买方必须：

（1）支付货款并接受卖方提供的交货凭证或相等的电子单证；

（2）自负费用及风险取得进口许可证，办理进口手续，交纳进口的各种捐、税、费；

（3）自费租船并将船名、装船地点、时间给予卖方以充分的通知；

（4）承担在装运港货物越过船舷以后的风险和费用。

3. 使用 FOB 术语应注意以下问题：

（1）通知问题。

FOB 术语中涉及两个充分通知。一个是买方租船后，应将船名、装货时间和地点给予卖方以充分通知；另一个是卖方在货物装船后要给买方以充分通知。在第一种情况下，如买方未给予充分通知，指定的船舶未按时到达或未能按时受载货物，或比规定的时间提前停止装货，由此产生的货物灭失或损失应由买方承担。在第二种情况下，由于货物风险是在越过船舷时由卖方转移给买方，因此卖方在货物装船时必须通知买方，以便买方投保，否则由此造成买方受到的损失，卖方应当负责。

（2）注意各国对 FOB 的不同解释。

典型的是美国 1941 年修订的《对外贸易定义》，该定义把 FOB 术语分为六种，其中只有 FOB VESSEL（named port of shipment）装运港船上交货与国际商会规定的 FOB 术语含义相类似。所以，在对美贸易中，如用 FOB 术语成交，则要注明是采用国际商会制定的《国际贸易术语解释通则》（简称 Incoterms）还是适用美国全国对外贸易协会的《美国对外贸易定义 1941 年修订本》，如采用后者，则需要在 FOB 后面加上“VESSEL”（船舶）字样，以免引起误解。

本案中，买方已构成违约。买方本应按时派船装货，但是却不能按时来船，只好推迟装运。卖方同意买方迟延装运，要求赔偿相应的损失，是符合国际惯例的。后来，双方经多次协商，达成和解协议：买方赔偿卖方 8 万美元并继续履行全部合同。

## 相关法律法规

### 《2010 年国际贸易术语解释通则》

FOB　船上交货（……指定装运港）

“船上交货（……指定装运港）”是当货物在指定的装运港越过船舷，卖方即完成交货。这意味着买方必须从该点起承担货物灭失或损坏的一切风险。FOB 术语要求卖方办理货物出口清关手续。

该术语仅适用于海运或内河运输。如当事各方无意越过船舷交货，则应使用 FCA 术语。

A　卖方义务

B　买方义务

A1　提供符合合同规定的货物

卖方必须提供符合销售合同规定的货物和商业发票或有同等作用的电子信息，以及合同可能要求的、证明货物符合合同规定的其他任何凭证。

B1　支付价款

买方必须按照销售合同规定支付价款。

A2　许可证、其他许可和手续

卖方必须自担风险和费用，取得任何出口许可证或其他官方许可，并在需要办理海关手续时，办理货物出口所需的一切海关手续。

B2　许可证、其他许可和手续

买方必须自担风险和费用，取得任何进口许可证或其他官方许可，并在需要办理海关手续时，办理货物进口和在必要时从他国过境所需的一切海关手续。

A3　运输合同和保险合同

a）运输合同

无义务。

b）保险合同

无义务。

B3　运输合同和保险合同

a）运输合同

买方必须自付费用订立从指定的装运港运输货物的合同。

b）保险合同

无义务。

A4　交货

卖方必须在约定的日期或期限内，在指定的装运港，按照该港习惯方式，将货物交至买方指定的船只上。

B4　受领货物

买方必须在卖方按照A4规定交货时受领货物。

A5　风险转移

除B5规定者外，卖方必须承担货物灭失或损坏的一切风险，直至货物在指定的装运港越过船舷为止。

B5 风险转移

买方必须按照下述规定承担货物灭失或损坏的一切风险：

货物在指定的装运港船上发生转移（注：Incoterms 2010 版术语解释为越过船舷时风险发生转移，但 2010 版取消了船舷的概念，所以必须区分当事人是选择了 2000 版术语还是 2010 版术语）；

买方未按照 B7 规定通知卖方，或其指定的船只未按时到达，或未接收货物，或较按照 B7 通知的时间提早停止装货，则自约定的交货日期或交货期限届满之日起，但以该项货物已正式划归合同项下，即清楚地划出或以其他方式确定为合同项下之货物为限。

A6 费用划分

除 B6 规定者外，卖方必须支付：

货物有关的一切费用，直至货物在指定的装运港越过船舷时为止；及需要办理海关手续时，货物出口需要办理的海关手续费用及出口时应交纳的一切关税、税款和其他费用。

B6 费用划分

买方必须支付：

货物在指定的装运港越过船舷之时起与货物有关的一切费用；及于买方指定的船只未按时到达，或未接收上述货物，或较按照 B7 通知的时间提早停止装货，或买方未能按照 B7 规定给予卖方相应的通知而发生的一切额外费用，但以该项货物已正式划归合同项下，即清楚地划出或以其他方式确定为合同项下之货物为限；及需要办理海关手续时，货物进口应交纳的一切关税、税款和其他费用，及办理海关手续的费用，以及货物从他国过境的费用。

A7 通知买方

卖方必须给予买方说明货物已按照 A4 规定交货的充分通知。

B7 通知卖方

买方必须给予卖方有关船名、装船点和要求交货时间的充分通知。

A8 交货凭证、运输单据或有同等作用的电子讯息

卖方必须自付费用向买方提供证明货物已按照 A4 规定交货的通常单据。

除非前项所述单据是运输单据，否则应买方要求并由其承担风险和费用，卖方必须给予买方一切协助，以取得有关运输合同的运输单据（如可转让提单、不可转让海运单、内河运输单据或多式联运单据）。如买卖双方约定使用电子方式通信，则前项所述单据可以由具有同等作用的电子数据交换

（EDI）信息代替。

B8　交货凭证、运输单据或有同等作用的电子信息

买方必须接受按照 A8 规定提供的交货凭证。

A9　查对、包装、标记

卖方必须支付为按照 A4 规定交货所需进行的查对费用（如核对货物品质、丈量、过磅、点数的费用）。

卖方必须自付费用，提供按照卖方订立销售合同前已知的该货物运输（如运输方式、目的港）所要求的包装（除非按照相关行业惯例，合同所述货物无须包装发运）。包装应作适当标记。

B9　货物检验

买方必须支付任何装运前检验的费用，但出口国有关当局强制进行的检验除外。

A10　其他义务

应买方要求并由其承当风险和费用，卖方必须给予买方一切协助，以帮助其取得由装运地国和/或原产地国所签发或传送的、为买方进口货物可能要求的和必要时从他国过境所需的任何单据或有同等作用的电子信息（A8 所列的除外）。

应买方要求，卖方必须向买方提供投保所需的信息。

B10　其他义务

买方必须支付因获取 A10 所述单据或有同等作用的电子信息所发生的一切费用，并偿付卖方因给予协助而发生的费用。

本案中，买方未按 FOB 交货条件如期装运货物，应当承担违约责任。

# 案例九　中国利华服装有限责任公司诉美国唐朝公司货物买卖纠纷案

## 案情简介

1996年3月10日，中国利华服装有限责任公司电告美国唐朝公司，以CIF条件向对方出口一批服装，总价值130万美元，用不可撤销的跟单信用证支付价款。

3月15日美国唐朝公司复电，提出降价至27万美元，中国利华服装有限责任公司经研究同意美国唐朝公司要求，遂于3月19日发电报通知美国唐朝公司。

3月20日美国唐朝公司收到电报。随后，中国利华服装有限责任公司将货物运到泉州港交由迅达远洋运输公司承运。货物分别被装入两个集装箱，并吊装到船上。

4月4日承运船舶行至公海上时，由于船长的疏忽，船上发生火灾，其中一个集装箱被火烧毁，另一个完好无损。

5月初，货物运至旧金山港。美国唐朝公司拒绝接收货物，并向中国利华服装有限责任公司提出索赔，双方诉至中国某法院。

## 争议焦点

1. 双方的合同争议是否应适用《联合国国际货物销售合同公约》来解决？为什么？

2. 根据有关法律规定，该合同在何时何地成立？为什么？

3. 该批货物的运输保险应由哪方当事人办理？保险费由谁支付？为什么？

4. 货物在海上受到损失，美国唐朝公司能否要求中国利华服装有限责任公司给予赔偿？为什么？

5. 假设中国利华服装有限责任公司向银行提交了信用证规定的提单等单证，收到货款后，又欲将正在运输途中的货物卖给其他公司。此时中国利华服装有限责任公司是否有权向承运人发出指示，要求将货物运回或者交给其他收货人？为什么？

6. 应由何方当事人向银行申请开立信用证？何方为信用证的受益人？为什么？

7. 假设中国利华服装有限责任公司向银行提交符合信用证规定的全套单证，请求付款，此时美国唐朝公司获知货物在途中遭受损失，立刻通知银行停止付款，银行是否有权拒绝付款？

## 学理分析

1.《联合国国际货物销售合同公约》采用营业地标准来衡量买卖合同是否具有国际性，营业地处于不同国家的当事人之间订立了销售合同，适用该公约。不考虑国籍因素，不考虑货物是否发生了跨国运输，也不考虑合同的当事人发生的要约和承诺是否在不同的国家。

例如，都是美国人出资开办的公司，一个在墨西哥，依当地法律设立；一个在加拿大，根据当地法律设立。这两个公司之间的货物买卖属于国际货物买卖。这两个公司与当地企业的货物买卖属于国内货物买卖。营业地是指永久性营业地。如果当事人有数个营业地，与合同及合同履行联系最密切的营业地为营业地。

以上案例中，双方当事人的营业地分别是中国和美国，而两国均是公约的缔约国。根据该公约的规定，它适用于营业地位于不同国家当事人之间签订的货物买卖合同。

《联合国国际货物销售合同公约》不适用的交易及货物销售包括：

（1）公约不适用于由买方提供大部分原材料制作和销售的货物，这属于来料加工。

（2）公约不适用于供货方的大部分义务在于提供劳务和服务的合同。

（3）公约应不适用于以下几种货物销售：①供私人或家庭用而购买的货物；②经由拍卖销售的货物；③根据法律执行令状或其他令状销售货物；④货币、债券销售；⑤船舶、飞机与气垫船销售；⑥电力销售；⑦卖方的主要义务在于提供劳务或其他服务的买卖。本案货物也不属公约排除适用对象。

《联合国国际货物销售合同公约》是非强制性的规范，根据意思自治原则，即使当事人双方所在国都是缔约国，还可以在合同中明示或默示，排除适用《联合国国际货物销售合同公约》，选择其他法律作为准据法，当事人也可以通过合同规定来改变《联合国国际货物销售合同公约》的效力。

例如，《联合国国际货物销售合同公约》第 39 条规定，声称货物与合同不符的期限，最长不得超过 2 年，在合同中可以声明该条款不适用，或改为 1 年。但是，缔约国作出保留的条款不能排除或改变其效力。

因此，除非当事人另有约定，本案双方当事人签订的货物买卖合同应当适用《联合国国际货物销售合同公约》。

2. 按照传统的普通法理论，承诺应像镜子一样反射要约的条件。为了适应现代商业发展的需要，《联合国国际货物销售合同公约》第十九条第二款规定，承诺只要不在实质上变更要约的条件，而且要约人在合理的时间内未发出表示异议的通知，则仍可构成有效的承诺，其合同条件以通知内更改为准。

按照《联合国国际货物销售合同公约》的规定，所谓实质上变更是指对有关货物的价格、付款、货物质量和数量、交货地点和时间、一方当事人对另一方当事人的赔偿责任范围或解决争端等的添加或不同条件。

中国利华服装有限责任公司 3 月 10 日的电报是向美国唐朝公司提出了订立合同的要约。由于美方 3 月 15 日复电并未完全同意中方的交易条件，对合同价格提出疑义，实质性地改变了合同的内容，故构成新的要约。

中国利华服装有限责任公司 3 月 19 日的电报同意了美国唐朝公司的交易条件，构成了承诺。根据《联合国国际货物销售合同公约》的规定，合同于承诺到达要约人时生效，承诺到达的地点就是合同成立地点。因此，合同于 1996 年 3 月 20 日成立。成立地点是美国唐朝公司所在地。

3. 根据《2000 年贸易术语解释通则》的规定，在 CIF 条件下卖方必须：

（1）提供符合合同规定的货物、单证或相等的电子单证；

（2）自负风险和费用办理出口许可证及其他货物出口手续，交纳出口捐、税、费；

（3）自费订立运输合同并将货物按惯常航线运至目的港，并支付运费；

（4）自费投保，交纳保险费；

（5）承担在装运港货物越过船舷以前的风险和费用。

故在 CIF 条件下，投保并支付保险费是卖主的一项义务。因此，该批货物的运输保险应由中国利华服装有限责任公司负责办理，并由中国利华服装有限责任公司支付保险费。

4. 中国利华服装有限责任公司将货物交给承运人运输后，即完成了它在CIF合同中的义务。风险已经在货物越过船舷后转移了。货物在运输途中遭受损失时，美国唐朝公司可向保险公司要求赔偿，再由保险公司向运输公司C索赔。

美国唐朝公司也可以直接向运输公司C索赔，但中国利华服装有限责任公司在此已无责任可言，故美国唐朝公司不能要求中国利华服装有限责任公司给予赔偿。

5. 提单是一种用以证明海上运输合同和货物已由承运人接管或装船，以及承运人保证凭以交付货物的单据。

提单具有特殊的法律性质，在CIF条件下，交单就等于交货。因此中国利华服装有限责任公司交出提单后即无权就货物的处理向承运人发出指示。承运人在收到货物并签发提单之后，就负有在目的地向提单持有人交付货物的义务，谁持有提单，谁就有权提取货物。作为物权凭证，提单可以进行买卖和自由转让。

6. 信用证作为一种银行的付款凭证，属于银行信用，是现代贸易中，尤其是国际贸易中最常见、重要的支付方式。

信用证是银行根据买方的请求，开给卖方的一种有条件的保证承担支付货款义务的书面凭证。在信用证内，银行授权受益人在符合信用证规定的条件下，以该行或其指定的银行为付款人，开具不得超过规定金额的汇票，并随付信用证规定的装运单据，按时在规定地点收取货款。因此，本案应由买方向银行申请开立信用证，卖方为信用证的受益人。

7. 本案中，当事人使用的是不可撤销的跟单信用证。所谓不可撤销的信用证，是指信用证一经开出，在有效期内，未经受益人同意，开证银行不得单方面予以撤销或者修改的信用证。只要受益人所提交的装运单据符合信用证的要求，开证银行就必须按信用证的规定履行付款义务。

卖方在装运港交付货物后，货物风险自越过船舷时起转移给买方。虽然货物在途中遭受灭失或损害，银行仍有义务向中国利华服装有限责任公司支付货价款，而无权拒绝付款。可见，不可撤销的信用证对受益人有较大保障。

## 相关法律法规

**《1980 年联合国国际货物销售合同公约》**

第一条

（1）本公约适用于营业地在不同国家的当事人之间所订立的货物销售合同：

（a）如果这些国家是缔约国；或

（b）如果国际私法规则导致适用某一缔约国的法律。

（2）当事人营业地在不同国家的事实，如果从合同或从订立合同前任何时候或订立合同时，当事人之间的任何交易或当事人透露的情报均看不出，应不予考虑。

（3）在确定本公约的适用时，当事人的国籍和当事人或合同的民事或商业性质，应不予考虑。

第十九条

（1）对发价表示接受但载有添加、限制或其他更改的答复，即为拒绝该项发价，并构成还价。

（2）但是，对发价表示接受但载有添加或不同条件的答复，如所载的添加或不同条件在实质上并不变更该项发价的条件，除发价人在不过分迟延的期间内以口头或书面通知反对其间的差异外，仍构成接受。如果发价人不作出这种反对，合同的条件就以该项发价的条件以及接受通知内所载的更改为准。

（3）有关货物价格、付款、货物质量和数量、交货地点和时间、一方当事人对另一方当事人的赔偿责任范围或解决争端等的添加或不同条件，均视为在实质上变更发价的条件。

第二十三条　合同于按照本公约规定对发价的接受生效时订立。

## 本案参考结论

1. 除非当事人另有约定，本案双方当事人签订的货物买卖合同应当适用《联合国国际货物销售合同公约》。

2. 合同于 1996 年 3 月 20 日成立，成立地点是美国唐朝公司所在地。

3. 该批货物的运输保险应由中国利华服装有限责任公司负责办理，并由中国利华服装有限责任公司支付保险费。

4. 美国唐朝公司可向保险公司要求赔偿，再由保险公司向运输公司 C 索赔。

5. 谁持有提单，谁就有权提取货物。作为物权凭证，提单可以进行买卖和自由转让。

6. 应由买方向银行申请开立信用证，卖方为信用证的受益人。

7. 银行无权拒绝付款。

# 案例十 比利时斯里巴加有限责任公司诉中国鸿利达有色金属有限责任公司案

## 案情简介

2002 年 10 月 10 日，比利时斯里巴加有限责任公司向中国鸿利达有色金属有限责任公司发出要约：“兹发盘铝线 100 吨，FOB 烟台每千克 10 美元，2003 年 2 月底前装船，不可撤销即期信用证，18 日复到有效。”

2002 年 10 月 15 日，中国鸿利达有色金属有限责任公司复盘：同意。至此合同成立。

2003 年 2 月 1 日，中国鸿利达有色金属有限责任公司给比利时斯里巴加有限责任公司发函，要求发货给比利时斯里巴加有限责任公司，并要求比利时斯里巴加有限责任公司开出信用证。

比利时斯里巴加有限责任公司于 2003 年 2 月 20 日发来函电，称“变更交货港烟台为安特卫普港，价格条件由 FOB 改为 CIF”。

中国鸿利达有色金属有限责任公司收到函后，不想同意比利时斯里巴加有限责任公司的要求。但是恰逢当时铝线的国际市场价格上涨，遂于同年 2 月 26 日回电提出：“同意 FOB 烟台港改为 CIF 安特卫普港，每千克铝线应为 25 美元。”

比利时斯里巴加有限责任公司于 2003 年 3 月 1 日复函，提出“维持 FOB 烟台不变，交货时间为 2003 年 4 月底以前”。

中国鸿利达有色金属有限责任公司已了解到伦敦金属交易所报出的铝线价格急剧上涨，而比利时斯里巴加有限责任公司不愿提高价格，遂复函提出：“不能于 4 月底以前交货。”

以后，铝线价格在 2003 年 3 月 15 日涨至每千克 30 美元，4 月 1 日涨至 35 美元，4 月 15 日涨至 40 美元，此后一直在 40 美元上下浮动。

比利时斯里巴加有限责任公司因多次催促中国鸿利达有色金属有限责任公司交货未果，遂于 2004 年 4 月 1 日提起仲裁，要求中国鸿利达有色金属有限责任公司：

1. 继续履行原合同。

2. 赔偿损失。

## 争议焦点

对本案有三种不同的意见：

一种意见认为：双方虽然订立了购销合同，但以后就价格条款一直未能达成一致意见，应当认为双方就价格条款未能达成合意，中国鸿利达有色金属有限责任公司也无继续交货的义务。

另一种意见认为：合同是有效的，虽然双方就价格条款的变更未能达成合意，但在这种条件下，中国鸿利达有色金属有限责任公司应按原合同规定的价格条款履行义务，否则应承担违约责任。

再有一种意见认为：尽管原合同是有效的，但由于铝线国际市场价格大幅度上涨，继续履行原合同对中国鸿利达有色金属有限责任公司显失公平，中国鸿利达有色金属有限责任公司可要求撤销或解除合同。

## 学理分析

### 一、关于要约与承诺

经过双方的要约与承诺，合同于 2002 年 10 月 15 日成立。该购销合同是合法有效的。合同中明确规定了标的质量、价格，交货的方式、地点、时间，合同内容是合法的、完整的，当事人应当履行合同。

### 二、关于合同变更

合同的变更是指由双方协商变更原合同的部分内容。合同的变更是对原合同的内容作某些修改，合同的修改必须经双方协商达成合意，任何一方未经对方同意无正当理由不得擅自变更合同。任何一方的擅自变更行为，不仅不能对对方产生约束力，而且构成违约行为。如果双方未能就合同变更达成协议，视为双方未变更合同，当事人仍然应当按原合同规定的义务履行。

中国鸿利达有色金属有限责任公司于 2003 年 2 月 1 日发函给比利时斯里巴加有限责任公司，要求发货并要求比利时斯里巴加有限责任公司开出信用证，中国鸿利达有色金属有限责任公司当时确实希望按合同规定及时履行义务。

在以后几次提及变更合同的时候，主要涉及价格及交货期。

（一）关于价格

比利时斯里巴加有限责任公司于2003年2月20日发函要求变更交货条件，比利时斯里巴加有限责任公司首先提出了变更合同问题。

中国鸿利达有色金属有限责任公司收到函后，鉴于铝线价格上涨，遂要求提高价格，比利时斯里巴加有限责任公司不同意。双方一直未能就价格条款的变更达成合意。

原合同已经规定了价格条款，双方又未能就价格条款的变更达成合意，那么中国鸿利达有色金属有限责任公司当然应按原合同规定的价格条款履行义务，不能以价格条款未成立为由拒绝履行。

（二）关于交货期

合同规定应于2003年2月底以前交货。比利时斯里巴加有限责任公司首先提出变更合同，单方面提出，于2003年4月底前交货，中国鸿利达有色金属有限责任公司对此未表示同意。后双方就变更交货期问题反复协商，最终未达成一致意见，致使合同履行期限推迟。

比利时斯里巴加有限责任公司单方面提出的新的履行期限，中国鸿利达有色金属有限责任公司未表示同意而又不能按原合同规定的期限履行义务，导致履行期限不明。因双方协商变更合同履行期限未达成合意，而被迫推迟了履行期限，中国鸿利达有色金属有限责任公司对履行期限的推迟没有过错。我们可以查阅《中华人民共和国民法通则》第八十八条的规定和《中华人民共和国合同法》第六十二条的规定，在履行期限不明确的时候，双方依然负有履行义务。[1]

以上规定之意是，债务人可以随时向债权人履行义务，债权人也可以随时要求债务人履行义务，但应当给对方必要的准备时间。

在本案中，在履行期限不明确的情况下，比利时斯里巴加有限责任公司可以单方面提出新的履行期限，只要这个期限是合理的，给予了中国鸿利达有色金属有限责任公司必要的准备时间，中国鸿利达有色金属有限责任公司就应当按此期限履行义务。

比利时斯里巴加有限责任公司在2003年3月1日发函，提出交货时间为4月

[1] 《中华人民共和国民法通则》和《中华人民共和国合同法》废止后，由《中华人民共和国民法典》作出相应规定。

底前，已经给中国鸿利达有色金属有限责任公司留出了足够的准备时间，可见该期限是合理的，中国鸿利达有色金属有限责任公司应按该期限履行义务。

### 三、关于显失公平

铝线的价格自 2003 年 3 月开始大幅度上涨，至 4 月中下旬已达 40 美元。合同规定的价格是每千克 10 美元，这样是否构成显失公平呢？

#### （一）显失公平

显失公平是指合同一方当事人，在紧急或者无经验的情况下订立了合同，如果依照合同履行，将对其产生重大的不公平。从四个方面考虑：

1. 合同的履行对一方当事人有重大的不利或明显的不公平。主要表现在：该方当事人要承担过多的义务，享受过少的权利，或者将要受到重大损失。另一方当事人仅承担较少的义务，享有较多的权利，或者将要获得较大的利益。这种利益极不均衡的分配，违背了民法的等价、公平原则，也违反了当事人的自主自愿原则，就是显失公平。

2. 一方当事人获得的利益超过了法律所允许的限度。比如，标的物的价格极大地超过了市场上同类物品的价格，才能视为显失公平。标的物价格必须是极大地超过市场价格，而不是双方同意的仅仅稍微高过市场价格。

3. 受害的一方当事人是在轻率、没有经验或情况紧急下实施的民事行为。显失公平的合同，对遭受损失的一方当事人来说，不是他的本意，不是完全自愿接受的。合同在订立过程中有某些瑕疵，致使遭受损失的一方当事人没有充分表达自己的意志。

4. 得利的一方是故意的行为。就是说，一方在市场经济活动中有恶意。一方盈利，另一方受损失的情况是常见的，因此不能仅仅以赢利或损失判断双方显失公平，还要看获利一方是不是不正当得利，该方当事人有无利用自己的地位优势，利用对方的轻率、轻信、无知、无经验。

#### （二）关于本案

本合同规定的价格与市场价格有较大差距，这是否显失公平？

1. 中国鸿利达有色金属有限责任公司不是在紧急或没有经验的情况下订立该合同的，当事人双方的意思表示是真实的，合同签订的过程中，不存在瑕疵，不符合显失公平的要件。

2. 铝线价格的波动属于正常交易风险范围，当事人在订立合同时应当考虑到价格会发生变化。这种变化是当事人双方都会面临的风险，比如价格上涨了，对卖方不利，对买方有利；如果价格下跌了，对买方不利，对卖方有利，当事人应当自己承担这个风险。

（三）本案结果

规定显失公平的制度，是为了限制一方当事人获得超过法律允许的利益，损害了他方的正当利益，但是，不是为了免除当事人应当承担的交易风险。

如果价格变动过大，客观上严重影响了当事人双方利益的平衡，法院或仲裁机关也应当根据一方当事人的请求而变更或撤销合同。这个价格变动达到多大程度，才被认为构成显失公平，法律尚没有明确的规定。

显失公平的理论，最早起源于罗马法。在古罗马法中，曾经有过“短少逾半规则”。根据这一规则，如果价金少于货物价值的一半，出卖人可以解除合同，自己返还对方价金，要求对方返还标的物。《法国民法典》第一千六百七十四条规定：“如出卖人因低价所受损失超过不动产价金十二分之七时，有权请求取消买卖，即使出卖人在契约中有放弃取消买卖的请求权的明白表示且已声明赠与此项超过价金的价值者，亦同。”该条规定以不同的方式确立了显失公平的标准。

《中华人民共和国民法通则》第五十九条也有相应的规定。

《中华人民共和国合同法》第五十四条仅规定显失公平的合同，可以由一方请求法院或仲裁机关予以变更或撤销。

在上述规定中，并没有规定显失公平的具体标准，在具体操作中，会遇到困难的。❶

综上所述：

1. 由于双方不能就价格条款的变更达成协议，中国鸿利达有色金属有限责任公司也不能依据显失公平规则要求撤销合同，只好根据比利时斯里巴加有限责任公司所提出的合理的履行期限履行原合同规定的义务。

2. 中国鸿利达有色金属有限责任公司如果不想履行实际交货的义务，就要按照合同价格与现在的市场价格的差额，赔偿比利时斯里巴加有限责任公司的损失。

3. 中国鸿利达有色金属有限责任公司在实际履行原合同或者承担赔偿责任以后，比利时斯里巴加有限责任公司将获得期待的利益，已经达到了严格履行合同的目的。中国鸿利达有色金属有限责任公司不再承担迟延履行的损害赔偿责任。

---

❶ 《中华人民共和国民法典》第一百五十一条规定：“一方利用对方处于危困状态、缺乏判断能力等情形，致使民事法律行为成立时显失公平的，受损害方有权请求人民法院或者仲裁机构予以撤销。”

## 相关法律法规

**《中华人民共和国民法典》**

第一百四十六条　行为人与相对人以虚假的意思表示实施的民事法律行为无效。以虚假的意思表示隐藏的民事法律行为的效力，依照有关法律规定处理。

第一百四十七条　基于重大误解实施的民事法律行为，行为人有权请求人民法院或者仲裁机构予以撤销。

第一百四十八条　一方以欺诈手段，使对方在违背真实意思的情况下实施的民事法律行为，受欺诈方有权请求人民法院或者仲裁机构予以撤销。

第一百四十九条　第三人实施欺诈行为，使一方在违背真实意思的情况下实施的民事法律行为，对方知道或者应当知道该欺诈行为的，受欺诈方有权请求人民法院或者仲裁机构予以撤销。

第一百五十条　一方或者第三人以胁迫手段，使对方在违背真实意思的情况下实施的民事法律行为，受胁迫方有权请求人民法院或者仲裁机构予以撤销。

第一百五十一条　一方利用对方处于危困状态、缺乏判断能力等情形，致使民事法律行为成立时显失公平的，受损害方有权请求人民法院或者仲裁机构予以撤销。

第五百零九条　当事人应当按照约定全面履行自己的义务。当事人应当遵循诚信原则，根据合同的性质、目的和交易习惯履行通知、协助、保密等义务。当事人在履行合同过程中，应当避免浪费资源、污染环境和破坏生态。

第五百一十条　合同生效后，当事人就质量、价款或者报酬、履行地点等内容没有约定或者约定不明确的，可以协议补充；不能达成补充协议的，按照合同相关条款或者交易习惯确定。

第五百一十一条　当事人就有关合同内容约定不明确，依据前条规定仍不能确定的，适用下列规定：

（一）质量要求不明确的，按照强制性国家标准履行；没有强制性国家标准的，按照推荐性国家标准履行；没有推荐性国家标准的，按照行业标准履行；没有国家标准、行业标准的，按照通常标准或者符合合同目的的特定标准履行。

（二）价款或者报酬不明确的，按照订立合同时履行地的市场价格履行；依法应当执行政府定价或者政府指导价的，依照规定履行。

（三）履行地点不明确，给付货币的，在接受货币一方所在地履行；交付不动产的，在不动产所在地履行；其他标的，在履行义务一方所在地履行。

（四）履行期限不明确的，债务人可以随时履行，债权人也可以随时请求履行，但是应当给对方必要的准备时间。

（五）履行方式不明确的，按照有利于实现合同目的的方式履行。

（六）履行费用的负担不明确的，由履行义务一方负担；因债权人原因增加的履行费用，由债权人负担。

# 案例十一　丹麦 C&C 公司与中国西西有限责任公司货物交付纠纷案

## 案情简介

2000 年 7 月 4 日，丹麦 C&C 公司与中国西西有限责任公司签订合同，购买中国西西有限责任公司彩色皮棉 500 吨，每吨 450 美元 CIF 哥本哈根，不可撤销信用证。

中国西西有限责任公司分别与保险公司、远洋运输公司签订了保险合同、运输合同。500 吨彩色皮棉依买卖合同约定和信用证规定，已于 7 月 10 日在青岛港装船。7 月 18 日，船行至红海，由于高度干燥，彩色皮棉发生自燃，全部被烧毁。丹麦 C&C 公司作为买方，得知货物在途中被毁，通知开证行拒绝付款。中国西西有限责任公司作为卖方，认为货物风险已经转移，要求买方支付货款。

## 争议焦点

1. 货物风险自何时转移？
2. 丹麦 C&C 公司是否有权要求银行拒绝付款？银行是否应该拒绝付款？
3. 该项货物损失由谁承担？为什么？

## 学理分析

### 一、CIF，全称 Cost，Insurance and Freight，意为成本保险加运费（……指定目的港）

CIF 术语是国际贸易中最通用的术语，在《2000 年国际贸易术语解释通则》中，买卖双方的责任、风险和费用写得是很明确的，可以参考原文。

使用 CIF 术语应注意的问题：

1. 在 CIF 术语中，替买方投保并支付保险费是卖方的一项义务，除非另有协议，否则卖方只负责按伦敦保险业协会货物保险条款投保海上运输的最低险别；

缩略语后的港口名称是目的港名称，指明运费和保险费的计算是从装运港至目的港全程的运输费和保险费，而不是指卖方的交货地点。与 FOB 术语一样，在 CIF 术语中，卖方的交货义务是在装运港将货物交到船上完成的。

2. CIF 条件是典型的交货合同，属于单据买卖，卖方只要把代表货物所有权的单据交给买方，就完成交货义务，买方必须接受符合合同的单据，履行付款义务，就是付款以交单为先决条件，卖方交货义务是以交单来完成的。在 E 组和 D 组术语中，是实际交货合同，卖方的责任是自己承担风险费用，把货物实际交给买方处置，卖方只能在货物交给买方处置时，要求买方付款，卖方交单时买方无付款义务。在 CIF 条件下，货物品质以装运时为准，卖方对运输风险不承担责任。而实际交货合同，货物品质以到货时为准。

3. 在 CIF 条件下，买卖双方各有 2 项既相互联系又彼此独立的权利义务。卖方的义务是按合同交货和交单。单据与合同相符不等于与货物也相符，买方有 2 项拒收权，法律允许买方在付款收单的情况下拒收不符的货物；反之，买方也不因处置货物丧失拒收不符单据并拒绝付款的权利。

**二、关于风险转移的问题**

风险不是指任何一种货损的风险，而是仅限于不是由于买卖双方当事人的原因，而是可能由于第三人或因意外事故造成的货物损害、灭失的风险，比如盗窃、火灾、沉船、渗漏、不属于正常损耗的变质。这类风险可能发生在卖方备货至买方收下货物的整个期间，如运输中的延迟、绕航、船舶碰撞、途中遭遇自然灾害等。

其中大部分事故可以从保险人或承运人处获得赔偿，但是，还有不能获得赔偿的情况，即使向第三人追偿，也要清楚是谁的责任。风险转移问题，就是要解决由谁承担这种货损的后果。如果风险应由卖方承担，货物灭失时，买方无付款义务，卖方也不能免除交货责任。属于货损风险，卖方应承担损害赔偿责任。如果风险应由买方承担，即使货物发生灭失损害，买方有义务支付全额价金，而无权向卖方索赔。

有关货物风险转移的认定，各国情况不一样。英国以所有权转移作为风险转移的标志，由物主承担风险。美国以交货作为风险转移标志。《联合国国际货物销售合同公约》也是以交货时间作为风险转移的时间。Incoterms 的 13

个国际贸易术语，都规定了具体的风险转移时间。根据意思自治原则，当事人通过贸易术语而约定给了风险转移时间，这种约定优先适用。

（一）风险划分原则

关于风险划分原则，《联合国国际货物销售合同公约》确定了以下原则：

1. 以交货时间确定风险转移。《联合国国际货物销售合同公约》采用了所有权与风险相分离的方法，确定了以交货时间作为风险转移时间的原则。《联合国国际货物销售合同公约》第六十九条规定，从买方接收货物时起，风险转移于买方承担。

2. 过失划分原则。从交货时间起，风险从卖方转移于买方。这一原则的适用有一个前提，即风险的转移是在卖方无违约责任的情况下。假如卖方发生违约行为，则上述原则不予适用。

3. 国际惯例优先。在国际货物买卖中，有些国际惯例对风险转移有自己的规定。《联合国国际货物销售合同公约》第九条规定，双方当事人业已同意的任何惯例和他们之间确立的任何习惯做法，对双方当事人均有约束力。例如，根据《2000年国际贸易术语解释通则》FOB、CIF、CFR合同的风险划分是以装运港船舷为界。卖方承担货物越过船舷前的风险，货物越过船舷后的风险由买方承担。

如果当事人在合同中选择了这种贸易术语，那么国际贸易术语规定的风险分担原则优先于《联合国国际货物销售合同公约》的规定，即风险划分以船舷为界而不是以交付单据（即交货）为据。

4. 划拨原则。划拨是风险发生转移的前提条件。根据《联合国国际货物销售合同公约》的规定，货物在划拨合同项下前风险不发生转移。

（二）风险划分时间

关于风险转移时间，按照以交货时间作为风险转移时间的原则，《联合国国际货物销售合同公约》将交货分为以下几类：

1. 涉及运输的交货。涉及运输的交货可以分为两种情况：

（1）卖方没有义务在指定地点交货，此时，风险于货交第一承运人时起转移给买方；

（2）卖方必须在某一特定地点交货，此时，风险以在该地点货交承运人时起转移给买方。

2. 在途货物的交货。对于在运输中出售的货物，《联合国国际货物销售合同公约》规定，原则上从订立合同时起，风险转移到买方承担。假如卖方通过买方转移运输单据作为交货依据，则从货物交付给签发载有运输合同单据的承运人时起，风险由买方承担。如果卖方在订立合同时已知道或理应知道货物已经损坏或遗失，而不将这一事实告知买方，则上述风险转移的原则不适用。由于《联合国国际货物销售合同公约》采用的是所有权与风险转移分离的原则，因此，卖方保留控制货物处置权的单据，不影响风险的转移。

3. 不涉及运输的交货。不涉及运输的交货也有两种情况：

（1）在卖方营业地交货，此时，风险从买方接收货物时转移给买方；或在货物交买方处置但遭无理拒收时起转移给买方。

（2）在卖方营业地以外地点交货，当交货时间已到，而买方知道货物已在该地点交他处置时，风险开始转移给买方。

**三、银行的付款责任问题**

银行对信用证具有审单的义务，审单时坚持单证相符、单单相符的原则。

依 UCP500 号第 13 条的规定：银行必须合理谨慎地审核信用证规定的一切单据，以确定是否表面与信用证相符合。本惯例所呈现的国际标准银行实务是确定信用证所规定的单据表面与信用证条款相符合的依据。单据之间表面互不一致，即视为表面与信用证条款不符。

**四、损失的承担问题决定保险公司是否应该负担保险赔偿金的是保险条款**

货损事故如属于保险事故，则保险公司应赔偿。由于货物自然特征造成的货损，各保险公司保险条款中均不承保。

## 相关法律法规

**一、《2000 年国际贸易术语解释通则》**

CIF 成本、保险费加运费（……指定目的港）

“成本、保险费加运费”是指在装运港当货物越过船舷时卖方即完成交货。

卖方必须支付将货物运至指定的目的港所需的运费和费用，但交货后货物灭失或损坏的风险及由于各种事件造成的任何额外费用即由卖方转移到买方。但是，在 CIF 条件下，卖方还必须办理买方货物在运输途中灭失或损坏风险的海运保险。因此，由卖方订立保险合同并支付保险费。买方应注意到，CIF 术语只要求卖方投保最低限度的保险险别。如买方需要更高的保险险别，则需要与卖方明确地达成协议，或者自行作出额外的保险安排。

CIF 术语要求卖方办理货物出口清关手续。该术语仅适用于海运和内河运输。若当事方无意越过船舷交货则应使用 CIP 术语。

A　卖方义务

B　买方义务

A1　提供符合合同规定的货物

卖方必须提供符合销售合同规定的货物和商业发票或有同等作用的电子信息，以及合同可能要求的、证明货物符合合同规定的其他任何凭证。

B1　支付价款

买方必须按照销售合同规定支付价款。

A2　许可证、其他许可和手续

卖方必须自担风险和费用，取得任何出口许可证或其他官方许可，并在需要办理海关手续时，办理货物出口货物所需的一切海关手续。

B2　许可证、其他许可和手续

买方必须自担风险和费用，取得任何进口许可证或其他官方许可，并在需要办理海关手续时，办理货物进口及从他国过境的一切海关手续。

A3　运输合同和保险合同

a）运输合同

卖方必须自付费用，按照通常条件订立运输合同，经由惯常航线，将货物用通常可供运输合同所指货物类型的海轮（或依情况适合内河运输的船只）装运至指定的目的港。

b）保险合同

卖方必须按照合同规定，自付费用取得货物保险，并向买方提供保险单或其他保险证据，以使买方或任何其他对货物具有保险利益的人有权直接向保险人索赔。保险合同应与信誉良好的保险公司订立，在无相反明确协议时，应按照《协会货物保险条款》（伦敦保险人协会）或其他类似条款中的最低保险险别投保。保险期限应按照 B5 和 B4 规定。应买方要求，并由买方负担费用，卖方应加投战争、罢工、暴乱和民变险，如果能投保的话。最低保险金额应包括合同规定价款另加 10%（即 110%），并应采用合同货币。

B3　运输合同与保险合同

a）运输合同

无义务。

b）保险合同

无义务。

A4 交货

卖方必须在装运港，在约定的日期或期限内，将货物交至船上。

B4 受领货物

买方必须在卖方已按照 A4 规定交货时受领货物，并在指定的目的港从承运人处收受货物。

A5 风险转移

除 B5 规定者外，卖方必须承担货物灭失或损坏的一切风险，直至货物在装运港越过船舷为止。

B5 风险转移

买方必须承担货物在装运港越过船舷之后灭失或损坏的一切风险。

如买方未按照 B7 规定给予卖方通知，买方必须从约定的装运日期或装运期限届满之日起，承担货物灭失或损坏的一切风险，但以该项货物已正式划归合同项下，即清楚地划出或以其他方式确定为合同项下之货物为限。

A6 费用划分

除 B6 规定者外，卖方必须支付：

与货物有关的一切费用，直至已经按照 A4 规定交货为止；及按照 A3a）规定所发生的运费和其他一切费用，包括货物的装船费；及按照 A3b）规定所发生的保险费用；及根据运输合同由卖方支付的、在约定卸货港的任何卸货费用；及在需要办理海关手续时，货物出口需要办理的海关手续费用及出口时应缴纳的一切关税、税款和其他费用，以及根据运输合同规定由卖方支付的货物从他国过境的费用。

B6 费用划分

除 A3a）规定外，买方必须支付：自按照 A4 规定交货时起的一切费用；及货物在运输途中直至到达目的港为止的一切费用，除非这些费用根据运输合同应由卖方支付；及包括驳运费和码头费在内的卸货费，除非这些费用根据运输合同应由卖方支付；及如买方未按照 B7 规定给予卖方通知，则自约定的装运日期或装运期限届满之日起，货物所发生的一切额外费用，但以该项货物已正式划归合同项下，即清楚地划出或以其他方式确定为合同项下之货物为限；及在需要办理海关手续时，货物进口应交纳的一切关税、税款和其他费用，及办理海关手续的费用，以及需要时从他国过境的费用，除非这些费用已包括在运输合同中。

A7　通知买方

卖方必须给予买方说明货物已按照 A4 规定交货的充分通知，以及要求的任何其他通知，以便买方能够为受领货物采取通常必要的措施。

B7　通知卖方

一旦买方有权决定装运货物的时间和/或目的港，买方必须就此给予卖方充分通知。

A8　交货凭证、运输单据或有同等作用的电子信息

卖方必须自付费用，毫不迟延地向买方提供表明载往约定目的港的通常运输单据。

此单据（如可转让提单、不可转让海运单或内河运输单据）必须载明合同货物，其日期应在约定的装运期内，使买方得以在目的港向承运人提取货物，并且，除非另有约定，应使买方得以通过转让单据（可转让提单）或通过通知承运人，向其后手买方出售在途货物。

如此运输单据有数份正本，则应向买方提供全套正本。

如买卖双方约定使用电子方式通信，则前项所述单据可以由具有同等作用的电子数据交换（EDI）信息代替。

B8　交货凭证、运输单据或有同等作用的电子信息

如果该单据符合合同规定的话，买方必须接受按照 A8 规定提供的运输单据。

A9　查对、包装、标记

卖方必须支付为按照 A4 规定交货所需进行的查对费用（如核对货物品质、丈量、过磅、点数的费用）。

卖方必须自付费用，提供符合其安排的运输所要求的包装（除非按照相关行业惯例该合同所描述货物无须包装发运）。包装应作适当标记。

B9　货物检验

买方必须支付任何装运前检验的费用，但出口国有关当局强制进行的检验除外。

A10　其他义务

应买方要求并由其承当风险和费用，卖方必须给予买方一切协助，以帮助买方取得由装运地国和/或原产地国所签发或传送的、为买方进口货物可能要求的和必要时从他国过境所需的任何单据或有同等作用的电子信息（A8 所

列的除外）。应买方要求，卖方必须向买方提供额外投保所需的信息。

B10　其他义务

买方必须支付因获取 A10 所述单据或有同等作用的电子信息所发生的一切费用，并偿付卖方因给予协助而发生的费用。应卖方要求，买方必须向其提供投保所需的信息。

**二、《联合国国际货物销售合同公约》**

第九条

（1）双方当事人业已同意的任何惯例和他们之间确立的任何习惯做法，对双方当事人均有约束力。

（2）除非另有协议，双方当事人应视为已默示地同意对他们的合同或合同的订立适用双方当事人已知道或理应知道的惯例，而这种惯例，在国际贸易上，已为有关特定贸易所涉同类合同的当事人所广泛知道并为他们所经常遵守。

第六十九条

（1）在不属于第六十七条和第六十八条规定的情况下，从买方接收货物时起，或如果买方不在适当时间内这样做，则从货物交给他处置但他不收取货物从而违反合同时起，风险移转到买方承担。

（2）但是，如果买方有义务在卖方营业地以外的某一地点接收货物，当交货时间已到而买方知道货物已在该地点交给他处置时，风险方始移转。

（3）如果合同指的是当时未加识别的货物，则这些货物在未清楚注明有关合同以前，不得视为已交给买方处置。

**三、《跟单信用证统一惯例》（国际商会第 500 号出版物）**

第十三条　审核单据的标准

（1）银行必须合理小心地审核信用证上规定的一切单据，以便确定这些单据表面是否与信用证条款相符合。本惯例所体现的国际标准银行实务是确定信用证所规定的单据表面与信用证条款相符的依据。单据之间表面不一致，即视为表面与信用证条款不符。

信用证上没有规定的单据，银行不予审核。如果银行收到此类单据，应退还交单人或将其照转，但对此不承担责任。

（2）开证行、保兑行（如有），或代其行事的指定银行，应有各自的合理的审单时间——不得超过从其收到单据的翌日起算七个银行工作日，以便决定是接受或拒绝接受单据，并相应地通知寄单方。

（3）如信用证含有某些条件而未列明需提交与之相符的单据者，银行将认为未列明此条件，对此不予理会。

## 参考结论

1. 货物风险已于2000年7月10日在货物装上船时起转移给买方。
2. 买方无权请求银行拒绝付款。银行不应拒绝付款。
3. 买方自行承担损失。

# 案例十二　中国兴隆公司与美国卡兰斯公司钢材销售仲裁案

## 案情简介

中国兴隆公司和美国卡兰斯公司于 2001 年 1 月 1 日签订了某种汽车专用钢材买卖合同。

合同约定中国兴隆公司购买美国卡兰斯公司 10000 吨某种汽车专用钢材，价格为 CNF 青岛港每吨 5600 美元，合同总价为 5600 万美元。2001 年 2 月 15 日前装运。付款方式为：

1. 中国兴隆公司向美国卡兰斯公司预付 100 万美元。
2. 在合同签署后 25 天内开出信用证。
3. 信用证付款 5000 万美元。
4. 货到 10 天内，采用电汇方式支付余款 500 万美元。

合同签订后，2001 年 1 月 8 日，中国兴隆公司按照合同约定开立了以美国卡兰斯公司为受益人的信用证。同时，向美国卡兰斯公司汇付 100 万美元的预付款。之后，美国卡兰斯公司又提出资金困难，请中国兴隆公司增加预付款。中国兴隆公司又汇付给美国卡兰斯公司货款 50 万美元，加上合同约定的 100 万元预付款，中国兴隆公司总共支付给美国卡兰斯公司 150 万美元。

再后，美国卡兰斯公司要求中国兴隆公司修改信用证的装运期，最后将装运期改为 2001 年 6 月 15 日。但是，美国卡兰斯公司一直没有履行交货义务。

中国兴隆公司于 2002 年 2 月提起仲裁，请求美国卡兰斯公司实际履行交货义务，并支付延期交货罚款。仲裁庭经审理作出裁决，支持中国兴隆公司的仲裁请求。

美国卡兰斯公司没有遵照裁决书履行交货义务。

2004 年 3 月 12 日，中国兴隆公司再次提起仲裁申请要求美国卡兰斯公司：

1. 解除合同。

2. 返还已付的货款150万美元，并支付利息。

3. 赔偿因不交货给中国兴隆公司造成的经济损失200万美元。

4. 本案仲裁费由美国卡兰斯公司支付。

5. 因办理本案所发生的律师费人民币30万元，由美国卡兰斯公司承担。

美国卡兰斯公司没有进行答辩。

## 争议焦点

1. 仲裁庭能否判决实际履行？在国际贸易合同中对于实际履行合同有什么要求？

2. 在国际贸易合同中对于解除合同有什么要求？

3. 美国卡兰斯公司应该如何承担责任？

## 学理分析

### 一、本案的法律适用

中国兴隆公司与美国卡兰斯公司没有在合同中选定争议适用的法律。本案适用《联合国国际货物销售合同公约》，理由是：

1. 本案仲裁地在中国。

2. 中国兴隆公司所在国和美国卡兰斯公司所在国均是《联合国国际货物销售合同公约》的缔约国。

3. 中国兴隆公司和美国卡兰斯公司没有明示排除《联合国国际货物销售合同公约》的适用。

根据我国法律和《联合国国际货物销售合同公约》第一章的规定，本案适用《联合国国际货物销售合同公约》。

### 二、要求违约方实际履行

实际履行是指一方不履行合同时，另一方要求违约方实际履行合同义务的一种救济方法。

在鉴戒各国的实际履行制度的基础上，《联合国国际货物销售合同公约》规定了一套独特的实际履行制度。《联合国国际货物销售合同公约》第二十八条规定，在任何一方不履行义务时，一方当事人有权要求另一方当事人履行某一义务，也就是说，买方可以要求卖方履行交货义务，卖方也可以要求买方履行支付货款、收取货物的义务。

《联合国国际货物销售合同公约》第四十六条和第六十二条也有相关的规定，要求实际履行的一方当事人，应当还没有采用与实际履行相抵触的其他救济方法。

相抵触的救济方法是指使实际履行成为不适当或不可能的救济方法。比如，不能在合同已经解除、合同义务已经终止的情形下，要求对方实际履行，这就是不适当或不可能的救济方法。

《联合国国际货物销售合同公约》第二十八条还规定，是否作出实际履行的判决，取决于法院地的法律和法官的选择。要看法院地国家的法律是否允许其法院作出实际履行的判决。一方面，如果法院地国家的法律不允许或不主张作出实际履行的判决的，受理案件的法院无权作出此种判决。另一方面，如果法院地国家的法律允许作出实际履行的判决，也并非意味着受理案件的法院有义务作出此种判决。

在本案中，在中国兴隆公司依照约定和美国卡兰斯公司的要求支付了预付款和开立了信用证以后，美国卡兰斯公司仍未履行其交货义务。按照我国法律的规定，当事人一方未履行合同义务时，另一方当事人可请求实际履行。因此，仲裁庭支持了中国兴隆公司的仲裁请求。

**三、买方解除合同的条件**

《联合国国际货物销售合同公约》第四十九条规定了买方可以宣告合同无效的情况。

在本案中，中国兴隆公司已经按照合同约定履行了预付货款及开立信用证的义务，而美国卡兰斯公司未能于双方约定的最后交货期2001年5月20日之前，向中国兴隆公司交付货物。2002年3月4日，中国兴隆公司向中国国际经济贸易委员会申请仲裁。直至1994年11月16日仲裁委员会作出令美国卡兰斯公司履行交货义务的裁决后，甚至直到本次仲裁时，虽经中国兴隆公司多次催促，美国卡兰斯公司仍无意向中国兴隆公司履行合同项下的交货义务。在2001年5月20日美国卡兰斯公司未能交货后，中国兴隆公司已实际给予了美国卡兰斯公司长达7年多的时间，让作为合同卖方的美国卡兰斯公司履行其交货义务，美国卡兰斯公司至今未向中国兴隆公司交货的行为，构成对合同的根本违约。

美国卡兰斯公司的违约行为，使作为合同买方的中国兴隆公司，事实上已无从取得在订立合同时所期望得到的利益，合同的继续存在已无实际意义，仲裁庭对中国兴隆公司提出的终止合同的请求予以支持。

**四、美国卡兰斯公司应该承担什么责任**

买方向卖方支付了预付的货款，而卖方没有交货，在合同被解除时，买方有权请求卖方返还货款以及相应的利息。

在本案中，美国卡兰斯公司未向中国兴隆公司交付合同项下的货物，应当退还中国兴隆公司的预付的货款 150 万美元，还应承担占有该笔预付货款期间的利息。

一般情况下，利润损失的计算，应以该类贸易预计可得的最低利润来算，即按贸易合同金额的 10% 计算。但是，在本案中，中国兴隆公司的利润损失请求没有事实依据和法律依据，因此不能得到支持。

本案仲裁费由中国兴隆公司承担 25%，美国卡兰斯公司承担 75%。美国卡兰斯公司支付中国兴隆公司律师费人民币 20 万元。

## 相关法律法规

**《联合国国际货物销售合同公约》**

第二十八条　如果按照本公约的规定，一方当事人有权要求另一方当事人履行某一义务，法院没有义务作出判决，要求具体履行此一义务，除非法院依照其本身的法律对不属本公约范围的类似销售合同愿意这样做。

第四十六条

（1）买方可以要求卖方履行义务，除非买方已采取与此一要求相抵触的某种补救办法。

（2）如果货物不符合同，买方只有在此种不符合同情形构成根本违反合同时，才可以要求交付替代货物，而且关于替代货物的要求，必须与依照第三十九条发出的通知同时提出，或者在该项通知发出后一段合理时间内提出。

（3）如果货物不符合同，买方可以要求卖方通过修理对不符合同之处做出补救，除非他考虑了所有情况之后，认为这样做是不合理的。修理的要求必须与依照第三十九条发出的通知同时提出，或者在该项通知发出后一段合理时间内提出。

第四十九条

（1）买方在以下情况下可以宣告合同无效：

A. 卖方不履行其在合同或本公约中的任何义务，等于根本违反合同；或

B. 如果发生不交货的情况，卖方不在买方按照第四十七条第 1 款规定的额外时间内交付货物，或卖方声明他将不在所规定的时间内交付货物。

(2) 但是，如果卖方已交付货物，买方就丧失宣告合同无效的权利，除非：

A. 对于迟延交货，他在知道交货后一段合理时间内这样做；

B. 对于迟延交货以外的任何违反合同事情：

(a) 他在已知道或理应知道这种违反合同后一段合理时间内这样做；或

(b) 他在买方按照第四十七条第一款规定的任何额外时间满期后，或在卖方声明他将不在这一额外时间履行义务后一段合理时间内这样做；

(c) 他在卖方按照第四十八条第二款指明的任何额外时间满期后，或在买方声明他将不接受卖方履行义务后一段合理时间内这样做。

第六十二条　卖方可以要求买方支付价款、收取货物或履行他的其他义务，除非卖方已采取与此一要求相抵触的某种补救办法。

本案中，仲裁庭裁决如下：

1. 自本裁决作出之日起终止合同。

2. 美国兴隆公司向中国卡兰斯公司返还已收取的 150 万美元，并支付利息。

3. 驳回中国卡兰斯公司利润损失的请求。

4. 本案仲裁费中国卡兰斯公司承担 30%，美国兴隆公司承担 70%。

5. 美国兴隆公司支付中国卡兰斯公司律师费人民币 20 万元。

# ■ 第三章

# 国际海事运输法

## 案例十三　黑色大地绿色有限责任公司与莱纳利尔公司清洁提单争议案

### 案情简介

2004年2月，依据FOB条件，黑色大地绿色有限责任公司与莱纳利尔公司签订了一份出售10万吨大豆的合同。

2004年4月1日，黑色大地绿色有限责任公司按时将大豆运到港口，按时装船，承运人马里亚纳运输公司签发了清洁提单。

2004年5月2日，货物到达目的港，莱纳利尔公司发现百分之九十的货物严重破包，造成重大损失。

承运人马里亚纳运输公司称，破包是由于包装不坚固所造成，主张按照“因包装不坚固所发生的货损，承运人不承担赔偿责任”的规定，免除责任。

### 争议焦点

承运人马里亚纳运输公司是否可以在签发了清洁提单的情况下，主张“因包装不坚固发生货损，承运人不承担赔偿责任”，免除责任？

### 学理分析

本案涉及清洁提单的问题。

提单是一种用以证明海上运输合同和货物已由承运人接管或装船，以及承运人保证凭以交付货物的单据。

《跟单信用证统一惯例（1993 年修订本）》，即 UCP500，第二十七条规定了什么是清洁运输单据：

以提单上是否有批注，可以将提单分为清洁提单与不清洁提单：

**一、清洁提单**

清洁提单，是指承运人没有对货物的表面状况或者其他方面加以批注的提单。

实践中不要求托运人在交运货物的时候提供货物表面的情况，承运人自己一定要在装货的时候对货物进行检查，然后根据货物的具体情况决定是否在提单上附加批注。

收货人提货时，如果出示的是清洁提单，承运人就要把表面状况良好的货物交给收货人，如果发现货物表面受损，而且是由于承运人的责任所致，收货人可以要求承运人赔偿。

**二、不清洁提单**

指附有不良批注的提单，如“包装不固”“破包”“沾有油污”。这种提单表明，货物是在表明状况不良的条件下装船的，在卸货时，如果由此造成损失，可以减免承运人的责任。

在国际贸易实践中，银行或买方或提单的受让人只接受已装船清洁提单。根据《跟单信用证统一惯例》的规定，除非信用证明确规定可以接受者外，银行拒绝接受不清洁提单。此外，不清洁提单也难于作为物权凭证自由转让。《1978 年联合国海上货物运输公约》（《汉堡规则》）第十六条规定了提单的保留和证据效力。

《中华人民共和国海商法》第七十六条规定签发清洁提单的后果。当承运人签发了清洁提单以后，就不能再主张“因包装不坚固发生货损，承运人不承担赔偿责任”。如果承运人主张“因包装不坚固发生货损，承运人不承担赔偿责任”，必须在提单上批注包装有瑕疵。

在本案中，承运人马里亚纳运输公司签发了清洁提单，所以其不能主张“因包装不坚固发生货损，承运人不承担赔偿责任”，免责的理由是不能成立的。承运人马里亚纳运输公司在运输途中，没有尽到妥善、谨慎管理货物的义务，应当承担赔偿责任。

## 相关法律法规

### 一、《1978年联合国海上货物运输公约》（《汉堡规则》）

第十六条　提单：保留和证据效力

（1）如果承运人或代其签发提单的其他人确知或有合理的根据怀疑提单所载有关货物的品类、主要标志，包数或件数、重量或数量等项目没有准确地表示实际接管的货物，或在签发“已装船”提单的情况下，没有准确地表示已实际装船的货物，或者他无适当的方法来核对这些项目，则承运人或该其他人必须在提单上作出保留，注明不符之处、怀疑根据或无适当的核对方法。

（2）如果承运人或代他签发提单的其他人未在提单上批注货物的外表状况，则应视为他已在提单上注明货物的外表状况良好。

（3）除按本条第1款规定就有关项目和其范围作出许可在保留以外：

（a）提单是承运人接管，或如签发“已装船”提单时，装载提单所述货物的初步证据；

（b）如果提单已转让给相信提单上有关货物的描述而照此行事的包括收货人在内的第三方，则承运人提出与此相反的证据不予接受。

（4）如果提单未按照第十五条第1款（k）项的规定载明运费或以其他方式说明运费由收货人支付或未载明在装货港发生的滞期费由收货人支付，则该提单是收货人不支付运费或滞期费的初步证据。如果提单已转让给相信提单上无任何此种说明而照此行事的包括收货人在内的第三方，则承运人提出的与此相反的证据不予接受。

### 二、《跟单信用证统一惯例》（1993年修订本）

第三十二条　清洁运输单据

a. 清洁运输单据系指未载有明确宣称货物及/或包装状况有缺陷的条款或批注的运输单据。

b. 除非信用证明确规定可以接受上述条款或批注，否则银行将不接受会有此类条款或批注的运输单据。

c. 运输单据如符合本条款和第二十三、二十四、二十五、二十六、二十七、二十八或三十条的规定，银行即视为符合信用证中规定在运输单据上载明“清洁已装船”的要求。

**三、《中华人民共和国海商法》**

第七十六条　承运人或者代其签发提单的人未在提单上批注货物表面状况的，视为货物的表面状况良好。

## 参考结论

上述案例中，承运人马里亚纳运输公司在运输途中，没有尽到妥善、谨慎管理货物的义务，应当承担赔偿责任。

# 案例十四　荣塔公司与日本富士公司货物包装纠纷案

## 案情简介

中国荣塔公司向日本富士株式会社订购彩电 800 台。合同规定，彩电价格为每台 600 美元 CIF 宁波，2000 年 6 月 30 日长崎港装货。货物于 1994 年 6 月 30 日装船，装船时外包装有严重破损，富士株式会社向船舶公司出具了货物品质的保函。船长应富士株式会社的请求，出具了清洁提单，富士株式会社据此向银行取得了货款。货物到达宁波后，荣塔公司发现，电视机外包装箱有严重破损，船舶公司出示了富士株式会社提供的保函，认为该事应向富士株式会社索赔。

## 争议焦点

1. 船舶公司是否应承担责任？为什么？
2. 富士株式会社是否应承担责任？为什么？
3. 保险公司如何对待荣塔公司的索赔？
4. 荣塔公司的损失如何得到补偿？

## 学理分析

在荣塔公司、富士株式会社、船舶公司三者的关系中，船舶公司作为承运人向买方荣塔公司出具了清洁提单，富士株式会社作为卖方向船舶公司出具了货物品质的保函。所谓清洁提单，是指提单上没有任何有关货物外表状态不良的批注。所谓外表状态，是指承运人收到货物时，凭目力所能观看到货物表面的状态，它表示货物已如数装船而且货物的表面状况良好，由于提单的转让是根据提单的所载情况进行的，不清洁提单是难以转让的，因此跟单信用证制度要求提供的提单必须清洁，除非信用证另有规定，银行结汇时一般不接受不清洁提单。

提单是物权凭证，它代表着提单内记载货物的所有权，是承运人保证向收货人交付货物的物权凭证。本案中承运人既然向买方签发了清洁提单，就负有向买方交付良好货物的义务。保函是指由托运人出具的用以担保承运人签发清洁提单而产生的一切法律后果的一种担保文件。该保函能担保承运人因签发提单后而产生的法律后果，但该保函并无对抗第三人的效力，因为保函的当事人是托运人和承运人。《汉堡规则》规定：“保函对受让提单的包括收货人在内的任何第三人，不发生效力。”该规则还规定，保函对托运人是有效的，但承运人接受保函而签发提单属于恶意的欺诈，则保函对托运人无效。承运人不仅无权从托运人处取得赔偿，而且要对包括收益人在内的任何第三方的损失承担无限赔偿责任，即只有善意保函才对托运人和承运人有效，但不能对抗任何第三人。因而，本案中船舶公司应向荣塔公司承担责任，尔后由富士株式会社向船舶公司承担责任。《海商法》第二百四十三条规定，除合同另有约定外，因下列原因之一造成货物损失的，保险人不负赔偿责任：（一）航行迟延，交货迟延或者行市变化；（二）货物的自然损耗、本身的缺陷和自然特性；（三）包装不当。本案中货物损失的原因是托运人包装不当造成的，因而保险人并不承担保险责任。

## 参考结论

本案中：

1. 船舶公司应当承担责任。因富士株式会社的保函没有对抗第三人的效力。

2. 富士株式会社应承担责任。船舶公司之所以出具清洁提单，是因为富士株式会社出具了保函，因而富士株式会社依保函对船舶公司承担责任。

3. 保险公司不负赔偿责任。根据海商法的规定，除合同另有约定以外，对包装不当造成货物损失的，保险人不负赔偿责任。

4. 荣塔公司的损失可要求船舶公司赔偿，因为它没有如实签发提单。

## 案例十五　乌金进出口公司诉澳大利亚南洋矿业公司无单放货案

### 案情简介

2004 年 7 月 8 日，乌金进出口有限责任公司与澳大利亚南洋矿业公司签订购销合同。

合同约定：由澳大利亚南洋矿业公司向乌金进出口有限责任公司供应某种规格的矿石 6000 吨，价格条件为：CIF 青岛，总价款 200 万美元，以信用证方式结算。

2004 年 8 月 4 日，乌金进出口有限责任公司向中国银行青岛分行申请开立以澳大利亚南洋矿业公司为受益人的不可撤销跟单信用证。

信用证约定：货物装运期不迟于 2004 年 9 月 30 日，可分批装运，不可转运；议付单据包括一套以议付银行为指示人的清洁已装船提单；信用证有效期至 2004 年 10 月 21 日。

乌金进出口有限责任公司依据该购销合同，于 2004 年 7 月 23 日与陵山冶炼集团公司签订一份“产品订货合同”合同，约定：由乌金进出口有限责任公司向陵山冶炼集团公司提供 6000 吨矿石，总价款人民币 2300 万元。供方须于 2004 年 9 月至最迟 10 月 15 日前将全部货物交付给陵山冶炼集团公司。合同签订后 7 日内，陵山冶炼集团公司付 30 万美元定金，接到提单后 3 日内，付清全部货款。合同签订后，陵山冶炼集团公司分别于 2004 年 7 月 24 日和 7 月 29 日共向乌金进出口有限责任公司支付定金 30 万美元。

2004 年 9 月 23 日，澳大利亚南洋矿业公司从澳大利亚悉尼港发运第一批矿石 3000 吨，乌金进出口有限责任公司根据信用证的规定，议付了货款 100 万美元。该批货物由澳大利亚津华运输公司承运，于 2004 年 10 月 11 日运抵青岛。

第二批货物由澳大利亚友华运输公司承运。澳大利亚友华运输公司向澳大利亚南洋矿业公司签发了一式三份清洁已装船提单，货物为 3000 吨矿石，提单签发日期是 2004 年 9 月 30 日。

2004年10月3日，澳大利亚南洋矿业公司传真通知乌金进出口有限责任公司，第二批矿石已于2004年9月30日装船，并附澳大利亚友华运输公司签发的提单。2004年10月24日，乌金进出口有限责任公司收到中国银行青岛分行要求其付款赎单的通知书，此时货物尚未抵达青岛港。据调查，2004年9月30日至10月6日澳大利亚南洋矿业公司的船还在青岛港进行上一航次的卸货。乌金进出口有限责任公司认为澳大利亚友华运输公司与澳大利亚南洋矿业公司恶意串通，签发了虚假提单，属于提单欺诈行为，遂于2004年10月25日向法院提出冻结信用证的申请。

法院准予乌金进出口有限责任公司的申请，于2004年10月27日裁定，冻结了乌金进出口有限责任公司申请中国银行青岛分行开出的以澳大利亚南洋矿业公司为受益人的信用证，止付该信用证项下的100万美元货款。

2004年11月13日乌金进出口有限责任公司向法院申请扣押澳大利亚南洋矿业公司的船，要求澳大利亚友华运输公司提供70万美元的担保。法院准许了乌金进出口有限责任公司的申请，于2004年11月22日裁定扣押澳大利亚南洋矿业公司的船，责令澳大利亚友华运输公司提供70万美元的担保。12月6日，澳大利亚友华运输公司提供了担保，法院解除了对该船的扣押。

在庭审中，澳大利亚友华运输公司承认，第二批矿石实际于2004年10月13日在澳大利亚悉尼港装船，10月26日装船完毕，11月16日抵达青岛港。由于第二批矿石没有按期装运，乌金进出口有限责任公司不能按期履行其与陵山冶炼集团公司的产品订货合同，乌金进出口有限责任公司为此已向陵山冶炼集团公司退还购货定金30万美元，并赔偿定金30万美元。按照当时的市场情况，进口一批相同数量、规格的矿石，需货款100万美元，发生各项费用共计人民币50万元。

乌金进出口有限责任公司在起诉书中认为：澳大利亚南洋矿业公司没有按照购货合同约定的期限发运货物，而向澳大利亚友华运输公司预借提单。澳大利亚友华运输公司在货物尚未装船时就向澳大利亚南洋矿业公司签发已装船提单，两者合谋欺诈乌金进出口有限责任公司，致使乌金进出口有限责任公司无法履行与陵山冶炼集团公司签订的合同，造成了严重的经济损失。请求法院判令澳大利亚南洋矿业公司与澳大利亚友华运输公司赔偿乌金进出口有限责任公司利润损失和定金损失。

澳大利亚友华运输公司在答辩书中认为，澳大利亚友华运输公司在客观上预借了提单，但其主观上并没有恶意。乌金进出口有限责任公司通过申请法院冻结信用证，止付货款，没有取得提单，意味着没有取得提单项下货物的所有权，也意味着放弃了凭正本提单向船东索赔的权利。因此，乌金进出口有限责任公司对澳大利亚友华运输公司不具有诉权。

同时，澳大利亚友华运输公司提出反诉，认为乌金进出口有限责任公司申请诉讼前扣押船舶错误，请求法院判令乌金进出口有限责任公司赔偿澳大利亚友华运输公司因此遭受的损失。

澳大利亚南洋矿业公司没有答辩。

法院认为：本案提单签发地在澳大利亚，但损害结果发生在中国境内，故可以适用中国法律。依照《中华人民共和国海商法》第七十四条、《中华人民共和国民法通则》第一百零六条、第一百一十七条、第一百三十条及第一百四十六条的规定，法院判决如下：

1. 澳大利亚友华运输公司、澳大利亚南洋矿业公司连带赔偿乌金进出口有限责任公司可得利润损失与违约金损失、申请冻结信用证和诉讼前扣船申请费，以及上述款项的利息。

2. 驳回澳大利亚友华运输公司的反诉请求。

## 争议焦点

在本案中，由于卖方向承运人预借提单，导致买方拒收货物，对卖方和承运人提起共同侵权之诉，向法院申请冻结信用证扣押船舶，要求被告赔偿因不能履行已经与下一家签订的合同的利润、损失和违约金。

案件涉及的问题包括：

1. 预借提单应怎样认定？预借提单行为属于侵权行为还是违约行为？

2. 责任人赔偿范围如何确定？

3. 承运人是否享有责任限制？

## 学理分析

本案是一个典型的预借提单、损害赔偿案件，涉及预借提单的事实认定、法律定性及赔偿范围。

### 一、关于承运人的责任限制

关于承运人的责任限制问题，在《海牙规则》《汉堡规则》和《维斯比规则》中都有比较明确的规定，但在本案中均不适用，因为我国没有加入其中任何一个规则。但《中华人民共和国海商法》对承运人的责任限制有明确的规定。

《中华人民共和国海商法》第五十六条规定，承运人对货物灭失或损坏的赔偿限额，按照货物每件或每个货运单位为666.67计算单位，约合人民币5300元，或者按货物毛重计算，每千克为2个计算单位，以两者中赔偿限额较高的为准。

《中华人民共和国海商法》第五十七条也规定，承运人由于货物延迟到达而造成损失的赔偿限额是运输合同的运费。

《中华人民共和国海商法》第五十九条又规定，如果该损失是由承运人的故意造成的，承运人将不得援引限制赔偿责任的规定。

在本案中，承运人预借提单属明显的故意欺诈行为，因而不得享受责任限制的规定。

**二、如何认定预借提单的事实**

预借提单是指承运人在货物尚未装船或未装船完毕时，签发已装船提单，或者尚未收受货物则签发收货待运提单的行为。

根据《中华人民共和国海商法》的规定，在货物装船完毕后，承运人才能签发已装船提单。澳大利亚友华运输公司在货物尚未开始装船时就签发了已装船提单，构成了预借提单。

预借提单的客观要件是签发已装船提单时货物并未装船。在本案中，原告乌金进出口有限责任公司通过调查掌握了确凿证据。证实在提单签发之日，即2004年9月30日，澳大利亚友华运输公司的船还在青岛港从事上一航次的卸货，不可能在澳大利亚装载本案货物。被告澳大利亚友华运输公司在庭审中也承认，货物于10月13日才开始装船，10月26日才装船完毕。很明显，澳大利亚友华运输公司预借了提单，时间长达26天。在这一问题上，事实清楚，证据充分，当事人也没有异议。

由于澳大利亚南洋矿业公司没有按期交货装船，而澳大利亚友华运输公司向其预借提单，掩盖了澳大利亚南洋矿业公司的真实履约情况，配合澳大利亚南洋矿业公司隐瞒了延迟装船的事实，制造出货物已装船的假象，使乌金进出口有限责任公司不能履行下一个合同，并丧失了采取补救措施的时机。

**三、预借提单行为的法律性质**

司法实践中，法院倾向于认为预借提单行为是侵权行为，承运人应承担侵权损害赔偿责任。

在本案中，法院明确认为，预借提单行为属于侵权行为。乌金进出口有限责任公司作为货物的买方，与卖方澳大利亚南洋矿业公司存在买卖合同关系。如果乌金进出口有限责任公司取得提单，那么其与作为承运人的澳大利亚友华运输公司也存在提单所证明的海上货物运输合同关系。

显然，乌金进出口有限责任公司可以澳大利亚南洋矿业公司违反买卖合同而提起违约之诉，也可以通过付款赎单并凭提单对澳大利亚友华运输公司提起违约之诉。

然而，乌金进出口有限责任公司拒绝接收货物，在没有付款赎单这种情况下，乌金进出口有限责任公司是否对澳大利亚南洋矿业公司和澳大利亚友华运输公司具有诉权，关键就在于对预借提单行为的法律属性的认定。

假设认定预借提单是违约行为，则乌金进出口有限责任公司对澳大利亚友华运输公司不具有诉权，因为乌金进出口有限责任公司不持有提单，其与澳大利亚友华运输公司不存在运输合同关系。澳大利亚友华运输公司认为乌金进出口有限责任公司不具有诉权，其理由就是乌金进出口有限责任公司不持有提单，与澳大利亚友华运输公司之间没有合同关系。

如果认定预借提单是侵权行为，则乌金进出口有限责任公司有诉权。法院认定乌金进出口有限责任公司有诉权，就是将预借提单行为认定为侵权行为。预借提单行为，通常不是承运人单方面的行为，而是承运人和托运人双方面的行为。因此，法院把澳大利亚南洋矿业公司和澳大利亚友华运输公司视为共同侵权人，判决两者承担连带责任。

澳大利亚南洋矿业公司与澳大利亚友华运输公司的行为属于共同侵权行为，直接侵害了乌金进出口有限责任公司的利益。乌金进出口有限责任公司为减少损害而申请法院冻结信用证，没有付款赎单，但仍然可以对侵权行为人提起侵权损害赔偿之诉。

**四、如何确定赔偿范围**

有关预借提单行为的法律属性的认定，对适用法律以及确定赔偿范围同样有重要影响。这是一个争议较大的问题。乌金进出口有限责任公司起诉要求两被告赔偿前后两批货物的利润损失和违约金损失，澳大利亚友华运输公司认为乌金进出口有限责任公司的损失与其预借提单的行为没有因果关系。

法院将前后两批货物分别处理。第一批货物是在买卖合同和信用证规定的装运期内装运，且系另一承运人承运，与第二批货物的预借提单行为没有必然联系。因此，乌金进出口有限责任公司将第一批货物和第二批货物混合起来，请求总的利润损失和违约金损失，是不恰当的。法院没有支持是正确的。问题在于第二批货物的利润损失和违约金损失与预借提单行为是否具有因果关系。乌金进出口有限责任公司不能履行下一个合同，与澳大利亚南洋矿业公司没有按期交运货物有因果关系，但与澳大利亚友华运输公司预借提单行为是否有因果关系，则是有争议的。

有一种观点认为：乌金进出口有限责任公司不能履行下一个合同，是货物没有在合理预期的时间内运到的结果，这与澳大利亚友华运输公司预借提单没有因果关系。即使澳大利亚友华运输公司不预借提单，货物也不能在10月15日前运到，乌金进出口有限责任公司也不能履行下一个合同。

另一种观点认为：尽管预借提单并不必然导致货物延迟到达，但预借提单行为掩盖了卖方（托运人）迟延交运货物的事实，使得买方（收货人）丧失了解除买卖合同、拒付货款的机会。然而，在本案中乌金进出口有限责任公司已成功地解除了买卖合同，并通过申请法院冻结信用征的办法止付了货款。这种情况下，乌金进出口有限责任公司的损失是否还是澳大利亚友华运输公司预借提单所致，值得探讨。

本案属于预借提单侵权损害赔偿纠纷，应依照侵权损害赔偿的法律规定，确定赔偿范围。第一批货物在购销合同和信用证规定的装运期内装船，且系其他承运人承运，承运人也没有实施预借提单的行为，故有关第一批货物的损失与第二批货物的预借提单没有必然的因果关系。乌金进出口有限责任公司要求澳大利亚南洋矿业公司与澳大利亚友华运输公司赔偿第一批货物的可得利润损失和相应的违约金损失，缺乏根据，不予以支持。第二批货物的损失，包括乌金进出口有限责任公司依据其与陵山冶炼集团公司的订购合同预期可得的利润和由于无法履行合同而支付的违约赔偿金。

澳大利亚南洋矿业公司和澳大利亚友华运输公司的预借提单行为与损失有直接因果关系，应由澳大利亚南洋矿业公司与澳大利亚友华运输公司共同赔偿。

乌金进出口有限责任公司为防止损失扩大和保全其请求，申请法院冻结信用证、诉讼前扣押船舶，符合法律规定，由此产生的费用也应由澳大利亚南洋矿业公司与澳大利亚友华运输公司承担赔偿责任。

## 相关法律法规

### 一、《中华人民共和国海商法》

第五十六条

承运人对货物的灭失或者损坏的赔偿限额，按照货物件数或者其他货运单位数计算，每件或者每个其他货运单位为666.67计算单位，或者按照货物毛重计算，每公斤为2计算单位，以二者中赔偿限额较高的为准。但是，托运人在货物装运前已经申报其性质和价值，并在提单中载明的，或者承运人与托运人已经另行约定高于本条规定的赔偿限额的除外。货物用集装箱、货盘或者类似装运器具集装的，提单中载明装在此类装运器具中的货物件数或者其他货运单位数，视为前款所指的货物件数或者其他货运单位数；未载明的，每一装运器具视为一件或者一个单位。装运器具不属于承运人所有或者非由承运人提供的，装运器具本身应当视为一件或者一个单位。

第五十七条

承运人对货物因迟延交付造成经济损失的赔偿限额，为所迟延交付的货物的运费数额。货物的灭失或者损坏和迟延交付同时发生的，承运人的赔偿责任限额适用本法第五十六条第一款规定的限额。

第五十九条

经证明，货物的灭失、损坏或者迟延交付是由于承运人的故意或者明知可能造成损失而轻率地作为或者不作为造成的，承运人不得援用本法第五十六条或者第五十七条限制赔偿责任的规定。经证明，货物的灭失、损坏或者迟延交付是由于承运人的受雇人、代理人的故意或者明知可能造成损失而轻率地作为或者不作为造成的，承运人的受雇人或者代理人不得援用本法第五十六条或者第五十七条限制赔偿责任的规定。

第七十四条

货物装船前，承运人已经应托运人的要求签发收货待运提单或者其他单证的，货物装船完毕，托运人可以将收货待运提单或者其他单证退还承运人，以换取已装船提单；承运人也可以在收货待运提单上加注承运船舶的船名和装船日期，加注后的收货待运提单视为已装船提单。

### 二、《中华人民共和国民法典》

第一百七十六条　民事主体依照法律规定或者按照当事人约定，履行民事义务，承担民事责任。

第一千一百六十八条　二人以上共同实施侵权行为，造成他人损害的，应当承担连带责任。

**三、原《中华人民共和国民法通则》（2009 年修正）**

第一百一十七条　侵占国家的、集体的财产或者他人财产的，应当返还财产，不能返还财产的，应当折价赔偿。

损坏国家的、集体的财产或者他人财产的，应当恢复原状或者折价赔偿。

受害人因此遭受其他重大损失的，侵害人并应当赔偿损失。

**四、《涉外民事关系法律适用法》**

第四十四条　侵权责任，适用侵权行为地法律。但当事人有共同居所地的，适用共同居所地法律。侵权行为发生后，当事人协议选择适用法律的，按照其协议。

# 案例十六　天堂进出口有限责任公司诉某海运公司倒签提单案

## 案情简介

2004年，天堂进出口有限责任公司购进一批圣诞节用的火鸡，买卖合同规定于2004年11月30日前装货，由承运人所属“伊丽莎白”号轮承运上述货物。该轮于12月3日抵港装货，承运人接受发货人的保函，授权其代理人签发了11月30日已装船清洁提单。发货人凭全套单证从开证行取得全部货款。12月15日，天堂进出口有限责任公司持承运人签发的提单到合同指定的港口提货时，发现该提单所记载的船舶还未抵港，直到12月26日上述提单所记载的货物才运抵目的港。由于销售季节已过，天堂进出口有限责任公司的国内销售商对其造成巨大损失提出索赔。

天堂进出口有限责任公司认为，承运人未能按信用证规定的装船期限如期装货，却签发了信用证一致的提单，属于欺诈行为，应对由此造成的一切损失承担责任。

承运人认为，货物未能如期运抵目的港交货，是因所属“伊丽莎白”号轮在某港锚地等泊时遇暴雨和台风，该轮抛锚与另外一艘锚地待泊的油轮相撞，造成该轮及部分集装箱严重受损，该轮不得不进行紧急修理，于12月11日续航。而提单所载的全部货物最终完好地运抵交货港，并置于天堂进出口有限责任公司控制之下，由于不可抗力造成承运人不能如期交货，承运人已克尽职责，完成了应尽的责任和义务，迟延交货纯属人力不可抗拒原因所致，故不应承担赔偿责任。

## 争议焦点

1. 承运人的行为属于什么性质，是违约还是侵权？
2. 承运人可否以不可抗力为由减轻或免除责任？为什么？

## 学理分析

**一、关于提单**

本案主要涉及托运人（天堂进出口有限责任公司）与承运人之间的海上货物运输的法律关系。这种运输关系是通过提单这种单证来表现的。对于提单来说，自转让以后，善意的受让人便获得了提单上的全部权利，提单对于承运人和提单受让人均具有法律约束力。

**二、关于倒签提单**

依《中华人民共和国海商法》第七十二条的要求，在货物由承运人接收或者装船以后，承运人应当给托运人签发提单。提单签发的日期应该与装船的日期一致。

在本案中，买卖合同规定货物应于 2004 年 11 月 30 日装船。实际上，货物于 12 月 1 日才抵港装货。承运人接受保函，签发了已装船的清洁提单。很显然，这属于倒签提单。

在贸易实践中，提单的签发日期是信用证付款的一个条件。倒签提单，是在明知货物尚未装船的情况下签发的，属于一种欺诈行为。

倒签提单的后果是：承运人应当承担损害赔偿责任；承运人丧失了免责和责任限制的权利。

## 相关法律法规

**《中华人民共和国海商法》**

第四十六条

承运人对集装箱装运的货物的责任期间，是指从装货港接收货物时起至卸货港交付货物时止，货物处于承运人掌管之下的全部期间。承运人对非集装箱装运的货物的责任期间，是指从货物装上船时起至卸下船时止，货物处于承运人掌管之下的全部期间。在承运人的责任期间，货物发生灭失或者损坏，除本节另有规定外，承运人应当负赔偿责任。前款规定，不影响承运人就非集装箱装运的货物，在装船前和卸船后所承担的责任，达成任何协议。

第七十二条　货物由承运人接收或者装船后，应托运人的要求，承运人应当签发提单。提单可以由承运人授权的人签发，提单由载货船船舶的船长签发的，视为代表承运人签发。

## 参考结论

1. 承运人签发的是倒签提单。承运人应当承担损害赔偿，并且不得援引免责和责任限制的权利。其既可能承担侵权责任，也可能承担违约责任，由权利人选择主张而承担。

2. 承运人不可以不可抗力为由免除或减轻责任。

## 案例十七　远洋运输公司诉金泰戈尔食品有限责任公司保函索赔案

### 案情简介

金泰戈尔食品有限责任公司出口大豆 1500 吨，由某远洋运输公司承运，远洋公司安排 114 号轮运输。为了防止大豆霉变损失，金泰戈尔食品有限责任公司请求船长在航行途中开仓晒货。船长担心晒货会发生货物短重，欲在提单上批注“开仓晒货，在卸货港发生短重，船长不负责任”。

为了取得清洁提单，金泰戈尔食品有限责任公司向船方出具了保函，表示愿意承担相应的责任。船方接受了保函，签发了清洁提单。

航行途中，多次开仓晒货。货船抵达目的港后，发现大豆短重 52 吨。收获人要求承运人远洋运输公司赔偿。之后，远洋运输公司凭保函向金泰戈尔食品有限责任公司索赔，金泰戈尔食品有限责任公司拒绝。远洋运输公司起诉于法院。

### 争议焦点

1. 出具保函是否构成对第三方之欺诈？
2. 法院应该如何审理？

### 学理分析

1. 本案中出具保函不构成对第三方之欺诈。

2. 法院应该判决金泰戈尔食品有限责任公司赔偿远洋运输公司因货物短重造成的损失。

根据对提单的分类，以提单上是否有批注将其分为清洁提单和不清洁提单。清洁提单是指单据上无明显的声明货物及（或）包装有缺陷的附加条文或批注，不清洁提单是指附有该类附加条款或批注的提单。所以，不清洁提单是指承运人在提单上加注货物表面状况非良好的提单。

《1978 年联合国海上货物运输公约》（《汉堡规则》）在第十七条关于托运人的保证中有相应的规定。

《中华人民共和国海商法》第七十五条对此也有类似的规定。

不清洁提单对金泰戈尔食品有限责任公司是很不利的。在国际货物买卖中，买方和银行一般都拒绝不清洁提单。因此，在货物有问题时，托运人（卖方）愿意向承运人出具保函，换来清洁提单。

一般情况下，人们把保函分为善意保函与恶意保函。所谓善意保函是指不知情或者不可能知情的情况下出具的保函或者为了合同的履行而善意地作出安排的保函。与其相对则是恶意保函，即明知道货物数量不相符、明知道货物表面状况有问题，还接受保函签发提单的保函。《汉堡规则》承认善意保函只在托运人和承运人之间为有效，不能对抗收货人。

换言之，善意保函具有法律效力。对于托运人为了换取清洁提单，向承运人出具保函，只要不是出于恶意的欺诈，人们都愿意接受。

本案中，远洋运输公司 114 号轮船长，按规定应该在提单上批注，晒货可能造成货物短重，承运人不承担责任，以便对抗收获人可能提出的索赔。金泰戈尔食品有限责任公司为了尽快出口大豆，于是向远洋运输公司出具了保函，表示愿意承担相应的责任，换取了清洁提单，承运人在此种情况下签发清洁提单，双方都没有欺诈的故意，都是善意的。所以，法院应该判决金泰戈尔食品有限责任公司赔偿远洋运输公司因货物短重造成的损失。

## 相关法律法规

### 一、《中华人民共和国海商法》

第七十五条　承运人或者代其签发提单的人，知道或者有合理的根据怀疑提单记载的货物的品名、标志、包数或者件数、重量或者体积与实际接收的货物不符，在签发已装船提单的情况下怀疑与已装船的货物不符，或者没有适当的方法核对提单记载的，可以在提单上批注，说明不符之处、怀疑的根据或者说明无法核对。

### 二、《1978 年联合国海上货物运输公约》（《汉堡规则》）

第十七条　托运人保证

（1）托运人应视为已向承运人保证，由他提供列入提单的有关货物的品类、标志、件数、重量和数量等正确无误。托运人必须赔偿承运人因为这些项目的不正确而导致的损失。托运人即使已将提单转让，仍须负赔偿责任。承运人取得的这种赔偿权利，绝不减轻他按照海上运输合同对托运人以外的任何人所负的赔偿责任。

（2）任何保函或协议，据此托运人保证赔偿承运人由于承运人或其代表未就托运人提供列入提单的项目或货物的外表状况批注保留而签发提单所引起的损失，对包括收货人在内的受让提单的任何第三方，均属无效。

（3）这种保函或协议对托运人有效，除非承运人或其代表不批注本条第2款所指的保留是有意诈骗，相信提单上对货物的描述而行事的包括收货人在内的第三方，在后面这种情况下，如未批注的保留与由托运人提供列入提单的项目有关，承运人就无权按照本条第1款规定，要求托运人给予赔偿。

（4）如属本条第3款所指的有意诈骗，承运人不得享受本公约所规定的责任限额的利益，并且对由于相信提单上所载货物的描述而行事的包括收货人在内的第三方所遭受的损失负赔偿责任。

综上所述：

1. 本案中出具保函不构成对第三方之欺诈。

2. 法院应该判决金泰戈尔食品有限责任公司赔偿远洋运输公司因货物短重造成的损失。

# 案例十八 中国厦新进出口公司诉思捷达远洋运输公司案

## 案情简介

1990年，发货人中国厦新进出口公司委托某对外贸易运输公司将750箱茶叶从大连港出口运往印度，此对外贸易运输公司又委托其下属S分公司代理出口。S分公司接受委托后，向思捷达远洋运输公司申请舱位，思捷达远洋运输公司指派了箱号为HTM-5005等3个满载集装箱后签发了清洁提单，同时发货人在中国人民保险公司处投保海上货物运输的战争险和一切险。货物运抵印度港口，收货人拆箱后发现部分茶叶串味变质，即向中国人民保险公司在印度的代理人申请查验。检验表明，250箱茶叶被污染。检验货物时，船方的代表也在场。因此中国人民保险公司在印度为代理人赔付了收货人的损失之后，中国人民保险公司向人民法院提起诉讼。

## 争议焦点

1. 在集装箱运输中，思捷达远洋运输公司应负有什么义务？它是否应对损失负责？

2. 在集装箱运输中，S分公司应负有什么义务？它是否应对损失负责？

3. 中国人民保险公司是否是适格的原告？为什么？

4. 如果中国人民保险公司有资格作原告，它应将谁列为被告？

## 学理分析

1. 在海上集装箱运输中，根据国际惯例，集装箱应该清洁、干燥、无残留物以及前批货物留下的持久性气味。思捷达远洋运输公司的提单适用《海牙规则》的规定，承运人须在航次开始前和开始时履行应尽职责，以便使货舱、冷藏舱和该船装载货物的其他部分适于并能安全地收受、承运和保管货物。作为提供集装箱的承运人，明知发货人托运的是易于串味的茶叶，而将未能彻底清除、残留有前一航次货物气味的不适载集装箱交给发货人装箱，违反了《中华人民共和国民法通则》第一百一十条关于“履行合同义务不符合约定条件”的规定，[1] 对本案茶叶的货损犯有疏忽大意的过错，应该承担茶叶损失的赔偿责任。

2. 思捷达远洋运输公司签发的提单下 3 个集装箱的运输条件为集装箱运输，即由 S 分公司全权代理发货人发货、点数、装船、铅封。S 分公司明知对于集装箱的检验应是其作为发货人、代理人的职责，但是在茶叶装箱前，S 分公司没有尽到认真检查集装箱体的责任，违反了《中华人民共和国民法通则》第六十六条第二款的规定，犯有过于自信或疏忽大意的过错，也应承担相应的货损赔偿责任。

3. 中国人民保险公司可以作为适格的原告。《海商法》第二百五十二条规定：保险标的发生保险责任范围内的损失是由第三人造成的，被保险人向第三人要求赔偿的权利，自保险人支付赔偿之日起，相应转移给保险人，即保险人取得代位求偿权。所以，中国人民保险公司有权作为原告提起诉讼。

4. 中国人民保险公司应将思捷达远洋运输公司和 S 公司都作为被告提起诉讼，至于它们各自承担责任的多少，则由法院依据实际情况和法律的有关规定作出判断。

综上所述：

1. 思捷达远洋运输公司应保持集装箱清洁、干燥、无残留物以及前批货物留下的持久性气味，应对茶叶的损失负责。

2. S 分公司作为装箱、铅封的发货人、代理人，应负有在装箱前检查箱体，保证集装箱适装的义务。S 分公司未尽前述义务，主观上有过失，应承担货损责任。

3. 中国人民保险公司可以作为适格的原告，因为其已取得代位求偿权。

4. 被告是思捷达远洋运输公司与 S 分公司。本案件重点在于确认思捷达远洋运输公司及 S 分公司有无责任。

---

[1] 《中华人民共和国民法通则》废止后，《中华人民共和国民法典》第五百七十七条对此作了相应规定。

## 相关法律法规

**一、《1924 年海牙规则》**

第三条第二款："承运人应妥善地和谨慎地装载、操作、配载、运送、保管、照料与卸载货物，承运人不得以任何理由不履行上述义务或排除上述基本义务。"

**二、《中华人民共和国民法典》**

第五百七十七条　当事人一方不履行合同义务或者履行合同义务不符合约定的，应当承担继续履行、采取补救措施或者赔偿损失等违约责任。

第五百八十四条　当事人一方不履行合同义务或者履行合同义务不符合约定，造成对方损失的，损失赔偿额应当相当于因违约所造成的损失，包括合同履行后可以获得的利益；但是，不得超过违约一方订立合同时预见到或者应当预见到的因违约可能造成的损失。

## 案例十九　哈里公司共同海损分摊理算案

### 案情简介

“伊丽莎白”号货轮从欧洲的几个港口装运货物驶往东南亚一带的港口。其中有托运人哈里公司的一批货物，计划在香港卸货。2003 年 4 月 1 日该轮抵达新加坡港口，计划 4 月 20 日驶往香港。4 月 4 日发现该轮主机严重损坏，必须修理。

4 月 10 日，承运人通知托运人哈里公司，修理工作估计需要 50 天。承运人提出，为了减少延滞时间，准备用其他船只把货物从新加坡港口转运到香港，这就需要托运人哈里公司提供共同海损分摊保证书与“不可分割协议”作担保。

托运人哈里公司同意以共同海损分摊保证书形式提供担保，但拒绝提供不可分割协议，并要在新加坡提货。承运人拒绝在新加坡交货，只同意在香港交货。声称要对货物行使留置权，以确保其对共同海损分摊的索赔权。托运人向法院申请强制执行令，指令承运人在托运人哈里公司提供共同海损分摊保证书后，在新加坡交货给哈里公司。但是，不必提供不可分割协议。

托运人哈里公司提供了共同海损分摊担保后，在新加坡提取了货物，在所有共同海损费用发生之前，承运人已向托运人哈里公司交付了货物。之后，承运人提起诉讼，要求向托运人哈里公司追偿在托运人哈里公司的货物卸船之后，货轮抵达目的港之前发生的共同海损分摊费用。

### 争议焦点

在本案中，应该如何承担共同海损分摊费用？

## 学理分析

### 一、海上损失的概念解析

海上损失简称海损，是指被保险货物在海上运输过程中，由于海上风险所造成的损坏或灭失。根据保险市场的一般解释，凡与海路连接的陆运过程中发生的损坏或灭失，也属于海损范围。

（一）按货物损失程度分

就货物损失的程度而言，海损可以分为全部损失和部分损失。

1. 全部损失。全部损失可以分为实际全损和推定全损。

（1）实际全损。实际全损是指货物全部灭失，或完全变质，或不可能归还被保险人。《中华人民共和国海商法》第二百四十五条规定："保险标的发生保险事故后灭失，或者受到严重损坏完全失去原有形体、效用，或者不能再归保险人所拥有的，为实际全损。"例如，货物烧尽、船舶沉没、货物沉入海底。

（2）推定全损。推定全损是指货物发生事故后，认为实际全损已不可避免，或者为避免实际全损所需支付的费用与继续将货物运抵目的地的费用之和超过保险价值。我们可以从《中华人民共和国海商法》第二百四十六条的规定中看到相关的内容。例如，修理费要超过货物修复以后的价值，或修理费和继续运到目的地的费用将超过货物到达目的地的价值。

2. 部分损失。不属于全部损失，也就是不属于实际全损和推定全损的损失，就是部分损失。这是《中华人民共和国海商法》第二百四十七条规定的。

（二）按货物损失性质分

就货物损失的性质而言，部分损失的海损可以分为共同海损和单独海损。

1. 共同海损。《中华人民共和国海商法》第一百九十三条规定了共同海损的概念，就是在海洋运输途中，船舶、货物或其他财产遭遇共同危险，为了解除共同危险，有意采取合理的救难措施，所造成的特殊牺牲，支付的特殊费用，叫作共同海损。

共同海损包括如下两类：

（1）特殊牺牲。例如，遭遇风浪时，为了避免全船沉没，船长下令把部分货物抛入大海。这些被抛货物就是特殊牺牲。

（2）特殊费用。船舶搁浅，船长雇人卸下部分货物以减轻重量，再雇拖船，使船浮起，这些费用就是特殊费用。

共同海损发生以后，在共同海损范围以内的特殊牺牲和特殊费用，都可以通过共同海损理算，由有关获救受益方，例如船方、货方、运费收入方，根据获救价值按比例分摊，即共同海损分摊。

2. 单独海损。单独海损是指仅涉及船舶所有人或货物所有人单方面的，不属于共同海损之部分利益的损失。这种损失，只能由遭受损失一方或引起损失一方承担责任，如果在保险范围内，请求保险人承担赔偿责任。

单独海损与共同海损的区别是：

（1）造成海损的原因不同。单独海损是承保风险所直接导致的船、货损失。共同海损不是承保风险所直接导致的损失，是为了解除或减轻共同危险，人为地造成的一种损失。

（2）承担损失的责任不同。单独海损的损失一般由受损方自己承担。共同海损的损失则应由有关受益各方按照获救价值按比例分摊，即共同海损分摊。

## 二、海上费用

海上费用是指保险人承保的费用。保险货物遭受保险责任范围以内的事故，除了使货物本身遭受损失以外，还会产生费用方面的损失。这种费用，保险人也应该予以赔偿。

### （一）施救费用

施救费用是指当保险标的遭受保险责任范围以内的事故时，被保险人、他的代理人、雇员或受让人，为了防止损失扩大，采取抢救措施而支出的合理费用，包括诉讼费。这种费用，保险人应该予以赔偿。

### （二）救助费用

救助费用是指当保险标的遭受保险责任范围以内的事故时，被保险人及其代理人、雇员或受让人以外的人，采取救助行为时，向他们支付的费用。这种费用，保险人也应该予以赔偿。

## 三、构成共同海损的条件

构成海损的条件包括：

1. 共同海损必须是非常情况下的损失。

2. 共同海损的危险必须是真实存在的，或者是不可避免发生的。

3. 共同海损的危险必须是共同的。必须确有危及船、货共同安全的危险存在。如果只危及货物或船舶一方的安全，不能作为共同海损处理。例如，冷藏设备失灵，把变质的货物抛入大海，这与船舶安全无关。不能作为共同海损处理。

4. 必须是主动的行为和有意采取的行为，不是意外事件。比如，海浪把货物卷入大海，不属于共同海损。

5. 采取的措施是合理的。所采取的措施，符合当时的情况。例如，搁浅时抛货物入海，应该抛那些重量大、价值轻的货物。对于不合理的措施造成的损失，不能作为共同海损，要由作出决定的一方负责。

6. 其费用必须是作出的牺牲和费用必须是特殊的、有意的、额外的。如果是为了正常履行合同作出的牺牲而支出的费用，不属于共同海损。

7. 共同海损必须发生在同一海上航程中。所谓同一海上航程，是指船舶在码头装货开始到目的港卸货时止的海上运输全过程。

关于共同海损，应该注意：

1. 共同海损的牺牲和费用，是为了使相关的财产摆脱共同的危险而作出的，所以，这笔费用应该按获救的财产的价值比例进行分摊。这叫共同海损分摊。

2. 这需要计算各种金额，很复杂，这叫共同海损理算。

3. 共同海损属于部分损失，作出特殊牺牲和支出特殊费用后，多少会有一些财产幸存。作出牺牲的财产，不论牺牲程度如何，都可以从幸存的财产中得到一定补偿，所以才谈得上分摊，才能叫共同海损，才属于部分损失。如果船舶和货物都灭失了，就属于全损，不是共同海损了。

4. 在保险业务中，保险人依照保险条款，对于共同海损的损失，包括共同海损的牺牲和费用，以及保险标的应当承担的共同海损分摊，应该负责予以赔偿。

在本案中，货轮在新加坡港口停泊期间共同海损确实存在，因为在该港对受损主机进行修理是出于保障该航次安全完成的需要。在通常的情况下，即使这些共同海损的特殊费用是在以后发生的，托运人哈里公司也应承担。

但是，本案的问题在于，货轮停留在新加坡港口期间，托运人哈里公司已根据法院的命令提取了货物。在货物离开货轮之后，货物和货轮的风险已经分离，货轮主机损坏的风险已不再直接关系到货物的安全，此时，船、货不再面临共同危险，因而共同海损便不能成立。修复货轮主机等支出的费用不再是为了船与哈里公司的货物的共同安全，而只是为了船的自身安全，所以托运人哈里公司不应承担共同海损费用的分摊。同时，托运人哈里公司在新加坡港口提取货物之前曾向承运人提交了共同海损分摊担保，但这并不构成托运人哈里公司必须承担分摊的理由。在任何情况下，共同海损担保书都不能成为共同海损成立的理由或证据，也不能成为当事人同意承担共同海损分摊的证据。共同海损分摊担保仅仅是一种有条件的保证协议，当共同海损成立的时候，担保人将承担其担保的义务；如果共同海损不成立，担保协议就失去实际意义。

综上所述，船、货没有面临共同危险，共同海损便不能成立，托运人便不应承担海损费用的分摊。本案中，托运人哈里公司不应承担共同海损费用的分摊。

## 相关法律法规

**《中华人民共和国海商法》**

第一百九十三条　共同海损，是指在同一海上航程中，船舶、货物和其他财产遭遇共同危险，为了共同安全，有意地合理地采取措施所直接造成的特殊牺牲、支付的特殊费用。

第二百四十五条　保险标的发生保险事故后灭失，或者受到严重损坏完全失去原有形体、效用，或者不能再归保险人所拥有的，为实际全损。

第二百四十六条　船舶发生保险事故后，认为实际全损已经不可避免，或者为避免发生实际全损所需支付的费用超过保险价值的，为推定全损。货物发生保险事故后，认为实际全损已经不可避免，或者为避免发生实际全损所需支付的费用与继续将货物运抵目的地的费用之和超过保险价值的，为推定全损。

第二百四十七条　不属于实际全损和推定全损的损失，为部分损失。

## 案例二十　某糖烟酒公司海上保险理赔纠纷案

### 案情简介

糖烟酒公司 A 向某糖厂购糖，同时租 B 船进行海运，并投保海上贸易运输保险水渍险。保险合同载明标的为一级白砂糖 17000 件，计 850 吨，保险金额 365.5 万元。运单上“特约事项栏”未注明托运人同意白砂糖配置甲板上，但 B 船船东在装船时，将部分白砂糖配载在甲板上。在航行途中，B 船遭遇了八级大风巨浪，船身剧烈横摆，配载在甲板上的白砂糖歪至一边。为了使船能保持平衡并继续航行，船东作出决定，将甲板上的白砂糖部分抛至海中，结果到港后，白砂糖只有 14040 件，同时还有部分白砂糖受潮，包装受损、短量，于是糖烟酒公司 A 向保险公司提出索赔。经调查，本案中承运的 B 船由渔船改装，吨位为 910 吨，抗风等级为八级，但其初检适航证书已过有效期，在本次航程前未做检查。

### 争议焦点

1. B 船船东将部分白砂糖抛入海中造成的损失是否属于共同海损？

2. 被保险人糖烟酒公司 A 所租 B 船不具适航性，是否意味着被保险人履行告知义务有过失？

### 学理分析

从本案案情看，表面上 B 船及货物正遭到共同危险，B 船船东为了解除船、货的共同危险而抛货所造成的货物损失属于共同海损牺牲的，也属于共同海损。但实际上 B 船抛货是由于货物配置不当及船舶不具适航性造成的。在本案中，运单上未注明“同意白砂糖配载在甲板上”说明船方将部分白砂糖配载在甲板上未经过糖烟酒公司 A 允许。而且由于 B 船适航性证明已过有效期，故其在突遇八级大风无把握继续安全航行的情况下，只得将配载在甲板上并歪至一边的白砂糖部分抛入海中，因此应由船方承担赔偿糖烟酒公司A经济损失的责任。

根据通行的1974年《约克·安特卫普规则》对抛弃货物的规定："抛弃的货物除按照公认的贸易习惯运送的以外，不得作为共同海损受到补偿。"本案中，货物运单上未注明"同意白砂糖配载在甲板上"，而且白砂糖配载在甲板上显然不是按公认的贸易运送货物，因此其抛糖损失不得作为共同海损受到补偿。

本案中，B船的适航性证明已过有效时限，在开始此次航程前也未作船况检查，属于承运人责任。而糖烟酒公司A作为托运人对B船的适航性能无核查权利，也无核查义务，无义务就承运人情况告知保险人。故不能以B船不具适航性得出糖烟酒公司A未履行如实告知义务的结论。

本案中，糖烟酒公司A已向保险公司提出了索赔，根据我国《海商法》第二百五十二条"保险标的发生保险责任范围内的损失是由第三人造成的，被保险人向第三人要求赔偿的权利，自保险人支付赔偿之日起，相应转移给保险人"，保险人在向糖烟酒公司A赔偿后，可以向造成这次损失的B船承运人要求赔偿。

## 相关法律法规

我国《海商法》第七十条规定："托运人对承运人、实际承运人所遭受的损失或者船舶所遭受的损坏，不负赔偿责任；但是，此种损失或者损坏是由于托运人或者托运人受雇人、代理人的过失造成的除外。"这一规定非常明确地告诉我们，《海商法》在海上货物运输方面对托运人实行的是过错责任原则，即只有因托运人的过失所造成的损失，托运人才负责赔偿，反之，则无须承担赔偿责任。

我们应该注意的是，违约赔偿与共同海损分摊是两个不同的概念，前者是指因当事人不履行或不适当履行合同，给对方当事人造成经济损失时所应承担的法律后果；后者则是为了公平分担海上风险，按照合同的约定，对于那些为了解除船、货的共同危险而采取措施所造成的损失，由各方按受益财产的比例予以分摊的一种制度。从这个意义上来理解，在托运人的过失导致共同海损的情况下，既然损失要由托运人负责赔偿，那么，也就不存在所谓的共同海损分摊问题了。

对此，以装运危险货物为例。《海商法》第六十八条对于托运人未经正确申报而装运危险货物的问题，只规定了承运人在货物构成实际危险时可以对危险货物随意处置的权利，也规定了托运人的赔偿责任，却没有规定共同海损分摊问题，原因就在于：有承担责任者，就不存在共同海损分摊的问题。但是在托运人没有过失的时候，情况就不同了，虽然他对损失无须承担赔偿责任，但他应该履行合同所约定的义务，分摊共同海损损失。这里同样以装运危险货物为例，《海商法》第六十八条第二款对于托运人在无过失的情况下装运危险货物的问题，虽然也规定了承运人在货物构成实际危险时可以对危险货物随意处置的权利，但同时又明确规定，本款规定不影响共同海损分摊的权利。

通过上述规定，即得出这样的结论：因当事人的过失所致的共同海损，损失应该由有过失的一方承担，而另一方无须分摊此种损失；如果共同海损事故是在当事人没有过失的情况下发生的，则当事各方就应依照约定分摊共同海损损失。

承运人的过失所致的共同海损如前所述，共同海损事故有的是因自然因素所引起，有的则是因当事人的过失而导致，联系到承运人，这种过失有两种情况：一种是可以免责的过失，另一种是不可以免责的过失。对承运人的这两种不同的过失所导致的共同海损，其法律后果是不同的。

所谓承运人可以免责的过失，系指承运人虽然在主观上有过错，但依据法律规定，承运人可以免除赔偿责任的一种过失。《海牙规则》规定了承运人应谨慎处理使船舶适航和妥善而谨慎地管理货物两项基本义务。同时，鉴于海上的特殊风险，又规定了 17 项免责条款，其中最重要的是船长、船员的驾驶船舶或管理船舶的过失免责（统称航海过失免责）。《海牙规则》为承运人所规定的义务属于最低限度的义务，而规则所规定的 17 个免责事项则是最大限度的免责。

所谓不可以免责的过失，是指法律或海上货物运输合同所规定的免责范围之外的过失。例如，承运人未能使船舶适航、运输过程中发生不合理延误以及不合理绕航等情况。

因此，本案由保险公司赔偿糖烟酒公司 A 的货物损失后，再向 B 船承运人要求赔偿因托运人的过失所致的共同海损。

# 案例二十一　利兴公司、广澳公司贸易标的权利追夺案

## 案情简介

1985年5月2日及5月22日，印度国际贸易公司（以下简称印度公司）与马来西亚巴拉普尔公司、库帕克公司、纳林公司（以下简称马来西亚公司）签订了购买棕榈脂肪酸馏出物的合同，价格条件为CIF孟买。同年6月26日，印度国际贸易公司与马来西亚橡胶开发有限公司签订了购买烟花胶片和20号标准橡胶的合同，价格条件为CFR马达拉斯。1985年7月2日至15日，上述货物装上巴拿马东方快运公司的“热带皇后”号货轮。同年7月23日，货轮驶往印度；同年8月5日，货轮失踪。印度国际贸易公司与马来西亚公司分别从保险公司获赔。

1985年8月25日，中国香港利高洋行与中国的兴利公司、广澳公司签订了出售橡胶成交确认书，广澳公司又同利高洋行签订了购买工业用棕榈油的成交确认书。两份成交确认书约定：货物的装运船舶为“塔瓦洛希望”号。

1985年8月29日，利高洋行通知广澳公司：船已抵达中国汕头港，办理货物进关手续。广澳公司凭利高洋行提交的提单接收货物，但橡胶因无进口许可证，被海关监管保存。1985年10月至1986年4月，广澳公司将棕榈油卖掉，只留5桶棕榈油作样品。

1985年9月，取得印度国际贸易公司和马来西亚公司“代位求偿证书”的保险公司得知“塔瓦洛希望”号货轮在中国汕头港卸下一批棕榈油脂肪酸馏出物和橡胶，认为该轮即为“热带皇后”号轮，该货即为印度公司和马来西亚公司丢失的货物。由于追索未果，印度国际贸易公司和马来西亚公司遂以广澳公司为被告向中国广东省高级人民法院起诉，要求广澳公司返还货物或返还货物的价款。

法院首先追加兴利公司为共同被告，利高洋行为第三人，并查明：广澳公司从“塔瓦洛希望”号轮上卸下棕榈脂肪酸馏出物，其包装桶上所表明的名称、毛重、净重、原产地国、供货商名称、生产日期、包装日期、装货港、

卸货港及收货方名称等唛头内容，均与马来西亚公司持有的货运正本记名提单、购销合同书、质量证书所标明的唛头内容一致，而与广澳公司持有的由利高洋行提供的提单中记载的品名为棕榈油、装船港高雄、卸货港汕头等内容不符。卸下的橡胶外包装标志与印度公司持有的货运正本提单、质量证书所记载的内容标志相同。还查明“热带皇后”号轮失踪后更名为“塔瓦洛希望”号，仍为巴拿马籍，“塔瓦洛希望”号轮在1985年的任何时间里都没有到过高雄港，因而不存在在高雄港装货的事实。第三人利高洋行提供的货运正本提单中写明该批货物是在1985年8月7日在台湾高雄港装载与事实不符。

法院认为：该诉讼为所有权争议。“塔瓦洛希望”号轮就是更名前的“热带皇后”号轮，该轮在汕头港卸下的货物就是印度国际贸易公司和马来西亚公司的货物，其持有本案争议的主要标的物下之可转让的正本记名提单，应为争议货物的所有权人，有权就该批货物向货物的占有人及销售人主张所有权。没有正本提单的货物持有人即便参与进口贸易，其转让行为无效，不能以无效行为作为依据，取得争议货物的所有权，对进口货物发生的费用应承担相应的责任。法院最后判决本案争议的标的物归原告即印度国际贸易公司和马来西亚公司所有，第二被告与第三人之间对本案争议标的物的买卖行为无效，应向原告返还海关监管的橡胶和出售货物净发票值的款项，返还样品。广澳公司、兴利公司不服一审判决，上诉至最高人民法院，声称上诉人与被上诉人印度国际贸易公司和马来西亚公司之间不存在直接的法律关系，被上诉人无权以上诉人作为被告追索货物或要求赔偿。上诉人与利高洋行之间的买卖活动属于正常的国际民间贸易，根据卖方默示担保所有权的原则，上诉人对争议货物拥有完全的所有权，没有违反我国有关规定，与利高洋行的货物买卖合同是合法有效的。

最高人民法院认为：一审法院确认本案货物为货物所有权争议，反映了本案争议的实质和主要内容，是正确的。提单是一种物权凭证，提单的持有人就是提单项下货物的所有人。当提单项下货物被他人占有时，提单的持有人有权对占有人提起确认货物所有权和返还货物之诉。最高人民法院还认为：一审法院认定持有货运正本记名提单的被上诉人就是货物的所有权人，由此认定第二上诉人与利高洋行之间的买卖行为无效，利高洋行无权向第二上诉人索要不属于它的货物，并应对其无效行为所造成的损失负主要责任，这些都是正确的。上诉人非法参与外贸的违法行为，是造成成交确认书无效的原因之一，也是正确的。最高人民法院认定：造成棕榈油合同无效的原因是利高洋行出售了无权出售的货物。上诉人广澳公司在接收货物时，明知双方成交的是工业用棕榈油，而提取的却是棕榈脂肪酸馏出物；利高洋行交来的货物提单没有唛头，而实际提取的货物不但有唛头，且唛头内容与两份文件均不相符，在此种情况下还接受货物，具有过失。广澳公司因成交确认书无效和其自身的过失，不能取得货物所有权。上诉人认为其与利高洋行之间的买卖行为合法有效，并且自己已根据该行为取得了争议货物所有权的上诉理由不能成立。

最后，最高人民法院判决两份出售成交确认书均无效，货物归印度国际贸易公司和马来西亚公司所有，广澳公司和兴利公司应返还货款或货物，并赔偿损失。

## 争议焦点

1. 卖方利高洋行对其所出售的货物应当承担什么样的权利担保义务？
2. 本案买方广澳公司和兴利公司是否享有货物的所有权？

## 学理分析

1. 本案发生在1980年《联合国国际货物销售合同公约》生效之前，因此其解决不能适用公约。但是，根据国际贸易惯例，卖方交付的货物不仅要符合合同的规定，同时还必须是任何第三方不能提出任何权利或要求的。具体而言，卖方的权利担保义务包括以下内容：

（1）首先，卖方应向买方担保他确实有权出售该货物。

（2）其次，卖方应担保货物上不存在在订立合同时不为买方所知的他人的权利，除非买方同意在这种权利或要求的条件下收取货物。卖方应担保对其所提交的货物第三人不会以侵权或任何类似理由提出要求。

（3）如果该要求是基于知识产权提出的，则必须符合下列条件之一：

①第三者的知识产权是依据买方营业地所在国的法律取得的。

②第三者的知识产权是基于合同预期的货物预售或使用的国家的法律取得的。如果卖方交付的货物存在买方已知的第三人的权利或要求，而买方收取了货物，卖方的担保义务即消除。如果买方在收取货物后才得知货物存在第三人的权利或要求，他必须在得知后一段合理时间内，将第三人的权利或

要求的性质通知卖方，卖方才承担担保义务，买方不及时通知，就丧失了要求卖方承担权利担保义务的权利。但无论如何，如果卖方在交付货物时已知道货物存在第三人权利或要求，则买方的权利不受影响。即使没有发出所需的通知，但只要具备合理的理由，就有权要求减价，或获得利润损失以外的损害赔偿。

2. 本案中，卖方利高洋行在明知货物所有权有瑕疵的情况下仍然将货物出售，明显违反了其所承担的买卖合同项下的权利担保义务。并且，由于出售货物的所有权有瑕疵，也导致该买卖合同无效。案例中涉及两项合同，一项是买卖橡胶的合同。该合同无效原因有两个：一是中国买方没有进口许可证而从事进口贸易；二是卖方无权出售该货物。另一项是棕榈油买卖合同。其无效原因只有一个，即卖方对出售的货物无出售权。一审、二审法院都认定了上述两项合同无效，无效合同的卖方无权向买方索要货物或货款，并应对货物进口的费用承担主要责任。

本案涉及的另一个法律问题是：如卖方将其不具有处分权的货物卖给了买方，货物的真正所有权人是否有权向买方追回该货物？如果买方向第三人退货，买方的损失应该如何补偿？关于第三人对买卖合同项下货物的所有权追夺问题，即使是 1980 年《联合国国际货物销售合同公约》也没有规定，该问题只能适用相应的国内法解决。

我国民法中有善意取得货物所有权的规定，但此项规定在本案中不能适用。因为买方广澳公司和兴利公司在接收货物时，明知货物、唛头等不符，仍接受货物，这本身就说明二者的主观非善意而是恶意。因此，货物真正的所有权人有权向其追夺货物，而主观的非善意状态也使得二买方应对买卖合同无效的后果承担相应责任，因此其也应当承担进口货物发生的费用等相应的责任。

# 案例二十二　信用证表面相符

## ——韩国某公司与澳大利亚跟单信用证案

### 案情简介

2000 年 11 月 1 日，韩国某公司与澳大利亚某公司签订了汽车销售合同。该合同规定：韩国某公司应该于 2000 年 12 月 10 日装船；澳大利亚某公司应不迟于 2000 年 11 月 20 日开出不可撤销的信用证，凭韩国某公司即期跟单汇票议付。

合同签订后，澳大利亚某公司于 2000 年 11 月 18 日申请 A 银行开出不可撤销信用证。依信用证有关条款规定，韩国某公司提交已装船清洁提单，并且应于货物装运后 2000 年 12 月 12 日前将装船资料传真并通知澳大利亚某公司。

2000 年 12 月 11 日，韩国某公司传真告诉澳大利亚某公司：汽车已于 12 月 10 日装上了“SHARK”号船。12 月 22 日，韩国某公司将海运提单传真给澳大利亚某公司，货船改为“CHEETAH”号，装运日及货物与 12 月 11 日通知相同。2000 年 12 月 25 日，澳大利亚某公司向 A 银行发出停止凭信用证支付货款的命令。

### 争议焦点

澳大利亚某公司的做法是否合法？为什么？

### 思路

单证表面一定要相符，否则开证方可以拒绝支付。

## 学理分析

澳大利亚某公司的做法应该得到支持。

韩国某公司2000年12月11日给澳大利亚某公司的货已装上“SHARK”号船的装船通知和最后提交的海运提单，分别符合了信用证上相应条款和要求。但是，装船通知中的船名和海运提单中的船名却不一致，故澳大利亚某公司向A银行发出停止凭信用证支付货款的命令是合法的。

信用证是单据买卖的结算方式，遵守抽象性原则。银行仅负责处理单据，不负责处理货物，银行审单的标准是“单证表面相符”，对单证真伪不负责任，对单证代表的货物的真实状况不负责任，只要单证表面相符，做到单证一致、单单一致，就有付款义务。

《跟单信用证统一惯例》第四条已经有明确规定，在信用证业务中，各有关方面处理的是单据，而不是与单据有关的货物、服务或其他行为。可见，信用证业务是一种纯粹的凭单据付款的单据业务。《跟单信用证统一惯例》在第十五条、第十六条及第十七条对此作了进一步的规定和说明，只要单据与单据相符、单据与信用证相符，只要能确定单据在表面上符合信用证条款，银行就得凭单据付款。因此，单据成为银行付款的唯一依据，这也就是说，银行只认单据是否与信用证相符，而“对于任何单据的形式、完整性、准确性、真实性、伪造或法律效力，或单据上规定的或附加的一般及/或特殊条件，概不负责任”，对于货物的品质、包装是否完好、数（重）量是否完整等，也不负责任。所以，在使用信用证支付的条件下，受益人要想安全、及时收到货款，必须做到“单单一致”“单证一致”。我们还应该再看一看《跟单信用证统一惯例》第十二条的相关规定。

故澳大利亚某公司的做法是合理合法的。

## 相关法律法规

**《跟单信用证统一惯例》（1993年修订本）**

第四条　单据与货物/服务/行为

在信用证业务中，各有关当事人处理的是单据，而不是单据所涉及的货物、服务或其他行为。

第十三条　审核单据的标准

a. 银行必须合理小心地审核信用证上规定的一切单据，以便确定这些单据表面是否与信用证条款相符合。本惯例所体现的国际标准银行实务是确定信用证所规定的单据表面与信用证条款相符的依据。单据之间表面不一致，即视为表面与信用证条款不符。

信用证上没有规定的单据，银行不予审核。如果银行收到此类单据，应退还交单人或将其照转，但对此不承担责任。

b. 开证行、保兑行（如有），或代其行事的指定银行，应有各自的合理的审单时间——不得超过从其收到单据的翌日起算七个银行工作日，以便决定是接受或拒绝接受单据，并相应地通知寄单方。

c. 如信用证含有某些条件而未列明需提交与之相符的单据者，银行将认为未列明此条件，对此不予理会。

第十五条　对单据有效性的免责

银行对于任何单据的形式、完整性、准确性、真伪性或法律效力，或对于单据上规定的或附加的一般性及/或特殊性条件，概不负责；银行对于任何单据中有关的货物描述、数量、重量、质量、状况、包装、交货、价值或存在与否，对于货物的发货人、承运人、运输行、收货人或保险人或其他任何人的诚信、行为及/或疏忽、清偿能力、执行能力或信誉也概不负责。

第十六条　对文电传递的免责条款

银行对由于任何文电、信函或单据在传递中发生延误及/或遗失所造成的后果，或对于任何电讯在传递过程中发生的延误、残缺或其他差错，概不负责。银行对专门性术语的翻译及/或解释上的差错，也不负责，银行保留将信用证条款原文照转而不翻译的权利。

第十七条　不可抗力

银行对于天灾、暴动、骚乱、叛乱、战争或银行本身无法控制的任何其他原因而营业中断，或对于任何罢工或停工而营业中断所引起的一切后果，概不负责。除非经特别授权，银行在恢复营业后，对于在营业中断期间已逾期的信用证，将不再进行付款、承担延期付款责任、承兑汇票或议付。

## 案例二十三 海南省木材公司诉新加坡公司提单欺诈损害赔偿纠纷案

### 案情简介

原告海南省木材公司（以下简称木材公司）因与被告新加坡泰坦船务私人有限公司（以下简称泰坦公司）、被告新加坡达斌有限公司（以下简称达斌公司）发生海上货物运输提单欺诈损害纠纷，向广州海事法院提起诉讼。原告木材公司诉称：1987 年 7 月 20 日，原告在海南省海口市与被告达斌公司签订了订购 9000 立方米马来西亚坤甸木材的购货合同。签约后，原告依约向中国银行海口分行申请开具了以达斌公司为受益人，编号为 430H88573 的不可撤销的跟单信用证，货款总金额 1831500 美元。但泰坦公司、达斌公司合谋伪造海运单证，企图骗取货款，造成原告经济损失。请求法院判令上述购货合同和该信用证项下的海运单证无效，并撤销该信用证；两被告连带赔偿原告经济损失人民币 2163467.68 元。

被告泰坦公司和达斌公司收到起诉状副本和应诉通知书后，均未提出答辩。原告起诉时申请广州海事法院冻结中国银行海口分行 1988 年 9 月 2 日开具的以达斌公司为受益人的 430H88573 号信用证。该院经审查认为原告的诉讼保全申请符合法律规定，裁定予以准许。广州海事法院受理此案后，两次合法传唤两被告出庭应诉；但两被告无正当理由拒不出庭，遂依法进行了缺席审理。经审理查明：

1988 年上半年，原告申请并办理了进口原木 2 万立方米的有关手续，同年 7 月 20 日，原告与达斌公司在海口签订了木字 025-88 号购货合同。合同约定：达斌公司向原告供应马来西亚坤甸木 9000 立方米（允许增减 10%），每立方米单价 185 美元，海口秀英码头岸上交货价，货款总值 1665000 美元。1988 年 9 月 25 日前一批装运，由马来西亚沙巴港运到海口秀英港。付款条件：银行即期信用证，全套清洁的已装船且运费已付的海运正本提单一式 3 份，买方最迟于 1988 年 8 月 10 日前开出信用证给卖方达斌公司。合同签订后，原告向银行申请贷款美元 100 万元和人民币 500 万元，并向海口分行申请开具信用证。同年9月2日，中国银行海口分行依原告申请开具了编号为430H88573的信用证，并以电传通知了中国银行新加坡分行，该信用证规定了与合同约定一致的条款。达斌公司收到信用证后，曾三次致电原告，要求修改信用证规定的到货期和信用证有效期，最后展延到货日期为1988年11月15日，信用证有效期为1988年11月20日。原告在与被告达斌公司签订了购货合同后，于1988年9月22日、9月29日、10月10日先后与海南省文昌市物资局生产资料服务公司、文昌市计委经济开发总公司和海南华联经济贸易发展公司签订了木材购销合同，约定原告向三家公司出售坤甸木5000立方米。

1988年11月6日，被告达斌公司签发了正本提单一式3份，载明：托运人达斌公司，通知人木材公司，装货港马来西亚沙巴，卸货港中国海口秀英港，货物坤甸木2174根，计9890立方米，货物清洁，已装船且运费已付。提单由泰坦公司盖章，代理人签名。同时，托运人达斌公司发出跟单汇票，要求立即付款。11月16日，泰坦公司致电海口外轮代理，通报货轮的名称为“帕特劳克罗斯”轮（以下简称“帕”轮）、收货及预计到港时间是12月4日。11月18日，“帕”轮船长致电海口外轮代理称：该轮预计12月1日到达海口。

同日，中国银行海口分行通知原告：达斌公司已将430H88573号信用证项下全套议付单据送达海口，要求承诺付款。原告经审单发现：①一般木材交易中，材积通常计算到小数点后两位，而泰坦公司的提单与发票中记载的几种原木材积全部是整数，这是一种异常现象。②提单和发票记载，此批货物中有直径40厘米至59厘米的原木1583根，直径60厘米以上的原木有1095根，这样的原木占了此批货物的90%。把这样的大材积原木大批量集中装在一个船上，实际是办不到的。③泰坦公司签发的是班轮提单，适用班轮条款，而“帕”轮船长的来电却称提单是在租船合同项下签发的，受租船合同条款约束。④泰坦公司的电报称轮船12月4日到达海口，而“帕”轮船长的来电却称12月1日到达。据此，原告认为其中有诈，要求中国银行海口分行暂不付款。11月28日，泰坦公司再次致电海口外轮代理，要求收货方提供足够的驳船使船舶速遣，并申明卸货费用由收货方支付。12月2日，“帕”轮船长致电海口外轮代理称，该轮装原木8043.43立方米（这与泰坦公司签发提单上确认的货物数量不一致），要求申办过琼州海峡的手续，询问能否用雷达，同时再次预报到港时间为12月4日。同日，海口外轮代理电复船长，告知允许“帕”轮进入琼州海峡，在能见度不良时使用雷达。12 月 13 日，“帕”轮仍未抵达海口，海口外轮代理即致电泰坦公司查询情况。同日泰坦公司电复确认“帕”轮取消去海口卸货。

据香港大德行股份有限公司、沙巴洲友好所提供的资料证实：“帕”轮 11 月 10 日抵达马来西亚拉阿德达土港，当日即驶离该港，11 月 23 日抵达拿笃埠港装载两批旧杂木 1485 根，共计 5537.21 立方米，于 12 月 7 日抵达香港并开始卸货。该杂木严重爆裂，圆木顶端有蓝色“HT”（即海南木材之意）标志。1989 年 1 月 12 日，泰坦公司亦致电海口外轮代理，确认其签发了上述提单并称系达斌公司书面指示让“帕”轮改驶香港，12 月 10 日将货物卸下。

经核实，因被告达斌公司未依约交付货物，造成原告以下经济损失：①与国内 3 家客户订立的购销坤甸木合同无法履行而赔偿的违约金共人民币 561737.06 元；②申请海口分行开具信用证及其他费用人民币 11341.09 元；③货物保险费 2012.61 美元；④银行贷款利息人民币 130140 元；⑤外汇贷款利息 45625 美元；⑥营业损失人民币 649750 元。以上事实，均有证据证实在卷。

据此，广州海事法院于 1990 年 9 月 29 日缺席判决如下：一、原告海南省木材公司与被告达斌（私人）有限公司签订的购货合同无效；被告泰坦船务私人有限公司 1988 年 11 月 6 日签发的 SH-001 提单无效，原告对中国银行海口分行 1988 年 9 月 3 日开具的受益人为达斌（私人）有限公司的 430H88573 号信用证项下的贷款不予支付。二、被告泰坦船务私人有限公司和达斌（私人）有限公司共同赔偿原告海南省木材公司经济损失人民币 1352968.15 元以及外汇贷款利息和保险费 47637.61 美元。两被告承担连带赔偿责任，在本判决发生法律效力之日起 20 日内付清。

广州海事法院判决后，曾通过外交途径向两被告送达判决书，因找不到两被告而无法送达，该院遂依法进行公告送达。公告送达 6 个月后，两被告未在法定期限内提起上诉，第一审判决发生法律效力。

## 思路

如何识别合同中的欺诈？

## 学理分析

原告木材公司在与被告达斌公司签订了木材购销合同后，履约开具了信用证，但达斌公司在未交货的情况下，串通泰坦公司取得已装船的清洁提单及其他单证，企图骗取货款。此后，泰坦公司又数次向海口外轮代理发电，佯称货物已装船并即将到达目的港，配合了达斌公司的欺诈行为。以上案情证明，两被告利用合同和海运单据共同实施了欺诈行为，企图骗取木材公司的货款，已构成共同侵权。根据我国《合同法》第十条的规定“采取欺诈手段订立可能是无效的合同”，本案中的购货合同以及与该合同有关的海运单据都属无效。[1]

又据《民法通则》第一百零三条规定，“二人以上共同侵权造成他人损害的，应当承担连带责任”。[2]《涉外经济合同法》第十一条规定，“当事人一方对合同无效负有责任，应当对另一方因合同无效而遭受的损失负赔偿责任”。两被告对木材公司造成的损害负连带赔偿责任。

本案着重讨论一下作为补救手段的损害赔偿的责任范围问题。按照《联合国国际货物销售合同公约》第七十四条的规定：“当事人一方违反合同的赔偿责任应当相当于另一方因此所受到的损失，但是不得超过违反合同一方订立合同时应当预见到的因违反合同可能造成的损失。”后根据最高人民法院所作的《关于适用合同法若干问题的解答》，损害赔偿范围还应包括合同如能履行可以获得的利益，在国际货物买卖合同中，就是指利润。由此可见，损害赔偿的责任范围与违约方给对方造成的包括利润在内的损失额相等。也就是说，要使受损害的一方得到的赔偿与合同得到正常履行时其所获得的经济利益相同。有人对本案将银行贷款利息和经营损失同时计入赔偿范围持有异议，然而按照我国法律有关规定，被告既须赔偿作为原告经营成本的银行贷款利息，还须赔偿作为利润部分的营业损失。本案法院关于赔偿范围的判决是符合我国法律规定的。

---

[1] 《中华人民共和国合同法》废止后，《中华人民共和国民法典》第一百四十八条规定：“一方以欺诈手段，使对方在违背真实意思的情况下实施的民事法律行为，受欺诈方有权请求人民法院或者仲裁机构予以撤销。”

[2] 《中华人民共和国民法通则》废止后，《中华人民共和国民法典》第一千一百六十八条规定：“二人以上共同实施侵权行为，造成他人损害的，应当承担连带责任。”

## 相关法律法规

**一、《联合国国际货物销售合同公约》（1980）**

第七十四条

一方当事人违反合同应负的损害赔偿额，应与另一方当事人因他违反合同而遭受的包括利润在内的损失额相等。这种损害赔偿不得超过违反合同一方在订立合同时，依照他当时已知道或理应知道的事实和情况，对违反合同预料到或理应预料到的可能损失。

**二、《中华人民共和国民法典》**

第一百四十六条　行为人与相对人以虚假的意思表示实施的民事法律行为无效。以虚假的意思表示隐藏的民事法律行为的效力，依照有关法律规定处理。

第一百四十七条　基于重大误解实施的民事法律行为，行为人有权请求人民法院或者仲裁机构予以撤销。

第一百四十八条　一方以欺诈手段，使对方在违背真实意思的情况下实施的民事法律行为，受欺诈方有权请求人民法院或者仲裁机构予以撤销。

第一百四十九条　第三人实施欺诈行为，使一方在违背真实意思的情况下实施的民事法律行为，对方知道或者应当知道该欺诈行为的，受欺诈方有权请求人民法院或者仲裁机构予以撤销。

第一百五十条　一方或者第三人以胁迫手段，使对方在违背真实意思的情况下实施的民事法律行为，受胁迫方有权请求人民法院或者仲裁机构予以撤销。

第一百五十一条　一方利用对方处于危困状态、缺乏判断能力等情形，致使民事法律行为成立时显失公平的，受损害方有权请求人民法院或者仲裁机构予以撤销。

第一千一百六十八条　二人以上共同实施侵权行为，造成他人损害的，应当承担连带责任。

# 案例二十四　恶意保函纠纷

## ——屯突山冶金有限责任公司与 A 国 H&W 有限责任公司案

### 案情简介

2000 年 10 月 30 日，屯突山冶金有限责任公司与 A 国 H&W 有限责任公司签订了销售合同。屯突山冶金有限责任公司购买 A 国 H&W 有限责任公司矿石 50000 吨的 CFR 合同。屯突山冶金有限责任公司依照合同规定开出了信用证，信用证规定的装船期限为 2001 年 1 月 5 日前。预计货船将于 2 月 5 日到达目的港。

A 国 H&W 有限责任公司租的“亚历山大”号货船，在途中遇到台风，致使至 2001 年 1 月 20 日才完成装货。承运人在 A 国 H&W 有限责任公司提交了保函的情况下，签发了与信用证一致的提单。船于 2 月 25 日才到达目的港。屯突山冶金有限责任公司早已安排好了一切接货的工作，安排好了运输工具并且租好了仓库。由于货船迟到，赶上矿石价格下跌，屯突山冶金有限责任公司在出售矿石时的价格下降，造成损失。

### 争议焦点

1. 本案保函属于什么性质？
2. 本案承运人对因延迟到港引起收货人的损失是否应承担责任？

### 思路

要了解提单与恶意保函。

### 学理分析

1. 本案保函属于恶意保函，构成对善意第三方收货人的欺诈。
2. 承运人应当承担因货物延迟到港给收货人带来的损失。

具体分析如下：

《海牙规则》第三条规定，货物装船后，承运人、船长或承运人的代理人发给托运人的提单应为“已装船”提单。如果托运人已经在事先取得这种货物的物权凭证，更应交还该项凭证，换取“已装船”提单。但也可根据承运人的决定，由承运人、船长或承运人的代理人在装货港，将装载货物的船名和装货日期，在上述凭证上注明。而经过如此注明之后，上述凭证对于本条而言，便应视构成“已装船”提单。

《汉堡规则》第十五条规定，货物装船后，如果托运人作此要求，承运人须为托运人签发“已装船”提单。“已装船”提单除载明本条第1款所规定的事项外，还须载明货物已经装上指定货船和装船日期。

倒签提单是指：承运人在货物装船完毕时，应托运人的请求，为了符合信用证规定的装船日期，有意将提单签发日期提前而签发的提单。一般情况下，这种提单常被认为是无效提单，这种行为是违法的行为。

一般情况下，对于托运人为换取清洁提单而向承运人出具的保函，只要不构成对收货人或提单受让人的欺诈，承运人一般是接受的。

本案中，承运人和托运人双方的行为是故意行为，所出具的保函是恶意的，是针对第三方收货人的。在主观上构成了对善意第三方的欺诈，在客观上也给第三方收货人造成了损失。承运人应当负法律责任，承担因迟延交货而给收货人带来的损失。

## 相关法律法规

### 一、《1924年统一提单若干法律规则的国际公约》（《海牙规则》）

第三条

（1）承运人应当在开航之前和开航当时，谨慎处理：

（a）使船舶适航；

（b）妥善地配备船员、装备船舶和配备供应物品；

（c）使货舱、冷藏舱、冷汽舱和该船其他载货处所适合于并能安全地收受、运送和保管货物。

（2）除第4条另有规定外，承运人应当妥善而谨慎地装载、搬运、配载、运送、保管、照料和卸下所运货物。

（3）承运人、船长或承运人的代理人在收到货物由其掌管之后，应按托运人的要求，向托运人签发提单，其上载明：

（a）与装货开始前由托运人书面提供者相同的、为辨认货物所需的主要标志；如果此项标志是以印戳或其他方式清楚地标志在不带包装的货物上，或在装有该货物的箱子或包装上，此项标志通常应保持清晰易辨，直至航次终了。

（b）由托运人书面提供的件数或包数，或者数量，或者重量。

（c）货物的表面状况。

但是，如果承运人、船长或承运人的代理人有合理依据怀疑任何标志、包件数、数量或重量不能确切代表其实际收到的货物，或无合理方法进行核对，便不必将其在提单上加以记载或注明。

（4）此种提单应当作为承运人按照第 3 款（a）、（b）和（c）项所述收到该提单中所载货物的初步证据。

（5）托运人应被视为已在货物装船时就他所提供的标志、包件数、数量和重量的正确性，向承运人作出保证，而且托运人应对由于其提供的此种情况的不正确所引起或造成的一切灭失、损害或费用，向承运人进行赔偿。承运人享有上述受偿的权利，并不影响其根据运输合同对托运人以外的任何人所应承担的义务与责任。

（6）除非根据运输合同有权提取货物的人，在卸货港将货物的灭失或损害以及灭失或损害的一般性质，在货物移交他掌管之前或者当时（如果灭失或损害不明显，则在三天之内），书面通知承运人或其代理人，否则这种移交应依为承运人按照提单规定交付货物的初步依据。

如果灭失或损害不明显，此种通知应在货物交付后三天之内递交。如在收货时已对货物的状况进行联合检验或检查，便无须书面通知。除自货物交付之日或本应交付之日起一年以内已经提起诉讼外，在任何情况下，承运人和船舶将被免除其对灭失或损害的一切责任。如果发生任何实际的或担心的灭失或损害，承运人与受货人应当互相提供检查和清点货物的一切合理便利。

（7）货物装船以后，如经托运人要求，承运人、船长或承运人的代理人签发给托运人的提单应为“已装船”提单。如果托运人事先已取得这种货物的任何物权凭证，便应交还此种凭证，以换取“已装船”提单。但经承运人选择，承运人、船长和承运人的代理人可在装货港将装载货物的船名和装货日期，在上述凭证上注明。经过此种注明后的上述凭证，如载明第 3 条第 3 款所述的情况应被视为构成本条意义上的“已装船”提单。

（8）运输合同中的任何条款、约定或协议，凡是解除承运人或船舶对由于疏忽、过失或未履行本条规定的责任与义务而引起货物的或与货物有关的灭失或损害的责任，或以本公约规定以外的方式减轻这种责任的，都应作废并无效。有利于承运人保险利益的条款或类似条款，应视为免除承运人责任的条款。

**二、《1978年联合国海上货物运输公约》(《汉堡规则》)**

第十五条　提单的内容

(1) 除其他事项外，提单必须包括下列项目：

(a) 货物的品类，辨认货物必需的主要标志，如属危险品，对货物的危险特性所作的明确说明，包数或件数及货物的重量或以其他方式表示的数量等，所有这些项目均由托运人提供；

(b) 货物的外表状况；

(c) 承运人的名称和主要营业所；

(d) 托运人的名称；

(e) 如托运人指定收货人时，收货人的名称；

(f) 海上运输合同规定的装货港及承运人在装货港接管货物的日期；

(g) 海上运输合同规定的卸货港；

(h) 如提单正本超过一份，列明提单正本的份数；

(i) 提单的签发地点；

(j) 承运人或其代表的签字；

(k) 收货人应付运费金额或由收货人支付运费的其他说明；

(l) 第二十三条第3款所提到的声明；

(m) 如属舱面货，货物应该或可以装在舱面上运输的声明；

(n) 如经双方明确协议，应列明货物在卸货港交付的日期或期限；和

(o) 按照第六条第4款规定，协议的任何增加的赔偿责任限额。

(2) 货物装船后，如果托运人这样要求，承运人必须给托运人签发“已装船”提单。除本条第1款所规定的项目外，该提单还必须说明货物已装上一艘或数艘指定的船舶，以及一个或数个装货日期。如果承运人先前已向托运人签发过关于该批货物的任何部分的提单或其他物权单证，经承运人要求，托运人必须交回这种单证以换“已装船”提单。承运人为了满足托运人对“已装船”提单的要求，可以修改任何先前签发的单证，但经修改后的单证应包括“已装船”提单所需载有的全部项目。

(3) 提单缺少本条所规定的一项或多项，不影响该单证作为提单的法律性质，但该单证必须符合第一条第7款规定的要求。

# 案例二十五　托运人欺诈

## ——雅丹进出口有限责任公司与 B 公司案

### 案情简介

雅丹进出口有限责任公司以每台 400 美元 DIF 天津的价格条件从日本 B 公司购进数码相机 300 台，以中国银行天津分行为开证行，开出不可撤销的跟单信用证。B 公司将该批货物以集装箱交承运人，并在太平洋保险公司投保了一切险。日本东京银行对 B 公司提交的单据进行了议付。中国银行对东京银行传来的单据审查后支付了款项。雅丹进出口有限责任公司拿到提单，到船上启开集装箱封条，发现集装箱内只有破旧衣服。

### 争议焦点

1. 雅丹进出口有限责任公司是否有权要求中国银行追回货款？
2. 雅丹进出口有限责任公司是否可持保单向保险公司获取赔偿？
3. 雅丹进出口有限责任公司是否可以要求承运人承担责任？
4. 雅丹进出口有限责任公司应该如何弥补损失？

### 思路

以上几个问题涉及不同法律问题，分别解答。

### 学理分析

**一、雅丹进出口有限责任公司无权要求中国银行追回货款**

根据信用证独立原则，银行对于提供与信用证相符单据的卖方有付款义务。开证行对议付行传来的与信用证相符的单据，也应该付款给议付行。

信用证是自足的文件，奉行独立性原则，它与买卖合同既有联系又彼此独立。信用证根据买卖合同开立，一旦运行，就独立于基础合同，受益人应以信用证为准提交单据，买方不得以卖方在基础合同方面的瑕疵为由拒绝履行信用证下的义务。

信用证虽以贸易合同为基础，但它一经开立，就成为独立于贸易合同之外的另一种契约。贸易合同是买卖双方之间签订的契约，只对买卖双方有约束力；信用证则是开证行与受益人之间的契约，开证行和受益人以及参与信用证业务的其他银行均应受信用证的约束，但这些银行当事人与贸易合同无关，故不受合同的约束。对此，《跟单信用证统一惯例》第三条有明确规定，可以仔细阅读。

**二、雅丹进出口有限责任公司不能从保险公司获得赔偿**

一切险包括除承保平安险和水渍险的各项损失外，还承保由于外来原因招致的全部或部分损失。所谓外来原因是指由一般附加险承担的损失，而不包括特别附加险和特殊附加险。

按我国现行保险条款，平安险具体包括：

1. 在运输过程中，被保险货物由于恶劣气候、雷电、海啸、地震、洪水等自然灾害和运输工具发生意外事故，造成被保货物实际全损或推定全损。

2. 由于运输工具搁浅触礁、沉没、互撞以及失火、爆炸等意外事故造成的货物全部或部分损失。

3. 只要运输工具在发生上述意外事故，无论之前或之后，又在海上遭受恶劣气候、雷电、海啸、地震等自然灾害，造成保险货物的部分损失。

4. 装卸时，一件或数件货物落海造成的全部或部分损失。

5. 被保险人对遭受承保责任范围内的危险的货物进行抢救，为防止货损或减少损失所采取的措施而支付的合理费用。但是，不能超过该批货物的保险金额。

6. 运输工具遭受自然灾害或意外事故，需要在途中港口或避难港停靠，由此引起的装卸货物、仓储、运送货物的特别费用。

7. 发生共同海损所引起的牺牲、分摊费、救助费。

8. 运输契约订有“船舶互撞条款”，按该条款规定，应该由货主偿还船方的损失。

水渍险，除承保平安险的各项责任外，还负责被保险货物由于恶劣气候等自然灾害造成的部分损失。

因为投保人投的是一切险，被保险人遭欺诈，不在保险范围以内，保险公司不负责任。

**三、雅丹进出口有限责任公司不能要求承运人承担责任**

清洁提单是指单据上无明显地声明货物及（或）包装有缺陷的附加条文或批注。因为承运人签了清洁提单，在目的港，承运人也支付了表现清洁的货物，所以承运人没有责任。

**四、B 公司严重违约，雅丹进出口有限责任公司可以直接对 B 公司提出索赔**

## 相关法律法规

**《跟单信用证统一惯例》（1993 年修订本）**

第三条

信用证与其可能依据的销售合约或其他合约是性质上不同的业务。即使信用证中包含有关于该合约的任何援引，银行也与该合约完全无关，并不受其约束。

# 案例二十六　运输合同后履行抗辩权

## ——红杉服装有限责任公司与南洋运输公司案

### 案情简介

2003 年 3 月 3 日，红杉服装有限责任公司委托南洋运输公司出运一批货物，货物装船后，南洋运输公司签发了提单，托运人为红杉服装有限责任公司，承运人为南洋运输公司，起运港为国内丙港，目的港为甲国丁港，运费支付方式为预付。双方还书面协议约定，红杉服装有限责任公司应在取得该批货物的退税凭证、外汇核销单等文件后，支付海运费 20000 美元。

由于南洋运输公司通知红杉服装有限责任公司付款赎单后，红杉服装有限责任公司不肯先付运费，南洋运输公司未向红杉服装有限责任公司提交上述文件。2003 年 7 月 5 日，南洋运输公司向丙港所在地法院提起诉讼，请求法院判令红杉服装有限责任公司支付运费 20000 美元。

法院判决认为：本案是海上货物运输合同纠纷，南洋运输公司接受了红杉服装有限责任公司的委托，并作为承运人，履行了运输合同规定的义务，双方之间的海上货物运输合同成立且有效，南洋运输公司有权向红杉服装有限责任公司收取运费。红杉服装有限责任公司未履行支付运费的义务，属于违约行为，应承担相应的违约责任。依据《中华人民共和国海商法》第六十九条及民事诉讼法的有关规定，判决红杉服装有限责任公司支付南洋运输公司货物运费 20000 美元。

红杉服装有限责任公司不服法院的判决，向法院所在地的高级人民法院提起上诉。红杉服装有限责任公司在上诉中认为：拒付运费是行使其后履行抗辩权。因为按双方的书面约定，红杉服装有限责任公司在取得出口退税、外汇核销单等文件后再支付运费，红杉服装有限责任公司在收到上述文件前有权拒付运费。

高级法院判决认为：双方书面签订的协议中约定，红杉服装有限责任公司在取得退税凭证、外汇核销单等文件后支付运费，而南洋运输公司至今未向红杉服装有限责任公司交付上述文件，未履行其应先履行的义务，故红杉服装有限责任公司未向南洋运输公司支付运费，是行使其后履行抗辩权，南洋运输公司的诉讼请求不应得到支持。依据《中华人民共和国合同法》第六十七及《民事诉讼法》的有关规定，判决撤销原审判决，驳回南洋运输公司的诉讼请求。

## 争议焦点

如何履行后履行抗辩权制度？

## 思路

了解如何运用后履行抗辩权制度。

## 学理分析

红杉服装有限责任公司胜诉。

支付海运费一般有到付和预付两种方式。对于到付，由于货物价值一般总是大于运费金额，承运人可以依照《海牙规则》《维斯比规则》、提单条款或海商法等规定，以留置货物的方式取得对到付运费的担保。对于预付，在我国海运实务中，船公司、货代公司一般是采取付款赎单的方式，将出口退税、外汇核销单等文件作为预付运费的担保。

由于经常有出口退税的金额远小于预付运费等原因，导致托运人或货主不肯付款赎单。在 1999 年 10 月 1 日《中华人民共和国合同法》实施以前，法院一般是依据《中华人民共和国海商法》第六十九条或者《中华人民共和国民法通则》第六十三条第一款、第二款、第一百零六条的规定，判决承运人或者货运代理人胜诉。

《中华人民共和国海商法》作为《中华人民共和国合同法》的特别法，在处理海事案件时，如海商法有规定而合同法没有规定或者与合同法的规定不一致时，适用海商法。海商法没有规定而合同法有规定的，则适用合同法。

《中华人民共和国合同法》第六十七条规定了后履行抗辩权，而《中华人民共和国海商法》对此没有规定，本案二审法院作出与一审法院相反判决的根本原因，是二审法院适用了《中华人民共和国合同法》第六十七条。

这条规定首次确立了我国合同履行制度中后履行抗辩权制度，又称为违约救济权，其含义是在依照合同的约定或者法律的规定负有后履行人义务的当事人，在负有先履行义务的一方当事人未履行义务或者履行义务有重大瑕疵的情况下，可以为了保护自己的合同利益，而拒绝履行自己的相应义务。如今这一制度规定在《中华人民共和国民法典》第五百二十六条："当事人互负债务，有先后履行顺序，应当先履行债务一方未履行的，后履行一方有权拒绝其履行请求。先履行一方履行债务不符合约定的，后履行一方有权拒绝其相应的履行请求。"

在本案中，由于南洋运输公司对实施不久的合同法的后履行抗辩权内容不了解，还是按习惯做法，在协议中约定红杉服装有限责任公司在收到退税凭证、外汇核销单等文件后支付预付运费，这就意味着南洋运输公司有先履行提交其本意上是想作为对预付运费提供担保的退税凭证、外汇核销单等文件给红杉服装有限责任公司的义务。

当红杉服装有限责任公司不肯付款赎单，而南洋运输公司又不愿先交付退税凭证、外汇核销单等文件给红杉服装有限责任公司时，红杉服装有限责任公司就可以行使其后履行抗辩权为由来拒付运费，而南洋运输公司则丧失了运用该抗辩权来保护自己收取预付运费的权利。

承运人或者货运人代理人应当对后履行抗辩权足够重视，他们同样可以运用后履行抗辩权这条规定来保护自己收取预付运费的权利。比如，南洋运输公司以后在与其他托运人或货主签订类似书面协议时，可以约定托运人或货主支付预付运费后，南洋运输公司再向其交付出口退税、外汇核销单等文件。

## 相关法律法规

### 一、《中华人民共和国民法典》

第一百六十一条　民事主体可以通过代理人实施民事法律行为。

依照法律规定、当事人约定或者民事法律行为的性质，应当由本人亲自实施的民事法律行为，不得代理。

第五百七十七条　当事人一方不履行合同义务或者履行合同义务不符合约定的，应当承担继续履行、采取补救措施或者赔偿损失等违约责任。

第五百二十六条　当事人互负债务，有先后履行顺序，应当先履行债务一方未履行的，后履行一方有权拒绝其履行请求。先履行一方履行债务不符合约定的，后履行一方有权拒绝其相应的履行请求。

**二、《中华人民共和国海商法》**

第六十九条　托运人应当按照约定向承运人支付运费。托运人与承运人可以约定运费由收货人支付；但是，此项约定应当在运输单证中载明。

# ■ 第四章

# 国际运输保险法

## 案例二十七　平安险与一切险的区分

——泰国某公司海上运输货物保险案

### 案情简介

泰国某公司与日本商人签订一份大米销售合同，由泰国某公司负责货物运输和保险事宜。为此，泰国某公司与某轮船公司 A 签订运输合同，租用“伊丽莎白”号班轮的一个舱位。1999 年 6 月 15 日，泰国某公司将货物在港口装箱。随后，泰国某公司向某保险公司 B 投保海上运输货物保险。货轮在海上航行途中遭遇风险，使货物受损。

### 争议焦点

1. 如果泰国某公司向 B 投保的是平安险，而货物遭受部分损失是由于轮船在海上遭遇台风，那么泰国某公司是否可从保险公司 B 处取得赔偿？为什么？

2. 如果泰国某公司投保的是一切险，而货物受损是由于货轮船员罢工，货轮滞留中途港，致使大米变质，那么泰国某公司能否从保险公司 B 处取得赔偿？为什么？

3. 如果发生的风险是由于承运人的过错引起的，并且属于承保范围的风险，B 赔偿了损失后，泰国某公司能否再向 A 公司索赔？为什么？

## 思路

了解平安险与一切险的保险范围。

## 学理分析

### 一、泰国某公司不能从保险公司 B 处取得赔偿

（一）平安险

1. 承保被保险货物由于恶劣气候、雷电、海啸、地震、洪水等自然灾害造成的整批货物的全损；

2. 运输工具搁浅触礁、沉没、互撞以及失火、爆炸等意外事故造成的货物全部或部分损失；

3. 运输工具在发生上述意外事故前后又在海上遭受恶劣气候等自然灾害造成的部分损失；

4. 装卸时，一件或数件货物落海造成的全部或部分损失；被保险人为抢救货物支出的合理费用等。

（二）水渍险

除承保平安险的各项责任外，还负责被保险货物由于恶劣气候等自然灾害造成的部分损失。

（三）一切险

除承保平安险和水渍险的各项损失外，还承保由于外来原因招致的全部或部分损失。

（四）外来原因

所谓外来原因是指由一般附加险承担的损失，而不包括特别附加险和特殊附加险。一般附加险有 11 种，包括：偷窃、提货不着险、淡水雨淋险、短量险、混杂、玷污险、渗漏险、碰损、破碎险、串味险、受潮热险、钩损险、包装破裂险、锈损险等。一般附加险不能单独投保，它们全部包括在一切险之中，或是投保人在投保了平安险或水渍险后，根据需要加保其中一种或几种险别。特别附加险 7 种：包括交货不到险、进口关税险、舱面险、拒收险、黄曲霉素险、出口货物到香港（九龙）或澳门存仓火险责任扩展险、卖方利益险。特殊附加险 3 种：战争险、战争险的附加费用和罢工险。特别附加险

和特殊附加险在投保人向保险公司提出申请后，经特别同意，在投保了基本险后可以加保。

因为平安险对货物因自然灾害造成的部分损失不予赔偿。货轮遭台风，使货物遭受部分损失，但由于平安险的责任范围不包括自然灾害引起的单独海损，故不能获得赔偿，除非投保了水渍险和一切险。

**二、泰国某公司不能从保险公司 B 处取得赔偿**

因为一切险的责任范围包括被保险货物在运输途中由于自然灾害、意外事故及外来原因造成的全部损失或部分损失，但不包括战争险、罢工险等特殊附加险。即使投保人投保了一切险，仍须与保险人特别约定，经保险人特别同意后，才能把特别或特殊附加险的责任包括在保险人承保范围之内。本案中，由于卖方未投保特殊附加险，故无法取得赔偿。

**三、泰国某公司不能从某轮船公司 A 处取得赔偿**

保险合同是一种补偿合同，被保险人不得以保险作为牟利的手段。保险货物的损失如果是由于第三者的过失或疏忽造成的，被保险人从保险人处取得保险赔偿时，应当把对该第三者的损害赔偿请求权转让给保险人，由保险人代位行使被保险人的一切权利和追偿要求，而不能一方面向保险人取得保险赔款，另一方面又向有过失的第三者索赔，从而获取双倍于损失金额的收入。

**四、在这里，我们涉及了代位权（Subrogation）**

1. 代位权是指，保险人在支付保险金后，从被保险人处所取得的，代替被保险人行使被保险人的一切权利和对有过失的第三人追偿之权利。

例如，《中华人民共和国海商法》第二百五十二条规定，保险标的发生保险责任范围内的损失是由第三人造成的，被保险人向第三人要求赔偿的权利，自保险人支付赔偿之日起，相应转移给保险人。被保险人应当向保险人提供必要的文件和其所需要知道的情况，并尽力协助保险人向第三人追偿。

2. 无论是全部损失，还是部分损失，只要保险人支付了保险金，就取得了代位权。

3. 如果是全部损失，保险人全额赔付，保险人取得代位权后，还可以取得货物的残值之所有权，即使残值价值大于支付的保险赔偿，超出部分仍然归保险人所有。

4. 如果保险人赔付的只是部分损失，保险人则只获得代位权，不能获得残值的所有权，残值的价值仍然归被保险人所有。保险人代位追偿的金额，不能大于赔付的金额。如果保险人向第三人的追偿大于他赔付给被保险人的金额，超出部分应该归还被保险人。

实际上，保险代位指实现保险利益的权利代位和被保险标的物残余价值产权的代位两种。其中权利代位指由于第三人的侵权行为导致保险事故的发生，被保险人有权选择请求保险公司赔偿损失，也有权请求第三人损害赔偿，如果被保险人选择保险人赔偿损失，之后有义务将追究造成损害的第三人承担责任的权利转给保险人，由保险公司向侵权人请求赔偿，即代位追偿。

在《中华人民共和国保险法》第四十六条中就规定，除被保险人的家庭成员或者其组成人员故意造成第三者对保险标的的损害造成保险事故的以外，保险人不得对被保险人的家庭成员或者其组成人员行使代位请求赔偿的权利。

（1）因第三者对保险标的的损害而造成保险事故的，保险人自向被保险人赔偿保险金之日起，在赔偿金额范围内代位行使被保险人对第三者请求赔偿的权利。如果被保险人已经从第三者取得损害赔偿的，保险人赔偿保险金时，可以相应扣减被保险人从第三者处取得的赔偿金额。

（2）保险人依法向第三者请求赔偿时，不影响被保险人就未取得赔偿的部分向第三者请求赔偿。即被保险标的的保险金额不足弥补其实际损失时，被保险人还可就未能得到保险赔偿的损失请求第三者给予赔偿。

（3）在保险人向第三者行使代位请求赔偿权利时，被保险人应当向保险人提供必要的文件和其所知道的有关情况。

（4）代位请求赔偿的例外。在实践中有四种情况不适用代位请求赔偿：

①保险事故发生后，保险人未赔偿保险金之前，被保险人放弃对第三者的请求赔偿的权利的，保险人不承担赔偿保险金的责任，以维护自己合法的利益。②保险人向被保险人赔偿保险金后，被保险人未经保险人同意放弃对第三者请求赔偿的权利的，该行为无效。③由于被保险人的过错致使保险人不能行使代位请求赔偿的权利的，保险人可以相应扣减保险赔偿金，以使被保险人就自己的过错分担部分责任。④在家庭财产保险中，保险人不得对被保险人的家庭成员或者其组成人员行使代位请求赔偿的权利，除非这些成员有故意造成保险事故的行为，以维护家庭经济生活的稳定。

综上所述，本案参考结论为：

1. 如果泰国某公司向 B 投保的是平安险，而货物遭受部分损失是由于轮船在海上遭遇台风，泰国某公司不能从保险公司 B 处取得赔偿。

2. 如果泰国某公司投保的是一切险，而货物受损是由于货轮船员罢工，货轮滞留中途港，致使大米变质，泰国某公司也不能从保险公司 B 处取得赔偿。

3. 如果发生的风险是由于承运人的过错引起的，并且属于承保范围的风险，B 赔偿了损失后，泰国某公司就不能从某轮船公司 A 处取得赔偿。

## 相关法律法规

**一、《中华人民共和国海商法》**

第二百五十二条　保险标的发生保险责任范围内的损失是由第三人造成的，被保险人向第三人要求赔偿的权利，自保险人支付赔偿之日起，相应转移给保险人。被保险人应当向保险人提供必要的文件和其所需要知道的情况，并尽力协助保险人向第三人追偿。

**二、《中华人民共和国保险法》**

第六十条　因第三者对保险标的的损害而造成保险事故的，保险人自向被保险人赔偿保险金之日起，在赔偿金额范围内代位行使被保险人对第三者请求赔偿的权利。

前款规定的保险事故发生后，被保险人已经从第三者取得损害赔偿的，保险人赔偿保险金时，可以相应扣减被保险人从第三者已取得的赔偿金额。

保险人依照第一款行使代位请求赔偿的权利，不影响被保险人就未取得赔偿的部分向第三者请求赔偿的权利。

第六十二条　除被保险人的家庭成员或者其组成人员故意造成本法第四十四条第一款规定的保险事故以外，保险人不得对被保险人的家庭成员或者其组成人员行使代位请求赔偿的权利。

# 案例二十八　海上运输保险利益（1）

## ——A 公司保险案

### 案情简介

B 公司与 A 公司签订了钢材的买卖合同：A 公司向 B 公司出售一批钢材。之后，该批钢材在港口装上了船舶，承运人向 A 公司签发了空白指示提单。再后，B 公司又将该批钢材卖与 C 公司。

作为买方的 C 公司，就该批钢材向 D 保险公司投保了平安险。在航行途中因货舱进水导致船、货沉没。因信用证过期的原因，A 公司未能通过信用证实现结汇。遂将提单空白背书转给 B 公司，B 公司又空白背书转给 C 公司。货物沉没后 C 公司没有向 B 公司支付货款，C 公司遂书面声明将提单和保险合同下的权利让与 B 公司。B 公司也未向 A 公司支付货款，B 公司持保险合同和提单向保险人 D 保险公司要求索赔。D 保险公司以 B 公司没有支付货款，保险事故没有造成 B 公司损失为由拒赔，B 公司向法院起诉 D 保险公司。

法院则否定了 B 公司的赔偿请求，认为：根据保险合同的赔偿性原则，索赔的前提条件必须是实际损失确实存在，即使保险事故造成了保险标的的灭失，如果被保险人并没有因此而遭受经济上的损失，保险人是不承担赔偿责任的。

### 争议焦点

1. 什么是保险利益？
2. 保险公司应该赔偿吗？

### 思路

掌握什么是保险利益。

## 学理分析

保险公司应该赔偿。

1. 保险利益是指投保人（被保险人）对于保险标的所具有的、法律认可的经济利益。保险利益原则是保险法的一项重要原则，在英国《1906 年海上保险法》就为其定义。英国《1906 年海上保险法》第五条规定了保险利益原则，认为除该法的规定外，与航海有利害关系的每一个人都具有保险利益。如果保险财产安全或按时抵达，他即能从中获益，如果保险财产灭失、受到损害，或被滞留或引起有关责任，他的利益将受到损害，就认为该人与航海有利害关系。

在《1906 年海上保险法》中，还列举了什么是保险利益，如：

（1）可撤销的利益是保险利益，偶然利益亦然。特别是，如货物买方已将该批货物保险，他就对该批货物具有保险利益，尽管由于卖方交货延误或其他原因，致使被保险人可能选择拒收货物，或将货物视作卖方风险。

（2）部分利益。任何性质的部分利益都是保险利益。

（3）再保险。海上保险合同中的保险人对其承保的风险有保险利益，并可将有关风险再保险。除非保险单另有规定，原被保险人对此再保险没有权利或利益。

（4）抵押贷款。以船货为抵押物的贷款，贷款者对其贷款有保险利益。

（5）船长和船员的工资。船长和船员对其工资有保险利益。

（6）预付运费。预先支付运费的人对在损失后不能收回的预付运费有保险利益。

（7）保险费。被保险人对为其支付的保险费用具有保险利益。

（8）利益额。如果将保险标的进行抵押，则抵押人对抵押物的全部价值有保险利益，而抵押权人仅对抵押贷款合同下其所付的或要付的有关金额有保险利益。抵押权人、收货人或对保险标的有利益的其他人，除为了自己的利益外，得代表和为其他有利害关系的人的利益进行保险。尽管第三者可能已同意或应负责赔偿其损失，保险财产的所有人对其财产的全部价值有保险利益。

《中华人民共和国保险法》也在第十二条规定了保险利益原则。这与英国的规定基本是一致的。

在英国，人们认为一项利益或损失是否可以保险不能仅依据对未来的预见。人们是难以预见一项利益是否存在的，只有当这一利益是一种财产权利，或者是源于财产权利的合同的权利时，才容易确定。这也就是人们常说的，被保险人对于保险标的的经济利益与被保险人对于保险标的的财产权利有联系时，被保险人才被认为对于保险标的有保险利益。

如此认定保险利益原则的好处是：保险利益相对稳定，比较容易确定。不足之处是：一方面，使得某些人不能为自己的经济利益投保；另一方面，被保险人注意的是自己的经济利益，保险人强调的是物权关系，于是产生了额外的诉讼。

鉴于上述情况，一些英美国家采取经济利益原则，取代了保险利益原则。经济利益原则是指：如果投保人或者被保险人，对于保险标的在未来一段时间内之存在，将获得金钱上的利益或优势；或者对于保险标的在未来一段时间内的灭失、损坏，将遭受金钱上的损失，就认为投保人或者被保险人对于保险标的具有经济利益。是否具有某种物权的联系不是经济利益原则所关注的。经济利益原则的好处是：

（1）投保是投保人具有商业远见的表现，鼓励商人进行这种特殊的投资行为。

（2）确认了投保人对于保险标的的经济利益，如果投保后保险标的受到损失或者灭失，不会影响投保人或被保险人的经济利益。

（3）促使投保人合理分配和使用自己的资金，确保在发生意外时获得资金上的保障。

（4）将经济利益原则与最大诚信原则相配合，可以防止赌博行为与信用危机。

财产保险合同的保险利益来源于投保人对各种的权益。包括：

（1）起因于所有权或占有权、使用权而产生的保险利益。例如，当财产及相关利益受到损失或给他人造成损失的时候，就会给财产的所有人、管理人、经营人、留置人等带来不同程度的经济利益损失，故他们对财产及相关利益具有相应的保险利益。

（2）由于合同而产生的保险利益。

合同双方对各自的交换物有相应的保险利益。例如，在买卖合同中，出卖人对货款、买受人对货物具有保险利益。

（3）由于可能产生的民事损害赔偿责任而产生的保险利益。

投保人可能由于自己的行为或者不行为，非故意地侵害了他人的合法权益，造成他人财产或者人身发生损害事故，应当承担民事损害赔偿责任，这种赔偿责任影响了投保人的现有经济利益，故投保人对其可能承担的民事损害赔偿责任具有保险利益，保险人应该给予赔偿。

2. 这里就存在一个损失衡量的标准问题，究竟是以被保险人支付了货物的对价作为衡量其损失的标准呢，还是以被保险人有无保险利益作为衡量其损失的标准。

C公司自货物越过船舷起就承担了货物的风险，在货物发生保险事故时对船载货物具有保险利益是毋庸置疑的。为什么要考察保险合同的保险利益？其实质就是要研究保险标的发生保险事故是否对被保险人造成了损失或产生责任。如果承认被保险人有保险利益，而又认为他没有损失是荒谬的。

事实上，保险利益体现的是被保险人与保险标的物的关系，这种关系决定当保险标的发生保险事故会给被保险人造成损失或使被保险人承担责任。正如确定了甲对特定的物是所有权关系，该物受损，毫无疑问损失肯定是甲的，甲取得该物所有权时是否支付了对价则无须进行考证。

因此，有无保险利益是保险合同纠纷中保险人是否赔偿的前提，但如果认定了被保险人具有保险利益，法院就不能支持保险人关于被保险人不存在实际损失的抗辩理由。

在保险合同纠纷中，保险人赔偿的条件是：

（1）保险合同合法有效；

（2）被保险人对保险标的物具有保险利益；

（3）保险标的发生了保险事故；

（4）在保险责任期间、属保险人承保的责任范围；

（5）不存在保险人免赔的情况。

符合上述条件，再去考察被保险人有无实际损失，或者把被保险人有没有支付货物的对价作为赔偿条件实属节外生枝。从民法的基本原理可知，合同是债发生的原因，货物贸易合同一旦签订，并合法有效，合同之债就已确定，即合同当事人的权利义务确定，并不因为买方是否支付货款而改变。

换言之，买方没有支付货款并不影响货物所有权转移及货物风险的转移。

国际贸易的风险转移就是货物灭失、毁损的风险何时起从卖方转移到买方。在卖方依约将货物交给承运人后，运输途中发生货物灭失、毁坏，不能免除买方支付货款的义务。因此，当发生保险事故造成保险标的损失时，承担了货物风险的买方（被保险人）对该保险标的物具有保险利益，保险事故造成的保险标的的灭失或损坏用金钱予以衡量就是被保险人的经济损失。

《联合国国际货物销售合同公约》第六十六条规定，如果货物在风险移转到买方承担后遗失或损坏了，买方支付价款的义务并不因此解除，除非这种遗失或损坏是由于卖方的行为或不行为所造成。

本案中，承运船舶在运输途中货舱进水沉没，导致货物全损，与卖方的行为或不行为毫不相干。因此，根据该规定不能解除买方C公司向B公司，B公司向A公司支付货款的义务。显然，买方（被保险人）支付货款的义务是存在的。

总之，认为买方尚未支付货款，就没有损失的观点是错误的。它从根本上否定了保险利益原则，也与民商法基本理论相悖，是没有任何法律根据的。保险利益的有无是保险人赔与不赔的重要标准，也是衡量被保险人是否存在损失或产生责任的标准，决不能以“是否支付货物价款”去判断被保险人损失的有无，进而判断保险利益的有无。

保险利益与损失正确的逻辑关系是，被保险人对保险标的存在法律上承认的利益（如承担了货物风险、取得货物所有权等）—被保险人有保险利益（会给被保险人造成损失或产生责任）—保险人赔偿。而不是被保险人支付货款（造成被保险人损失）—被保险人有保险利益—保险人赔偿。

## 相关法律法规

### 一、英国《1906 年海上保险法》

第五条

（1）除本法的规定外，与航海有利害关系的每一个人都具有保险利益。

（2）一个人与航海有利害关系，特别是当他与该航海或处在危险中的保险财产具有法律上或衡平的关系，如保险财产安全或按时抵达，他即能从中获益；如保险财产灭失、受到损害，或被滞留或引起有关责任，他的利益将受到损害。

### 二、《中华人民共和国保险法》

第十二条　投保人对保险标的应当具有保险利益。投保人对保险标的不具有保险利益的，保险合同无效。保险利益是指投保人对保险标的具有的法律上承认的利益。保险标的是指作为保险对象的财产及其有关利益或者人的寿命和身体。

**三、《联合国国际货物销售合同公约》**

第六十六条　货物在风险移转到买方承担后遗失或损坏，买方支付价款的义务并不因此解除，除非这种遗失或损坏是由于卖方的行为或不行为所造成。

# 案例二十九　海上运输保险利益（2）

## ——中国利达通进出口有限责任公司保险案

### 案情简介

中国利达通进出口有限责任公司与德国卢布尔亚那公司签订货物买卖合同，约定以 CFR 价格条件向卢布尔亚那公司购买一批特种铝线。利达通进出口有限责任公司向保险人永安保险公司投了海洋运输货物平安险。该特种铝线需要办理进出口许可证。利达通进出口有限责任公司在尚未取得货物的进口许可证时得知，货物在途经马六甲海峡时货船沉没，货物全损。

利达通进出口有限责任公司持经卢布尔亚那公司空白背书的指示提单和保单向永安保险公司索赔，永安保险公司以利达通进出口有限责任公司在货物出险时没有保险利益为由拒赔。永安保险公司对此有两种意见：一种意见认为，利达通进出口有限责任公司在货物出险时具有保险利益；另一种意见认为，利达通进出口有限责任公司承担了货物的风险，理论上在货物出险时对货物具有保险利益，但由于利达通进出口有限责任公司没有申领进口货物的许可证，违反了进口货物许可证管理的法律，因此，在货物出险时利达通进出口有限责任公司对非法进口的货物不具保险利益。

### 争议焦点

1. 对未进入我国海关监管区域的货物尚未办理进口许可证是否构成非法进口？

2. 如果构成非法进口，是否利达通进出口有限责任公司就丧失了法律承认的保险利益？

### 思路

要把握什么是保险利益，然后确定货主是不是所有人。

## 学理分析

承担了货物的风险就对该货物具有保险利益。虽然在货物出险时利达通进出口有限责任公司没有领取进口货物许可证，但并不丧失对货物的保险利益。我们从下面几个方面讨论。

**一、如何理解“保险利益”**

保险利益必须是可保利益，是投保人和受益人对保险标的具有法定利害关系以及由此涉及的经济利益。可保利益是合法利益，在财产保险中投保人必须对保险标的拥有所有权、处分权或者合法占有权。保险利益落实到保险合同中就是转移危险，无危险则无保险，无危险也无利益。确认一个主体对上述货物是否具有“保险利益”，主要应该考察该主体与物的关系。《中华人民共和国保险法》在第十二条规定了保险利益原则。

具体到本案来说，就是要看法律上是否承认利达通进出口有限责任公司对本案提单项下的货物有所有权，或法律上是否承认利达通进出口有限责任公司对本案提单项下的货物承担了风险，而不能看是否违反行政管理法律。

**二、货物进入我国海关监管区域之前，尚未办理进口许可证，是否构成非法进口**

本案运输中的货物仍在公海领域，未进入我国海关监管的区域，甚至该批货物最后不一定进口。从理论上讲，利达通进出口有限责任公司可对指示提单进行背书转让，比如，在货物进入中国海关监管区域之前，将货物背书转让给他人。没有进口就不可能构成走私或违反海关监管规定的行为。因此，把运输途中的在公海上的货物定性为“非法进口”是不妥当的。

**三、关于逃避海关监管，或曰非法进口，可以将其分为走私行为和违反海关监管规定的行为**

如何认定一个行为是走私或是违反了海关监管法规呢？应根据《中华人民共和国海关法》和《中华人民共和国海关法行政处罚实施细则》规定的程序处理：

1. 海关作出处罚通知书并送达当事人，当事人不服可以申请行政复议。
2. 对行政复议不服还可以向法院提起行政诉讼。
3. 海关作出处罚通知书并送达当事人，当事人不服可以直接向法院起诉。

4. 经行政诉讼程序法院两审终审后才能定论。

没有经过法定的程序就将运输途中沉没的货物定性为“非法进口”是不适当的。

**四、如果构成非法进口，是否利达通进出口有限责任公司就丧失了法律承认的对货物的利益**

利达通进出口有限责任公司的行为是否构成违反海关监管规定的行为，根据《中华人民共和国海关法行政处罚实施细则》第十条规定就可以作出判断。

如果对利达通进出口有限责任公司的处罚可以作出罚款的行政处罚，这种处罚就是行政管理人对其相对人不符合行政管理法律规范作出的行政处罚。在货物没有被全部没收的情况下，相对人原先被法律认可的对物的利益关系不因罚款处罚而丧失，对货物的所有权关系或承担货物风险的法定义务不因这种处罚而消灭。行政处罚本身并不否定相对人与物形成的法律关系。

故主张利达通进出口有限责任公司对该货物没有法律上承认的利益是不妥的。

## 相关法律法规

**一、《中华人民共和国保险法》**

第三十二条　订立合同时，投保人对被保险人不具有保险利益的，合同无效。

**二、《中华人民共和国海关法》**

第六十四条　纳税义务人同海关发生纳税争议时，应当缴纳税款，并可以依法申请行政复议；对复议决定仍不服的，可以依法向人民法院提起诉讼。

第九十三条　当事人逾期不履行海关的处罚决定又不申请复议或者向人民法院提起诉讼的，作出处罚决定的海关可以将其保证金抵缴或者将其被扣留的货物、物品、运输工具依法变价抵缴，也可以申请人民法院强制执行。

# 案例三十　共同海损

## ——费尔南多号共同海损

### 案情简介

2000年5月3日，南非籍货轮“费尔南多”号满载棉花，从埃及驶往大阪港。6月1日上午11时左右，装载在甲板上的部分棉花起火，火势逐渐蔓延。船长立即下令浇水灭火。但火势凶猛，装载在甲板上的未燃棉花也有随时着火的危险。如果未燃的棉花也起火，后果不堪设想。为了防止火势进一步蔓延，船长下令将甲板上未燃的棉花都抛入海中，这样使险情得以缓解。又经过船员全力扑救，12时50分左右，大火被扑灭，装运于甲板上的棉花全部遭损，装运于船舱内的棉花也有一部分因水湿受损。船舶到达大阪港后，船长宣布了共同海损。

### 试问

1. 什么是共同海损？
2. 在此案例中，共同海损是否成立？

### 思路

根据共同海损的概念，判断本案共同海损是否成立。

### 学理分析

1. 在海洋运输途中，船舶、货物或其他财产遭遇共同危险，为了解除共同危险，有意采取合理的救难措施，所造成的特殊牺牲，支付的特殊费用，叫作共同海损。

2. 在本案中，共同海损的构成要件均已具备，共同海损成立。

具体分析如下：

（1）《中华人民共和国海商法》第一百九十三条规定，共同海损包括如下两类。

①特殊牺牲。

例如，遭遇风浪时，为了避免全船沉没，船长下令把部分货物抛入大海。这些被抛货物就是特殊牺牲。

②特殊费用。

船舶搁浅，船长雇人卸下部分货物以减轻重量，再雇拖船，使船浮起，这些费用就是特殊费用。

共同海损发生以后，在共同海损范围以内的特殊牺牲和特殊费用，都可以通过共同海损理算，由有关获救受益方，例如船方、货方、运费收入方，根据获救价值按比例分摊，即共同海损分摊。

（2）在本案中，共同海损的构成要件均已具备，共同海损成立。

首先，甲板上的部分棉花突然起火，如不及时扑灭，将使船舶和货物有遭受全部损失的危险，严重威胁着船舶和货物的安全，构成共同危险，而且这一危险是真实存在的。

其次，船长命令将甲板上的未燃棉花抛入海中，以防火势蔓延，同时浇水灭火，这些措施是有意、积极而合理的，也是有效的，火势得以控制并最终被扑灭，避免了船货全损。

再次，被抛入海中的未燃棉花的损失以及因浇水灭火所造成的装运于船舶内的棉花部分水湿受损，都是在发生火灾这一特定海损事故的情况下发生的，是特殊牺牲，并且是由这一海损事故直接造成的。

## 相关法律法规

**《中华人民共和国海商法》**

第一百九十三条　共同海损，是指在同一海上航程中，船舶、货物和其他财产遭遇共同危险，为了共同安全，有意地合理地采取措施所直接造成的特殊牺牲、支付的特殊费用。无论在航程中或者在航程结束后发生的船舶或者货物因迟延所造成的损失，包括船期损失和行市损失以及其他间接损失，均不得列入共同海损。

# 案例三十一　货物运输保险合同

## ——W&XH 有限责任公司与灵柳山瑶湖粮油进出口有限责任公司销售合同案

### 案情简介

2004 年 4 月 1 日，灵柳山瑶湖粮油进出口有限责任公司与 W&XH 有限责任公司签订一单销售合同，以 CIF 阿姆斯特丹的条件卖给 W&XH 有限责任公司东北大豆 5000 吨，由 TRUST 保险公司承保，DELPHIS 运输公司承运。货船行至海上，突然遭遇海上风暴，偏离航线，在最近的港口避风，致使延迟 15 天到达目的港。途中，因为船员的过失，使得部分大豆变质。2005 年 4 月 1 日，W&XH 有限责任公司向灵柳山瑶湖粮油进出口有限责任公司提出了索赔。

### 争议焦点

1. 在本案中，承运合同的当事人应该是谁？是由灵柳山瑶湖粮油进出口有限责任公司，还是由 W&XH 有限责任公司与运输公司签订？

2. 应该由谁办理保险、缴纳保险费？是灵柳山瑶湖粮油进出口有限责任公司，是 W&XH 有限责任公司，还是 DELPHIS 运输公司？

3. 本合同的交货地点在哪里？是在装运港的船上，还是在目的港？

4. 如果灵柳山瑶湖粮油进出口有限责任公司取得了单据之后，交给了 W&XH 有限责任公司，在 W&XH 有限责任公司验货以前，灵柳山瑶湖粮油进出口有限责任公司请求付款，W&XH 有限责任公司应该付款吗？

5. 货物延迟 15 天才到达目的港，造成了损失，W&XH 有限责任公司应该向谁索赔？

6. 大豆变质，造成损失，W&XH 有限责任公司应该向谁索赔？

7. 大豆变质，造成损失，根据《海牙规则》，DELPHIS 运输公司是否应该承担责任？

8. 如果 W&XH 有限责任公司收到的货物没有一点问题，那就是单据不符合要求。这样，W&XH 有限责任公司是否可以拒付？

9. 如果 W&XH 有限责任公司起诉灵柳山瑶湖粮油进出口有限责任公司，根据《汉堡规则》，应该在什么期限内提起诉讼？如果你是灵柳山瑶湖粮油进出口有限责任公司的法律顾问，你觉得这些问题应该如何处理？

## 思路

这是一个综合性的案例，涉及运输、保险的许多问题。要熟悉《海牙规则》《汉堡规则》《国际贸易术语解释通则》等有关规定。

## 学理分析

### 一、本案参考结论

1. 应该由灵柳山瑶湖粮油进出口有限责任公司与 DELPHIS 运输公司签订合同。

2. 应该由灵柳山瑶湖粮油进出口有限责任公司办理保险、缴纳保险费。

3. 本合同的交货地点是在装运港的船上。

4. 如果灵柳山瑶湖粮油进出口有限责任公司取得了单据，交给了 W&XH 有限责任公司，在 W&XH 有限责任公司验货以前，灵柳山瑶湖粮油进出口有限责任公司请求付款，W&XH 有限责任公司应该付款。

5. 货物延迟 15 天才到达目的港，造成了损失，W&XH 有限责任公司应该向 DELPHIS 运输公司索赔。

6. 大豆变质，造成损失，W&XH 有限责任公司应该向 TRUST 保险公司索赔。

7. 大豆变质，造成损失，根据《海牙规则》，DELPHIS 运输公司不应该承担责任。

8. 如果 W&XH 有限责任公司收到的货物没有一点问题，那就是单据不符合要求，W&XH 有限责任公司可以拒付。

9. 如果 W&XH 有限责任公司起诉灵柳山瑶湖粮油进出口有限责任公司，注意《汉堡规则》规定的诉讼时效为 2 年。

## 二、具体分析

1. 根据 CIF 术语，卖方必须自付费用，按照通常条件订立运输合同，经由惯常航线，将货物用通常可供运输合同所指货物类型的海轮（或依情况适合内河运输的船只）装运至指定的目的港。

2. 卖方必须按照合同规定，自付费用取得货物保险，并向买方提供保险单或其他保险证据，以使买方或任何其他对货物具有保险利益的人有权直接向保险人索赔。保险合同应与信誉良好的保险人或保险公司订立，在无相反明确协议时，应按照伦敦保险业协会《协会货物保险条款》或其他类似条款中的最低保险险别投保。保险期限应按照 B5 和 B4 规定。应买方要求，并由买方负担费用，如果能投保的话，卖方应加投战争、罢工、暴乱和民变险。最低保险金额应包括合同规定价款另加 10%（即 110%），并应采用合同货币。

3. 卖方必须在装运港，在约定的日期或期限内，将货物交至船上。

4. 根据 CIF 术语，卖方已经履行了自己的全部义务，风险也已经转移到买方，所以交单以后，买方应该付款。

5. 在 CIF 术语中替买方投保并支付保险费是卖方的一项义务，除非另有协议，否则卖方只负责按伦敦保险业协会《协会货物保险条款》投保海上运输的最低险别，也就等于平安险。具体包括：

（1）在运输过程中，被保险货物由于恶劣气候、雷电、海啸、地震、洪水等自然灾害和运输工具发生意外事故，造成被保货物实际全损或推定全损。

（2）由于运输工具搁浅触礁、沉没、互撞以及失火、爆炸等意外事故造成的货物全部或部分损失。

（3）只要运输工具在发生上述意外事故，无论之前或之后，又在海上遭受恶劣气候、雷电、海啸、地震等自然灾害，造成保险货物的部分损失。

（4）装卸时，一件或数件货物落海造成的全部或部分损失。

（5）被保险人对遭受承保责任范围内危险的货物进行抢救、防止货损或减少损失的措施而支付的合理费用，但是不能超过该批货物的保险金额。

（6）运输工具遭受自然灾害或意外事故，需要在途中港口或避难港停靠，由此引起的装卸货物、仓储、运送货物的特别费用。

（7）发生共同海损所引起的牺牲、分摊费、救助费。

（8）运输契约订有“船舶互撞条款”，按该条款规定，应该由货主偿还船方的损失。

在保险承保范围之内，不包括延迟。但是，造成保险货物的部分损失，在保险承保范围内。

6. 由于船长、船员、引航员或承运人的受雇人员在驾驶船舶或管理船舶中的行为、疏忽或不履行职责，引起或造成的灭失或损害，承运人或是船舶都不负责。所以大豆变质，承运人可以免责，不承担责任。

7.《汉堡规则》规定的诉讼时效是 2 年。被要求赔偿的人，可以在时效期限内的任何时间，向索赔人提出书面说明，延长时效期限。该期限还可以用另一次或多次声明再度延长。

如果诉讼是在起诉地所有国国家法律许可的时间内提起，负有赔偿责任的人即使在以上各款规定的时效期限届满后，仍可以提起追赔的诉讼。但是，所许可的时间不得小于从提起索赔诉讼的人已解决了对他的赔偿或从他本人提起的传票送达之日起九十天。

## 相关法律法规

### 一、《海牙规则》

第四条

1. 不论是承运人或船舶，对因船舶不适航所引起或造成的灭失或损害都不负责，除非系承运人未按第 3 条第 1 款规定，谨慎处理使船舶适航，保证妥善地配备船员，装备船舶和配备供应物品，以及使货舱、冷藏舱、冷汽舱和该船其他载货的地方适合于，并能安全地收受、运送和保管货物所引起或造成。一旦由于船舶不适航引起灭失或损害，谨慎处理的举证责任应由承运人或请求本条免责的其他人承担。

2. 不论是承运人或是船舶，对由于下列原因引起或造成的灭失或损害，都不负责：

（a）船长、船员、引航员或承运人的受雇人员在驾驶船舶或管理船舶中的行为、疏忽或不履行职责；

（b）火灾，但由于承运人的实际过失或私谋所造成者除外；

（c）海上或其他可航水域的风险、危险或意外事故；

（d）天灾；

（e）战争行为；

（f）公敌行为；

（g）君主、当权者或人民的扣留或拘禁，或依法扣押；

（h）检疫限制；

（i）托运人或货主、其代理人或代表的行为或不行为；

（j）不论由于何种原因所引起的局部或全面罢工、关闭、停工或劳动力受到限制；

（k）暴动或骚乱；

（l）在海上救助或企图救助人命或财产；

（m）由于货物的固有缺陷、质量或瑕疵所造成的体积或重量的损失，或任何其他灭失或损害；

（n）包装不充分；

（o）标志不充分或不当；

（p）经谨慎处理仍不能发现的潜在缺陷；

（q）非由于承运人的实际过失或私谋，或承运人的代理人或受雇人员的过失或疏忽所引起的其他任何原因，但请求此项免责利益的人应当负举证责任，表明灭失或损害既非由于承运人的实际过失或私谋，又非由于承运人的代理人或雇用人员的过失或疏忽所造成。

3. 对非由于托运人、其代理人或受雇人员的行为、过失或疏忽所引起或造成的承运人或船舶的灭失或损害，托运人概不负责。

4. 为救助或企图救助海上人命或财产而发生的绕航，或者任何合理绕航，都不应被视为对本公约或运输合同的破坏或违反。承运人对由此引起的任何灭失或损害，都不负责。

5. 不论是承运人或船舶，对超过每件或每单位 100 英镑或与其等值的其他货币的货物或与货物有关的灭失或损害，在任何情况下，概不负责，除非货物的性质和价值已由托运人在货物装运前申明，并在提单上注明。

此项声明如被载入提单，应成为初步证据，但不应对承运人具有约束或终结效力。

经承运人、船长或承运人的代理人与托运人协议，可在本款所述金额之外另行确定一个最高金额，但此最高金额不得低于上述金额。

如果托运人在提单中故意谎报货物的性质或价值，则无论承运人或船舶，在任何情况下，对货物或与货物有关的灭失或损害，概不负责。

6. 承运人、船长或承运人的代理人对因知其性质及特征而未同意装运的属于易燃、易爆或危险性质的货物，可在卸货前将其卸于任何地点，或将其毁坏，或消除其危险性，而不予赔偿，此种货物的托运人应对由于装运此种货物而直接或间接引起或造成的一切损害和费用负责。已知其性质并已同意装运的任何上述货物将对船舶或货物构成危险时，可以同样地由承运人将其卸于任何地点，或将其毁坏，或消除其危险性，而不负赔偿责任，但发生共同海损时除外。

**二、《汉堡规则》**

第二十条　诉讼时效

1. 按照本公约有关货物运输的任何诉讼，如果在两年内没有提出司法或仲裁程序，即失去时效。

2. 时效期限自承运人交付货物或部分货物之日开始，如未交付货物，则自货物应该交付的最后一日开始。

3. 时效期限开始之日不计算在期限内。

4. 被要求赔偿的人，可以在时效期限内的任何时间，向索赔人提出书面说明，延长时效期限。该期限还可以用另一次或多次声明再度延长。

5. 如果诉讼是在起诉地所有国国家法律许可的时间内提起，负有赔偿责任的人即使在以上各款规定的时效期限届满后，仍可以提起追赔的诉讼。但是，所许可的时间不得小于从提起索赔诉讼的人已解决了对他的赔偿或从他本人提起的传票送达之日起九十天。

# 案例三十二　海上救助

## ——澳大利亚籍“但丁”号索赔案

### 案情简介

澳大利亚籍“但丁”号轮载货从悉尼港开往阿姆斯特丹港，于1999年11月12日途经某群岛，因偏离航线搁浅。当地救助打捞公司派出救助船，救出了船上全部船员，并与船方签订了救助合同。

由于受到飓风袭击，轮船大部分双层底破裂，机舱和几处货舱破裂进水，救助工作极其困难。经过救助方的多次努力，终于在1999年12月28日把难船拖出。船上所载货物完好，船舶受损十分严重。船东依照合同向救助人支付了救助报酬1234567美元后，遂向其投保的保险公司提出索赔，包括船舶损失及救助费用，共计2345678美元，并宣布船舶推定全损，将“但丁”号轮委付给保险公司。

### 试问

1. 什么是委付？
2. 保险公司该如何处理？

### 思路

先看保险公司是否应当予以赔偿，再决定在多大范围内予以赔偿。

### 学理分析

本案中，保险公司应对船舶搁浅造成的船舶损失、救助费用赔偿。

1. 委付是指在保险标的发生推定全损的情况下，由被保险人把保险标的之所有权转让给保险人，而向保险人请求赔偿全部保险金额。委付仅仅适用于推定全损之情况下。

依据《中华人民共和国海商法》第二百四十九条和第二百五十条有相应的规定进行。

2. 首先应当分析保险公司是否应当予以赔偿，并且在多大范围内予以赔偿。

在本案中，“但丁”轮因偏离航线而发生搁浅，属于海上灾害，在海上保险的承保范围之内，并且船东已经向保险公司投保了该种风险，所以船东有权向保险公司就船舶搁浅造成的船舶损失请求赔偿。

在“但丁”轮搁浅后，救助人投入大量人力和船舶进行救助，历时 40 多天，才使难船脱险。船东根据救助所消耗和损耗的情况，向救助人支付了救助费用，然后向保险公司索赔救助费用。这部分救助费用也是由于船舶搁浅引起的正常损失，船东有权对此损失提出索赔，保险公司应对上述损失进行赔偿。

船东宣布船舶推定全损，因此，在获得了保险公司的赔偿后，须将该轮委付给保险公司，保险公司取得该轮的所有权。

## 相关法律法规

**《中华人民共和国海商法》**

第二百四十九条　保险标的发生推定全损，被保险人要求保险人按照全部损失赔偿的，应当向保险人委付保险标的。保险人可以接受委付，也可以不接受委付，但是应当在合理的时间内将接受委付或者不接受委付的决定通知被保险人。委付不得附带任何条件。委付一经保险人接受，不得撤回。

第二百五十条　保险人接受委付的，被保险人对委付财产的全部权利和义务转移给保险人。

第二百五十二条　保险标的发生的保险责任范围内的损失是由第三人造成的，被保险人向第三人要求赔偿的权利，自保险人支付赔偿之日起，相应转移给保险人。被保险人应当向保险人提供必要的文件和其所需要知道的情况，并尽力协助保险人向第三人追偿。

# ■ 第五章

# WTO 规则

## 案例三十三　美欧墨诉中国原材料出口限制案

### 案情简介

2009 年 6 月 23 日，美国、欧盟正式在 WTO 框架内向中国提出贸易争端请求，称中国对铝土、焦炭、萤石、镁、锰、金属硅、碳化硅、黄磷和锌共 9 种原材料，采取出口配额、出口关税和其他价、量控制，违反了中国 2001 年加入 WTO 时的承诺，造成世界其他国家在钢材、铝材及其他化学制品的生产和出口中处于劣势地位。墨西哥于 8 月 21 日也以类似的理由，提出了贸易争端请求。

2009 年 7 月和 9 月，中国与美、欧、墨三方分别就原材料出口问题举行了两轮建设性磋商，但磋商未能找到共同满意的解决方案。

2009 年 12 月 21 日，世界贸易组织决定设立一个专家组，调查美国、欧盟和墨西哥三方指控中国限制原材料出口一案。

2011 年 2 月 18 日，世贸组织专家向当事方散发了中期报告。

2011 年 4 月 1 日，专家组作出裁决。

2011 年 7 月 5 日，世界贸易组织向成员方发布美国、欧盟、墨西哥 2009 年诉中国原材料出口限制措施案的专家组报告。专家组分别就案件审查范围、出口关税、出口配额、中方援引例外条款抗辩、出口配额分配及管理、出口许可证发放、最低出口限价七个方面作出裁决。

2011 年 8 月 31 日，中方就原材料出口限制案向世贸组织争端解决机构提出上诉，要求推翻专家组报告的部分裁决。

2012 年 1 月 30 日，世界贸易组织上诉机构发布裁决报告，维持了初步裁定的核心内容，即中国对多种工业原材料实施出口税和配额违背了 WTO 规则，并驳回了中国基于环境保护或供应短缺就初步裁定提出的上诉请求。

## 争议焦点

中国对原材料的出口限制措施是否与 WTO 规则和入世承诺一致的问题，包括中国对部分产品出口的数量限制、对部分产品征收出口关税、原材料出口额外的要求和程序、对原材料的出口维持最低出口价格体系及合同价格审批等。

## WTO裁决结果

2009 年 6 月 23 日，美国、欧盟就中国的原材料出口措施提出磋商请求；8 月 21 日，墨西哥就相同事项提出磋商请求，是为“原材料出口案”(China-Measures Related to the Exportation of Various Raw Materials，WT/DS394、395、398)。12 月 21 日，专家组成立。2011 年 4 月 1 日，专家组作出裁决。

2011 年 7 月 5 日，世界贸易组织向成员方发布美国、欧盟、墨西哥 2009 年诉中国原材料出口限制措施案的专家组报告。专家组分别就案件审查范围、出口关税、出口配额、中方援引例外条款抗辩、出口配额分配及管理、出口许可证发放、最低出口限价等七个方面作出裁决。其中，专家组支持中方关于案件审查范围、出口配额分配及管理、出口许可证发放等方面的大部分观点和立场，认定中方取消了出口限价有关措施，认同中方对耐火黏土和萤石采取的综合管理措施。但专家组同时也裁定中方涉案的出口关税和出口配额措施不符合中方加入世贸组织的承诺和有关世贸规则，且未满足保护可用尽自然资源、保护人类生命健康等例外条款的条件。

2012 年 1 月 30 日，WTO 上诉机构就美国、欧盟、墨西哥诉中国原材料出口限制措施世贸组织争端案发布裁决报告，维持了初步裁定的核心内容，即中国对多种工业原材料实施出口税和配额违背了 WTO 规则，驳回了中国基于环境保护或供应短缺就初步裁定提出的上诉请求。但是 WTO 上诉专家小组并没有维持初步裁定的所有内容，在几个重要问题上支持了中方的上诉请求，纠正了专家组此前的部分裁决，包括裁定起诉方专家组请求违反《关于争端解决规则与程序的谅解》有关规定，即专家组关于配额分配管理、出口许可证、出口最低限价、配额招标的裁决整体无效；裁定专家组对《关税与贸易总协定》（简称 GATT）第二十条的解读错误等。

## 学理分析

本案涉及中国对矾土、焦炭、氟石、镁、锰、碳化硅、金属硅、黄磷和锌 9 种原材料所实施的出口税和出口配额，以及相应的管理方式。

《中国加入议定书》第十一条第三款规定："中国应取消适用于出口产品的全部税费，除非本议定书附件 6 中有明确规定或按照 GATT1994 第八条的规定适用。"附件 6 列举了 84 种产品及其出口税率，并在注释中说明："中国确认本附件所含关税水平为最高水平，不得超过。中国进一步确认将不提高现行实施税率，但例外情况除外。如出现此类情况，中国将在提高实施关税前，与受影响的成员进行磋商，以期找到双方均可接受的解决办法。"本案中，中国对除碳化硅和黄磷之外的 7 种产品征收了 10% ~40% 的出口税，因此专家组认定，出口税不符合议定书的承诺。此外，专家组还认定中国没有按承诺与受影响的成员进行磋商。

GATT 第十一条第一款规定："任何缔约方不得对任何其他缔约方领土产品的进口或向任何其他缔约方领土出口或销售供出口的产品设立或维持除关税、国内税或其他费用外的禁止或限制，无论此类禁止或限制通过配额、进出口许可证或其他措施实施。"本案中，中国对矾土、焦炭、氟石、碳化硅和锌等 5 种产品实施了出口配额，因此专家组认定，出口配额不符合 GATT 第十一条第一款的义务。

案件审理过程中，中国援引 GATT 相关例外条款，就其中的一些措施进行了抗辩。专家组将中国的抗辩分为四个方面，并逐一进行了分析。专家组还对相应的管理方式进行了审查。

### 一、矾土等 7 种产品的出口税是否符合 GATT 第二十条

此处的主要问题是，出口税违反了《中国加入议定书》第十一条第三款，但能否援引 GATT 第二十条进行抗辩。专家组认为，这涉及《中国加入议定书》在 WTO 协定中的法律地位，以及 WTO 各个协议之间的关系，尤其是《中国加入议定书》第十一条第三款与 WTO 法律制度其他组成部分之间的关系。

专家组认为，GATT 第二十条规定：“本协定的任何规定不得解释为阻止任何缔约方采取或实施以下措施。”此处的“本协定”，显然是指 GATT。也就是说，只有在违反 GATT 其他条款的情况下，才能够援引第二十条进行抗辩，而议定书并非 GATT，所以违反议定书条款，不能援引第二十条进行抗辩。专家组还论证说，如果在加入谈判时，中国和其他成员意在将出口税问题适用于第二十条抗辩，就应当在议定书中明示。例如，关于出口配额，就作了这样的明示。中国和其他成员还可以达成协议，说明出口税承诺是 GATT 项下的承诺，将其纳入 GATT 关税减让表，这样就可以援引第二十条进行抗辩了。

在“中国出版物案”中，中国的措施不符合议定书第五条第一款的规定，但上诉机构认为中国有权援引 GATT 第二十条进行抗辩。专家组认为，上诉机构在该案中并未讨论议定书与 GATT 的体制性关系，而是重点审查了议定书的相关条款。第五条第一款的开头是：“在不影响中国以与《WTO 协定》的方式管理贸易的权利的情况下……”上诉机构的解释是，这句话将 GATT 第二十条纳入了议定书，成为这一条款承诺的组成部分。专家组称，第十一条第三款并没有这样的措辞，因此“中国出版物案”中的推理不能适用。

**二、耐火级矾土的配额是否符合 GATT 第十一条第二款（a）项**

GATT 第十一条第二款（a）项规定：“本条第一款的规定不得适用于下列措施：（a）为防止或缓解出口缔约方的粮食或其他必需品的严重短缺而临时实施的出口禁止或限制。”专家组称，这一项还没有被以前的专家组和上诉机构解释过。专家组经过详细分析，认为“临时”是指时间有限；“必需品”是指对一成员“重要”“必须”或“不可缺少”的产品，包括某种重要产品或产业的原料；“严重短缺”是指采取临时措施可以补救或避免的情况。

专家组认定，耐火级矾土属于“必需品”，因为中国提供证据证明了这种产品作为生产钢铁和其他重要产品的中间产品的重要性。中国是钢铁生产大国，占世界钢产量三分之一。耐火级矾土的主要使用者是钢铁产业，而 70% 都被中国钢铁产业消耗了。此外，钢铁本身也是制造和建筑业的重要产品，而这两个行业是驱动中国产业和发展的基础行业。不仅如此，中国的钢铁产业还是重要的就业来源。

专家组认定，中国所采取的措施并非“临时”，因为中国对这种产品实施配额，至少可以追溯到 2000 年；中国预测可供开采的储量只有 16 年，表明中国要保持这种措施，直至现有储量耗尽或者新技术和条件减少耐火级矾土的需求。

专家组还认定，需要永久实施的措施所要解决的问题，并非“严重短缺”。此外，中国没有说明，随着探矿和提炼技术的进步，储量是否会发生变化。不仅如此，起诉方还对中国预测的储量表示质疑，认为储量达 91 年。

基于以上分析，专家组认为，耐火级矾土的配额不符合 GATT 第十一条第二款（a）项的条件。

**三、耐火级矾土和氟石的出口税和配额是否符合 GATT 第二十条（g）项**

GATT 第二十条（g）项规定，成员可以采取“与保护可用尽的自然资源有关的措施，如此类措施与限制国内生产或消费一同实施”。专家组认为，这一款的条件是：贸易措施与国内限制平行实施，且目的是保护自然资源。

专家组随后按照这个标准，对中国的出口税和配额进行了审查。专家组认为，中国采取这些措施时，没有声明“保护可用尽的自然资源”之目的，因此不属于“有关”的措施；这些措施不是为了减少国内生产或消费，而所采取的单纯的限产措施可能会对该产品的国内使用和出口产生不同影响（例如只用于国内而不允许出口），不能表明是与出口限制平衡实施的，因此不属于“一同实施”的措施。

**四、废料（镁、锰和锌废料）和“三高产品”（焦炭、镁金属、锰金属和碳化硅）是否符合 GATT 第二十条（b）项**

GATT 第二十条（b）项规定，成员可以采取“为保护人类、动物或植物的生命或健康所必需的措施”。专家组认为，措施是否为“必需”，要从以下五个方面进行分析：措施是否属于保护人类、动物或植物的生命或健康的政策范围；有关利益或价值的重要性；措施对所追求目标的贡献；措施对贸易的限制性；符合 WTO 的替代措施。

对于“三高产品”，即高污染、高能耗、消耗资源型产品，专家组经审查后认为，出口限制措施没有提到环境或健康的关注；中国没有能够证明这些措施对该目标的贡献；措施对贸易是有限制的。最后，关于符合 WTO 的替代性措施，中国证明了正在采取一系列其他措施，包括对环境友好型技术的投资，消费品的回收，提高环境标准，对回收废品基础设施的投资，在不抑制当地供给的条件下刺激更大的当地需求，开展生产限制或污染控制。但中国认为，出口限制也是需要的，并且与这些“替代性”措施结合实施的效果会更好。但专家组认为，这种理解将实质性扩大例外条款的范围，从而允许采取出口数量限制措施。专家组称，其职责是审查替代性措施能否实现保护的目标，而中国没有证明为什么这些对贸易限制更小且符合 WTO 的替代性措施不能代替出口限制措施而被使用。

按照大致相同的分析思路，专家组还认定，中国对于废料的出口限制措施不符合 GATT 第二十条（b）项的规定。

### 五、管理方式

#### （一）出口配额的分配和管理

专家组认定，《中国加入议定书》第五条第一款明确规定给予所有企业进出口货物的权利，且《中国加入工作组报告书》第 83 段（a）项和第 84 段（b）项明确要求取消出口实绩和最低资本的条件，因此要求获得矾土、焦炭、氟石和碳化硅出口配额的企业必须具有出口实绩和最低资本的有关措施，不符合这些承诺。

专家组认定，有关措施将企业的经营管理能力作为获得配额的资质条件，但没有明确审查经营管理能力的定义、指南或标准，给当事方的利益带来了实在的风险，将导致不合理、不统一的管理，因此不符合 GATT 第十条第三款（a）项，即“每一缔约方应以统一、公正和合理的方式管理本条第一款所述的所有法律、法规、判决和裁定”。

专家组认定，有关措施没有公布锌出口配额的总量以及分配程序，不符合 GATT 第十条第一款，即有关出口的要求、限制或禁止方面的法律法规应当立即公布，以便各国政府和贸易商知晓。

但专家组同时也认定，有关措施中的由五矿化工商会参与分配出口配额的方式，没有违反 GATT 第十条第三款（a）项“公正”“合理”要求；分配出口配额时收取中标费用，没有违反 GATT 第八条第一款（a）项和《中国加入议定书》第十一条第三款，因为这些费用不属于针对出口所征收的费用。

#### （二）出口许可证

GATT 第十一条第一款要求成员取消数量限制，“无论此类禁止或限制通过配额、进出口许可证或其他措施实施”。专家组认为，进出口许可证本身有可能是为该款所允许的，关键在于许可证制度的性质和运作是否具有限制进出口的效果。专家组经审查后认为，本案有关措施对部分产品实施的出口许可证管理，并不仅仅因为其被用于限制出口的货物而不符合 GATT 第十一条第一款，但审批时提交不一定数量的文件这样的未界定、笼统化的要求所带来的随意性，就构成了不符合第十一条第一款的额外限制。

### （三）最低出口价格

专家组经审查后认为，有关措施要求出口企业以设定或协调的出口价格从事出口，否则就面临处罚，包括被取消出口权，这构成了 GATT 第十一条第一款所指的出口限制，因为要求以最低价格出口具有限制贸易的效果。此外，有关措施没有立即公布，也不符合 GATT 第十条第一款的规定。

# 案例三十四　WTO 中的国民待遇和最惠国待遇

## ——M 国环境保护改良汽油与普通汽油标准案

### 案情简介

1993 年 12 月 15 日，为了实施 M 国的《清洁空气法》，M 国环境保护局颁布《汽油与汽油添加剂规则——改良汽油与普通汽油标准》。《汽油与汽油添加剂规则——改良汽油与普通汽油标准》规定：

1. 对 1990 年经营 6 个月以上的国内炼油商适用“企业单独基准”。

2. 对外国炼油商适用“法定基准”。

3. 对某些进口商，同时是国外炼油商的，如果 1990 年它在国外的炼油厂生产的汽油中至少有 75% 出口到 M 国，则适用“企业单独基准”，又称为 75% 规则。

环境保护局设定的这两种基准，“企业单独基准”的质量数据由企业自己提供，“法定基准”适用于环境保护局认为不能提供足够的或可信的数据的企业。

1995 年 1 月 23 日，W 国认为 M 国的《汽油与汽油添加剂规则——改良汽油与普通汽油标准》违反了 GATT 的精神，根据 GATT 第 22 条第 1 款、《关于争端解决规则与程序的谅解》（DSU）第 4 条，要求与 M 国进行磋商。

1995 年 2 月 24 日，双方进行了磋商，没有取得满意结果。

1995 年 3 月 25 日，W 国请求成立专家小组。

1995 年 4 月 10 日，争端解决机构（Dispute Settlement Body，DSB）决定成立专家小组。

1995 年 4 月 10 日，B 国就上述相同问题要求与 M 国磋商。

1995 年 5 月 I 日，双方进行了磋商，也未取得满意结果。

1995 年 5 月 19 日，B 国请求成立专家小组。

争端解决机构（Dispute Settlement Body，DSB）经审查决定由上述同一专家小组合并审理这两项投诉。

起诉方认为：M 国的《汽油与汽油添加剂规则——改良汽油与普通汽油

标准》中有关基准设定的规定，违反了 GATT 第一条、第三条，并且不符合 GATT 第二十条的例外规定，损害了两国企业的利益。

1996 年 1 月 29 日，专家小组作出报告并分发给各成员方。

1996 年 2 月 21 日，M 国向争端解决机构提出上诉。

1996 年 4 月 26 日，上诉机构作出报告。

1996 年 5 月 20 日，争端解决机构通过上诉机构报告和修改后的专家小组报告。

双方争议的焦点是《汽油与汽油添加剂规则——改良汽油与普通汽油标准》中的基准设定问题，也就是如何确定 1990 年的汽油质量标准，作为此后改良汽油和普通汽油的衡量标准。这涉及 GATT 最惠国待遇的规定和国民待遇原则的规定。

## 一、专家小组意见

### （一）关于 GATT 第一条最惠国待遇原则

GATT 第一条是有关最惠国待遇原则的规定，在对出口或进口、有关出口或进口及进出口货物的国际支付转账所征收的关税和费用方面，在征收上述关税和费用的方法方面，在出口和进口的规章手续方面，以及在本协定第三条第二款及第四款所述事项方面，一缔约方对来自或运往其他国家的产品所给予的利益、优待、特权或豁免，应当立即无条件地给予来自或运往所有其他缔约方的相同产品。

本案诉方认为，M 国《汽油与汽油添加剂规则——改良汽油与普通汽油标准》中的“75%规则”给特定国家的企业特殊的优惠待遇，不符合 GATT 第一条的规定。诉方认为，该规则只适用于特定的、很容易确定的一些国家，对符合这些条件的国家的企业在确定基准时可以适用“企业单独基准”，而对其他国家的企业则适用法定基准，违反了最惠国待遇的原则。

专家小组认为，由于确定专家小组职权范围时，“75%规则”已经停止生效，并且该规则没有在专家小组职权范围中明确提出，因此对其是否符合 GATI 第一条不再作出判断。

### （二）关于 GATT 第三条第四款国民待遇原则

GATT 第三条第四款是有关国民待遇原则的规定，任何缔约方领土的产品进口至任何其他缔约方领土时，在有关影响其国内销售、推销、购买、运输、分销或使用的所有法律、法规和规定方面，所享受的待遇不得低于同类国产品所享受的待遇。

本案诉方认为，《汽油与汽油添加剂规则——改良汽油与普通汽油标准》对进口汽油和国产汽油实施了差别待遇，剥夺了外国炼油商确定企业单独基准的权利，实际上是要求进口汽油适用更严格的法定基准。

专家小组认为M国违反了GAIT第三条的精神：

首先，专家小组认为，进口汽油与国产汽油具有相同的物理特性、最终用户、关税分类，并且可以互相替代，因此是第三条第四款所说的“同类产品”。

其次，专家小组调查了给予进口产品的待遇是否低于国产品的待遇。专家小组认为，M国确定是适用“企业单独基准”还是适用“法定基准”不是以汽油的质量为标准，而是以生产商的特征为标准。为此，导致了进口汽油的待遇较低。

（三）关于GATT第二十条一般例外的规定

GATT第20条是有关一般例外的规定，在符合这一条规定的情况下，成员方可以免除GATT规定的其他义务，包括第三条规定的国民待遇义务。

M国提出，无论其《汽油与汽油添加剂规则——改良汽油与普通汽油标准》是否与GATT的其他规定一致，它都属于GATT第二十条规定的一般例外，所以不违反GATT原则。M国提出了以GATT第二十条（b）项、（d）项、（g）项三项作为抗辩。

专家小组指出，由于GATT第二十条是M国提出的抗辩，应由M国负举证责任，专家小组对这三项例外分别予以了分析。

1. 关于GATT第二十条（b）项：“为保护人类、动植物的生命或健康所必需的措施。”专家小组认为，M国以此项作为抗辩，应当证明三点：

（1）实施的措施旨在保护人类、动物或植物的生命或健康。

（2）实施的措施是为了实现上述目标所必需的。

（3）该措施与GATT第二十条前言部分的要求一致。

关于第一点，争端各方没有分歧，专家小组认为实施的措施符合第一点要求。关于第二点，专家小组认为，所谓“必需”，应理解为没有与GATT相一致的措施或与GATT较少相一致的措施存在，如果存在“与GATT相一致的措施或与GATT较少不一致的措施”，则证明M国的措施不属于“必需”。

专家小组对当事方提供的证据进行审查后认为，M国采取的措施不属于“必需”，因为它可以采取其他非歧视的替代措施，例如，允许外国炼油适用企业单独基准，或要求M国汽油生产者达到法定基准的要求等。由于专家小组认定 M 国的措施不符合上述第二点要求，因此 M 国关于 GATT 第二十条（b）项的抗辩不能成立。

2. 关于 CATT 第二十条（d）项“为了保证某些与本协定的规定并无抵触的法令或条例的贯彻执行所必需的措施，包括加强海关法令或条例，加强根据协定第二条第四款和第十四条而实施的垄断，保护专利权、商标及版权，以及防止欺诈行为所必需的措施”。

M 国的《汽油与汽油添加剂规则——改良汽油与普通汽油标准》规定了“禁止退化要求”，要求汽油的各项排放指标不得高于 1990 年的基准水平，但由于其基准确定方法不同，国内企业适用企业单独基准，而外国企业适用法定基准。M 国对其做法提出以 GAIT 第二十条（d）项为抗辩，即其基准设定规则虽不符合 CATT 第三条规定，但该规则是为了执行国内法中的“禁止退化要求”所必需，而该国内法是符合 GATT 规定的，因此可以用例外规定。

专家小组认为，假定 M 国的国内法与 CATT 一致，但其规定的基准确定规则本身并不是为执行该国内法所必需，因此它不属于 CATT 第二十条（d）项规定的例外情况。

3. 关于 CATT 第二十条（g）项“与国内限制生产与消费的措施相配合，为有效保护可能用竭的天然资源的有关措施”。

专家小组意见如下：

首先，专家小组认为，M 国的措施是为了保护清洁空气，而清洁空气是一种可被用竭的资源，因此，M 国为降低清洁空气的消耗而制定的政策属于 GATT 第二十条（g）项所说的“与保护可用竭资源有关的措施”。

其次，专家小组认为，虽然 M 国对空气的保护符合该条款的政策目标，但对进口汽油给予较国内同样的汽油更低的待遇与保护清洁空气的目标之间并没有直接的联系，不对进口汽油提供较低待遇并不会阻止这一目标实现，因此，认为 M 国的措施不符合该条要求。

**二、上诉机构意见**

上诉中提出的主要问题是 M 国的《汽油与汽油添加剂规则——改良汽油与普通汽油标准》是否符合 GATT 第二十条（g）项的例外规定。上诉机构首先指出，专家小组对该问题的分析存在逻辑上的错误。上诉机构认为，专家小组应当审查的是“措施”（实施基准规则）本身是否符合 GATT 第二十条的规定，而不是审查给予进口汽油“较低待遇”是否符合 GATT 第二十条，否则 GATT 第二十条的要求就与第三条的要求没有区别了。上诉机构根据《维也纳公约》的规定，对 GATT 第二十条进行了解释，指出 GATT 第二十条在列举成员方政府可采取措施的各项理由时，使用了不同的措辞，其中（b）项和（d）项使用了“必需”的用语，而（g）项并没有使用这一用语，而是使用了“有关”一词，“必需”与“有关”要求的程度是不同的。

根据专家小组程序中确定的有关证据，上诉机构认为 M 国的基准规则属于“与保护可用竭资源有关的措施”，因而推翻了专家小组的这一结论。

GATT 第二十条（g）项规定的是“与国内限制生产与消费的措施相配合，为有效保护可能用竭的天然资源的有关措施”，上诉机构认为，M 国实施的基准规则同时适用于进口汽油和国产汽油，符合这一规定的要求。至于 GATT 第 20 条的前言的要求，上诉机构认为，该前言适用于所有该条所列举的例外，它要求成员方采取的措施不得构成“任意或不合理的歧视”，或“对国际贸易构成变相限制”。上诉机构认为，根据本案提供的情况，M 国有条件对进口汽油和国产汽油实行统一标准，虽然对进口汽油商实行企业单独基准有一定困难，但并不是完全不可行，其困难程度不足以支持 M 国实行不同的标准。

上诉机构指出，M 国在制定政策时并没有设法与 W 国和 B 国进行沟通，以寻求合作。M 国提出对国内生产商实施企业单独基准是为了不太多增加国内生产商的开支，上诉机构认为这是合理的，但它却没有考虑实施法定基准的国外生产商的开支问题，就是不合理的了。因此，上诉机构认为 M 国的措施构成了“任意的或不合理的歧视”，是对国际贸易的变相限制，不符合 GATT 第二十条前言的要求。

上诉机构认为，M 国采取的措施虽然符合 GATT 第二十条（g）项的要求，但不符合其前言部分的要求，因此，不能实现其关于 GATT 第二十条的抗辩。

## 试问

应该如何分析此案？

## 思路

依据 GATT 第三条与第二十条规定来判断《汽油与汽油添加剂规则——改良汽油与普通汽油标准》是否符合规定。

## 学理分析

国民待遇原则与最惠国待遇原则是一对孪生兄弟，是国际贸易中非歧视性原则的两个基本规则。两者的目标是相同的，都是为了实现自由贸易，减少对市场的扭曲而设立的制度。

国民待遇强调外国产品与本国产品享有平等的权利，可以使外国产品与本国产品在同等经济条件下竞争和取得利益，也就是对待客人与家人是一个态度。最惠国待遇只要求缔约一方对其他所有缔约方的产品等在进口的时候以同样的方法对待，也就是对待各方客人是一个态度。国民待遇比起最惠国待遇来，可以更加严格地遏制贸易保护主义，有利于市场平等竞争。国民待遇对外国人和外国产品的保护作用更大。

在本案中，M 国对进口产品和本国产品给予了显著的差别待遇，这是明显的事实。故此，争议各方对《汽油与汽油添加剂规则——改良汽油与普通汽油标准》不符合 GATT 第三条的规定没有多大的异议。但是，对 M 国是否能够以 GATT 第二十条的例外规定，豁免它在第三条下的义务，存在着不同的看法。

上诉机构的分析和结论告诉我们：对第二十条的理解应与第三条相区别，不能混为一谈，否则就会失去订立 GATT 第二十条的意义。

要确定各个成员方采取的措能是否符合 GATT 第二十条的规定的时候，首先要审查它是否符合该条所列的各项具体条款的要求，在认定其符合具体条款要求后，还应该审查它是否符合 GATT 第二十条的前言部分的要求。前言部分规定的“武断的或不合理的差别待遇”表明该条允许一定的差别待遇的存在，但这种差别的存在不能构成任意的、不合理的差别待遇，不能构成对国际贸易的限制或扭曲。M 国对进口产品和国产品给予了明显的差别待遇，《汽油与汽油添加剂规则——改良汽油与普通汽油标准》不符合 GATT 第三条的规定，不属于 CATT 第二十条规定的例外情况。

## 相关法律法规

### 一、《关于争端解决规则与程序的谅解》（DSU）

第四条　磋商

（1）各成员确认决心加强和提高各成员使用的磋商程序的有效性。

（2）每一成员承诺对另一成员提出的有关在前者领土内采取的、影响任何适用协定运用的措施的交涉给予积极考虑，并提供充分的磋商机会。

（3）如磋商请求是按照一适用协定提出的，则请求所针对的成员应在收到请求之日起 10 天内对该请求作出答复，并应在收到请求之日起不超过 30 天的期限内真诚地进行磋商，以达成双方满意的解决办法，除非双方另有议定。如该成员未在收到请求之日起 10 天内作出答复，或未在收到请求之日起不超过 30 天的期限内或双方同意的其他时间内进行磋商，则请求进行磋商的成员可直接开始请求设立专家小组。

（4）所有此类磋商请求应由请求磋商的成员通知 DSB 及有关理事会和委员会。任何磋商请求应以书面形式提交，并应说明提出请求的理由，包括确认所争论的措施，并指出起诉的法律根据。

（5）在依照一适用协定的规定进行磋商的过程中，在根据本谅解采取进一步行动之前，各成员应努力尝试对该事项作出令人满意的调整。

（6）磋商应保密，并不得损害任何一方在任何进一步诉讼中的权利。

（7）如在收到磋商请求之日起 60 天内，磋商未能解决争端，则起诉方可请求设立专家小组。如磋商各方共同认为磋商已不能解决争端，则起诉方可在 60 天期限内请求设立专家小组。

（8）在紧急案件中，包括涉及易腐货物的案件，各成员应在收到请求之日起不超过 10 天的期限内进行磋商。如在收到请求之日起 20 天的期限内，磋商未能解决争端，则起诉方可请求设立专家小组。

（9）在紧急案件中，包括有关易腐货物的案件，争端各方、专家小组及上诉机构应尽一切努力尽最大可能加快诉讼程序。

（10）在磋商中，各成员应特别注意发展中国家成员的特殊问题和利益。

（11）只要进行磋商的成员以外的一成员认为按照 GATT1994 第二十二条第一款和 GATS 第二十二条第一款或其他适用协定的相应规定所进行的磋商涉及其实质贸易利益，则该成员即可在根据上述条款进行磋商的请求之日起 10 天内，将其参加磋商的愿望通知进行磋商的成员和 DSB。该成员应被允许参加磋商，只要磋商请求所针对的成员同意实质利益的主张是有理由的。在这种情况下，它们应如此通知 DSB。如参加磋商的请求未予接受，则申请成员有权根据 GATT1994 第二十二条第一款或第二十三条第五款、GATS 第二十二条第一款或第二十三条第三款或其他适用协定的相应规定提出磋商请求。

## 二、《关税与贸易总协定》（GATT 1947）

第二条　减让表

（1）（a）一缔约方对其他缔约方贸易所给的待遇，不得低于本协定所附这一缔约方的有关减让表中有关部分所列的待遇。

（b）一缔约方领土的产品如在另一缔约方减让表的第一部分内列名，当这种产品输入到这一减让表所适用的领土时，应依照减让表的规定、条件或限制，对他免征超过减让表所列的普通关税。对这种产品，也应免征超过于本协定签订之日对输入或有关输入所征收的任何其他税费，或免征超过于本协定签订之日进口领土内现行法律规定以后要直接或授权征收的任何其他税费。

（c）一缔约方领土的产品如在另一缔约方减让表的第二部分内列名，当这种产品输入到这一减让表所适用的领土，按照本协定第一条可以享受优惠待遇时，应依照减让表的规定、条件或限制，对他免征超过减让表所列的普通关锐。对这种产品，也应免征超过于本协定签订之日对输入或有关输入所征收的任何其他税费，或免征超过于本协定签订之日进口领土内现行法律规定以后要直接或授权征收的任何其他税费。但本条的规定并不妨碍缔约方维持在本协定签订日关于何种货物可按优惠税率进口的已有规定。

（2）本条不妨碍缔约方对于任何输入产品随时征收下列税费：

（a）与相同本国产品或这一输入产品赖以全部或部分制造或生产的物品按本协定第三条第二款所征收的国内税相当的费用；

（b）按本协定第六条征收的反倾销税或反贴补税；

（c）相当于提供服务成本的规费或其他费用。

（3）缔约方不得变更完税价格的审定或货币的折合方法，以损害本协定所附这一缔约方的有关减让表所列的任何减让的价值。

（4）当缔约方在形式上或事实上对本协定有关减让表列名的某种产品的进口建立、维持或授权实施某种垄断时，这种垄断平均提供的保护，除减让表内有规定或经原谈判减让的各缔约方另有议定的以外，不得超过有关减让表所列的保护水平。但本条的规定，并不限制缔约方根据本协定的其他规定，向本国生产者提供任何形式的援助。

（5）如果一缔约方相信某一产品应享受的待遇在本协定所附另一缔约方的减让表所订的减让中已有规定，并认为另一缔约方未给予此种待遇时，这一缔约方可以直接提请另一缔约方注意这一问题。后一缔约方如同意减让表所规定的待遇确系对方所要求的待遇，但声明：由于本国法院或其他有关当局的决定，按照本国税法有关产品不能归入可以享受减让表的应有待遇的一类，因而不能给予这项待遇时，则这两个缔约方，连同其他有实质利害关系的缔约方，应立即进一步进行协商，以便对这一问题达成补偿性的调整办法。

（6）（a）缔约方若是国际货币基金的成员国，其减让表所列的从量关税和费用以及其维持的从量关税和费用的优惠差额，系以这一国家的货币按照国际货币基金在本协定签订之日所接受或临时认可的平价表示。因此，当这项平价按国际货币基金协定的规定降低达 20% 时，上述从量关税和费用以及优惠差额可根据平价的降低作必要的调整，但须经缔约方全体（指按本协定第二十五条采取联合行动的各缔约方）同意这种调整不致损害本协定有关减让表及本协定其他部分所列减让的价值，而对于与调整的必要性和紧迫性有关的一切因素，都应予以适当考虑。

（b）对于不是国际货币基金成员国的缔约方，自其成为国际货币基金的成员国或按照本协定第十五条签订特别汇兑协定之日起，上述规定也应适用。

（7）本协定所附的各减让表，应视为本协定第一部分的组成部分。

第三条　国内税与国内规章的国民待遇

（1）各缔约方认为，国内税和其他国内费用，影响产品的国内销售、推销、购买、运输、分配或使用的法令、条例和规定，以及对产品的混合、加工或使用须符合特定数量或比例要求的国内数量限制条例，在对进口产品或本国产品实施时，不应用来对国内生产提供。

（2）一缔约方领土的产品输入到另一缔约方领土时，不应对它直接或间接征收高于对相同的本国产品所直接或间接征收的国内税或国内费用。同时，缔约方不应对进口产品或本国产品采用其他与本条第一款规定的原则有抵触的办法来实施国内税或其他国内费。

（3）与本条第二款有抵触的现行实施的国内税，如果是 1947 年 4 月 10 日有效的贸易协定中所特别规定允许征收的，而且在有关贸易协定中还规定了凡已征收这种国内税的产品，它的进口关税即不任意增加，则征收这种国内税的缔约方，可以推迟实施本条第二款的规定，直到在贸易协定中所承担的义务得到解除，它能够增加进口关税以补偿国内税保护因素的取消之时为止。

（4）一缔约方领土的产品输入到另一缔约方领土时，在关于产品的国内销售、推销、购买、运输、分配或使用的全部法令、条例、规定方面，所享受的待遇应不低于相同的本国产品所享受的待遇。但条款的规定不应妨碍国内差别运输费用的实施，如果实施这种差别运输费用纯系基于运输工具的经济使用而与产品的国别无关。

（5）缔约方不得建立或维持某种对产品的混合、加工或使用须符合特定数量或比例的国内数量限制条例，直接或间接要求某一特定数量或比例的条例对象产品必须由国内来源供应。缔约方还不应用其他与本条第 1 款规定的原则有抵触的办法来实施国内数量限制条例。

（6）本条第五款的规定不适用于 1939 年 7 月 1 日，或 1947 年 4 月 10 日，或 1948 年 3 月 24 日（各缔约方可以从这三个日期中自行择一个日期）在一个缔约方领土内有效实施的国内数量限制条例。但这种条例如与本条第五款的规定有抵触，不应采取损害进口货的利益的办法来加以修改，应该把它们当作关税来进行谈判。

（7）任何对产品的混合、加工或使用须符合特定数量或比例要求的国内数量限制条例，在实施时不得把这种数量或比例在不同的国外供应来源之间进行分配。

（8）（a）本条的规定不适用于有关政府机构采购供政府公用、非商业转售或非用以生产供商业销售的物品的管理法令、条例或规定。

（b）本条的规定不妨碍对国内生产者给予特殊的补贴，包括从按本条规定征收国内税费所得的收入中以及通过政府购买本国产品的办法，向国内生产者给予补助。

（9）各缔约方认为，规定国内物价最高限额的管理办法，即使符合本条的其他规定，对供应进口产品的缔约方的利益，可能产生有害的影响。因此，实施这种办法的缔约方，应考虑出口缔约方的利益，以求在最大可能限度内，避免对它们造成损害。

（10）本条的规定不妨碍缔约方建立或者维持符合本协定第四条要求的有关电影片的国内数量限制条例。

第十四条　非歧视原则的例外

（1）按照本协定第十二条或第十八条第二节实施限制的一缔约方，可以在实施限制时背离本协定第十三条的规定，如果背离后对现行国际贸易的支付和转让所产生的效果，与这一缔约方当时按照国际货币基金第八条或第十四条的规定，或按照根据本协定第十五条第六款签订的特别外汇协定的类似规定，实施的限制所产生的效果相同。

（2）经缔约方全体同意，按照本协定第十二条或第十八条第二节实施限制的一缔约方，可以对它的一小部分对外贸易暂时背离本协定第十三条的规定，如果这样做后，对有关的一个缔约方或几个缔约方造成的利益大大超过对其他缔约方造成的损害。

（3）本协定第十三条的规定，并不阻止在国际货币基金中有共同配额的某些领土根据本协定第十二条或第十八条第二节的规定，限制来自其他国家的进口，而不限制它们之间的相互进口，如果这种限制在其他方面符合本协定第十三条的规定。

（4）本协定第十一条至第十五条或本协定第十八条第二节的规定，并不阻止按照本协定第十二条或按照本协定第十八条第二节实施限制的一缔约方采取不违反本协定第十三条规定的措施以指导出口，增加外汇收入。

（5）本协定第十一条至第十五条或本协定第十八条第二节的规定，并不阻止一缔约方实施：

（a）与国际货币基金协定第十七条允许实施的外汇限制有相同影响的数量限制；或

（b）在本协定附件1所称的谈判取得结果以前，根据这一附件内所列的优惠安排而实施的数量限制。

第二十条　一般例外

本协定的规定不得解释为禁止缔约方采用或加强以下措施，但对情况相同的各国，实施的措施不得构成武断的或不合理的差别待遇，或构成对国际贸易的变相限制：

（a）为维护公共道德所必需的措施。

（b）为保护人类、动植物的生命或健康所必需的措施。

（c）有关输出或输入黄金或白银的措施。

（d）为了保证某些与本协定的规定并无抵触的法令或条例的贯彻执行所必需的措施，包括加强海关法令或条例，加强根据协定第二条第四款和第十四条而实施的垄断，保护专利权、商标及版权，以及防止欺诈行为所必需的措施。

（e）有关罪犯产品的措施。

（f）为保护本国具有艺术、历史或考古价值的文物而采取的措施。

（g）与国内限制生产与消费的措施相配合，为有效保护可能用竭的天然资源的有关措施。

（h）如果商品协定所遵守的原则已向缔约方全体提出，缔约方全体未表示异议，或商品协定本身已向缔约方全体提出，缔约方全体未表示异议，为履行这种国际商品协定所承担的义务而采取的措施。

（i）在国内原料的价格被压低到低于国际价格水平，作为政府稳定计划的一部分的期间内，为了保证国内加工工业对这些原料的基本需要，有必要采取的限制这些原料出口的措施；但不得利用限制来增加此种国内工业的出口或对其提供保护，也不得背离本协定的有关非歧视的规定。

（j）在普遍或局部供应不足的情况下，为获取或分配产品所必须采取的措施；但采取的措施必须符合以下原则：所有缔约方在这些产品的国际供应中都有权占有公平的份额，而且，如采取的措施与本协定的其他规定不符，它应在导致其实施的条件不复存在时，立即予以停止。最迟于 1960 年 6 月 30 日以前，缔约方全体应对本项规定的需要情况进行检查。

第二十二条　协商

（1）当一缔约方对影响本协定执行的任何事项向另一缔约方提出要求时，另一缔约方应给予同情的考虑，并应给予适当的机会进行协商。

（2）经一缔约方提出请求，缔约方全体对经本条第一款协商但未达成圆满结论的任何事项，可与另一缔约方或另几个缔约方进行协商。

# 案例三十五　WTO 中的检验检疫措施

## ——1997 年美国诉日本农产品进口限制措施案

### 案情简介

本案涉及的是日本对部分农产品实行的进口限制。1950 年 6 月 30 日，日本农业部发布《植物法实施条例》，禁止从某些国家进口 8 种可能带有苹果蠹蛾的农产品。美国是被禁止进口的国家之一。1987 年日本农林渔业部公布了两部试行检测指南：《取消进口禁令指南——蒸熏》和《昆虫死亡率比较测试指南——蒸熏指南》。前者规定了取消禁令的相关测试标准，后者规定了批准额外种类产品进口的测试标准。对此美国有异议，并向 WTO 争端解决机构提起诉讼。

美国在本案中投诉的是日本第二个指南《昆虫死亡率比较测试指南——蒸熏指南》中的“品种测试要求”，认为它不符合 SPS 协议的规定。1997 年 4 月 7 日，美国要求与日本磋商，内容涉及日本限制农产品进口的措施，美国认为该措施违反了 SPS 协议第二条（基本权利和义务）、第五条（风险评估和适当的卫生与植物卫生保护水平的确定）、第八条（控制、检查和批准程序）和 GATT 第十一条（数量限制的一般取消）、《农业协议》第四条（市场准入），损害了美国的利益。1997 年 6 月 5 日，双方举行了磋商，但未取得满意结果。10 月 3 日，美请求成立专家组。

专家组在听取技术专家的意见后，认为日本实施的措施缺乏科学根据，违反 SPS 协议第二条第二款。而且认为日本的措施超过了适当的保护程度，违反 SPS 第五条第六款。SPS 协议第七条要求各成员根据 SPS 协议附录 B（卫生与植物卫生法规的透明度——法规的公布）公布其植物检疫规定，日本没有公布这些规定，违反了 SPS 协议第七条。

1998 年 11 月 24 日，日本提出上诉。12 月 9 日，日本提交了上诉方材料。根据美日双方提供了证据，上诉机构维持了专家组对日本的裁定。

#### 一、关于 SPS 协议第二条第二款

内容：SPS 协议第二条第二款规定，成员方实施的卫生与植物检疫措施

应有科学的根据。

分析：日本为其实施的品种测试法提供的根据是同样的杀虫方法对同一个产品不同品种效果不同，因此认为有必要要求不同的杀虫方法，而美国提供的证据则表明在一个品种上成功的方法对其他品种试验结果都一样。专家组据此要求技术专家就品种测试法和双方提供的证据作一评论，技术专家一致认为，尽管理论上存在不同品种之间的差别，但目前仍无确切证据支持日本的品种测试标准。专家组在听取技术专家的意见后，认为日本实施的措施缺乏科学根据，违反 SPS 协议第二条第二款。

日本抗辩：日本在审理中提出以 SPS 协议第五条第七款作为抗辩。第五条第七款规定的情况可以作为适用第二条第二款的例外。SPS 协议第五条第七款的规定是："在有关科学证据不充分的情况下，一成员可根据可获得的有关信息，包括来自有关国际组织以及其他成员实施的卫生与植物检疫措施的信息，临时采用卫生与植物检疫措施。在此种情况下，各成员应寻求获得更加客观地进行风险评估所必需的额外信息，并在合理期限内据此审议卫生与植物检疫措施。"

专家组认为，第五条第七款允许成员方采取临时措施，但必须满足两个条件：有关科学证据不足；根据已经获得的证据可以作出决定。同时它也规定了成员方在采取临时措施后的义务：设法获取补充资料；在合理期限内审议该措施。专家组根据本案的具体情况指出，日本第一次对美国产品实施争议措施是在 20 多年之前，而此后日本既未设法获取补充资料，也没有定期审查该措施，因而认定日本的措施不符合 SPS 第五条第七款的规定。

上诉机构裁定理由为：双方对该条的争议主要集中在如何理解"充分的科学依据"上。上诉机构认为，"充分"是一个关联概念，要求在植物检疫措施和科学依据之间存在足够的关联。上诉机构据此认为，专家组的分析是正确的。

**二、关于 SPS 协议第五条第六款**

内容：SPS 协议第五条第六款规定，各成员应保证所采取的措施不超过必要的限度。该条款的注释进一步明确了超过必要的限度是指从技术和经济可行性考虑存在可合理获得的另一措施，该措施可实现适用的卫生与植物保护水平，并且对贸易的限制大大减少。

分析：专家组据此认为，如果本案存在这样的替代措施，日本的措施就是违反第五条第六款。美国和技术专家组向专家组提出了两种替代方法：产品测试法和附着程度测试法。专家组经审理认为后者可以满足上述要求，因而认为日本的措施超过了适当的保护程度，违反 SPS 第五条第六款。

日本上诉理由：专家组对证据的认定有误。

上诉机构裁定原因：根据《关于争端解决规则与程序的谅解》（DSU）第十七条（上诉审议——常设上诉机构）第六款（上诉应限于专家组报告涉及的法律问题和专家组所作的法律解释），对事实的认定和证据的分析不是上诉机构的职权范围，因而驳回了日本的此点上诉意见。

**三、关于 SPS 协议第 7 条**

内容：该条要求各成员根据 SPS 协议附录 B（卫生与植物卫生法规的透明度——法规的公布）公布其植物检疫规定，只要是已经采取的、普遍适用的植物检疫规定都应予以公布。

分析：美国指出，日本没有公布两部测试指南的标准，违反 SPS 协议第七条。专家组认定日本的两个指南是应当公布的规定，日本没有公布这些规定，违反 SPS 协议第七条。

日本上诉理由：日本认为它实施的测试指南不属于 SPS 协议附录 B 规定的法规范围。

上诉机构裁定理由：上诉机构认为，SPS 协议附录 B 第一段的注释指出，这里的法规是指普遍适用的法律、法令或命令，这只是一个列举性规定，并没有包括所有的规定。根据该段的规定，应当还包括其他普遍适用的文件。日本实施的品种测试标准是普遍适用的，带有法律、法令或命令的性质，因而上诉机构维持了专家组有关日本违反 SPS 协议第七条和附录 B 的裁定。

## 学理分析

关于 SPS 协议第二条第二款的规定，在实施检疫措施的成员应当证明实施的措施有充分的科学依据，二者之间应有足够的关联。

关于 SPS 协议第五条第七款，如果一成员要以第五条第七款的适用来排除适用第二条第二款，它必须符合第五条第七款规定的全部条件，即：有关科学证据还不充分；根据已经获得的相关资料；成员方应设法获取补充资料；在合理期限内审查这些措施。

关于 SPS 协议第七条和附录 B 的规定和注释，成员方应当对普遍适用的有关卫生与植物检疫措施的法律、法令和命令等予以公布，这里是否应当公布不是该措施以何种形式出现为准，而是以其是否普遍适用于卫生与植物检疫为准。

# ■ 第六章

# 国际知识产权法

## 案例三十六　侵犯专有技术

### ——GPS&A 公司诉 JBY 公司案

### 案情简介

GPS&A 公司是美国一家集成电路板生产商，其于 1980 年开发了一种新的集成电路板。生产该集成电路板的秘密在制造集成电路板的设备上。GPS&A 公司在该种设备的设计制造、操作程序和生产控制方面有一系列技术秘密。

JBY 公司通过不法方法获得了该技术秘密，仿造出机器，生产集成电路板并投入市场，致使 GPS&A 公司市场销售额急剧下降。经过调查，GPS&A 公司向法院起诉 JBY 公司，告 JBY 公司非法获得并使用 GPS&A 公司的技术秘密，生产集成电路板并销售。要求法庭判令 JBY 公司停止使用该技术，并赔偿其给 GPS&A 公司造成的经济损失。

JBY 公司抗辩指出：GPS&A 公司所采用的技术不复杂，从事该行业的人通过简单的观察即能掌握该技术，不构成法律上的商业秘密，法律不应予以保护。

法庭经调查查明：GPS&A 公司所制造并使用的设备及其操作工艺大部分属于机械、物理性质，同行业的人很容易掌握。鉴于此，GPS&A 公司在生产过程中采取了一系列保密措施，包括：

1. 只有一个入口可以进入生产设备所在场地，门口挂有“不得擅入”的牌子。

2. 在下班以后，关闭生产设备所在场地。

3. 外人入厂，不能接触该秘密。保安人员要注意其入厂后是否遵守有关规定。

4. 通知原材料供应商，有义务保守有关信息之秘密。

5. 限制操作手册发放范围，限于工作必须了解的人员。

6. 配备了专门保安人员。

据此，法庭发布了诉前禁令，责令 JBY 公司暂停生产集成电路板。后判决 JBY 公司赔偿 GPS&A 公司损失。

## 争议焦点

法庭的判决是否合理？为什么？

## 思路

了解什么是商业秘密。

## 学理分析

本案法庭的判决合理。

各国对专有技术含义解释不尽一致。专有技术也称技术秘密、技术诀窍（know-how）、商业秘密（trade secrets）。简单介绍一下专有技术。

### 一、专有技术之概念

对于专有技术，或曰商业秘密的概念，《中华人民共和国反不正当竞争法》第十条规定，商业秘密是指不为公众所知悉、能为权利人带来经济利益、具有实用性并经权利人采取保密措施的技术信息和经营信息。

国际商会在其 1957 年 10 月的会议报告中提出定义，“专有技术系指生产某项产品的专门知识、操作经验和技术的总和”，“专有技术不仅指保密的配方和技术，而且也指与实施专利所必需的制造方法有关的技术，它还指制造商在研究中开发的、还未被其竞争者所掌握的实用和专有的方法及技术知识”。

在《与贸易有关的知识产权协议》中，使用“未公开的信息”（undisclosed information）一词，特指未公开的、未取得工业产权法律保护的制造某产品或者应用某项工艺以及产品设计、工艺流程、配方、质量控制和管理等方面的技术知识。

## 二、专有技术之特点

### （一）广泛性

专有技术是人类智力活动的产物，不仅包括工业性的技术秘密，也包括工业性技术秘密之外的一切秘密技术，如客户名单、经销计划、原材料价格等与经营有关的各种保密情报、资料、计划、方案等，所以，这种广义的专有技术也可称为“工商秘密”。中国、美国、日本都采用广义的专有技术概念，而英国等一些国家则采用狭义的专有技术概念，仅指工业性的技术秘密，不包括商业秘密。

### （二）秘密性

秘密性是指商业秘密只能在一定范围内由特定人或少数人了解、掌握和知悉，它不能从公开的渠道获得。专有技术始终处于保密状态，不为全行业所知晓，对于那些已为社会公知公用的技术和经营方法，不在商业秘密之列。

### （三）保密性

权利人对其所拥有的商业秘密应采取合理的保密措施，权利人主观上将其作为秘密保护，并客观上采取了具体的保密措施，使他人不采用非常手段难以得到。专有技术所有人在采取适当秘密措施的前提条件下，在一定范围内向其雇员透露该专有技术，并不等于丧失秘密性。

### （四）实用性

商业秘密之区别于理论成果，它具有现实的或潜在的使用价值。商业秘密是确定的、完整的、具体的、可应用的方案，而不应仅是原理性的或抽象的东西。如产品的设计仅停留在构思、草图阶段，而未形成一个完整的、可实施的设计方案，是不能作为商业秘密予以法律保护的。

### （五）价值性

专有技术由于具有保密性，使得专有技术所有人可在同行业竞争中占有优势，产生独立的经济价值。商业秘密能为权利人带来经济利益，能为权利人在竞争中带来优势。如果一项技术无任何与众不同之处，不会让使用者拥有任何竞争优势，它便没有竞争价值。这是权利人保护商业秘密的内在原因。

### （六）可转让性

专有技术具有商业价值，其所有人有权将其有偿转让给他人，并获取报酬。

(七) 一定的创新性和较难获取性

专有技术不是专利，不需要有创造性，但必须与普通知识有别，竞争者通过研制或分析也很难获得。

(八) 同时拥有性

不同企业可以通过独立研制或其他正当途径获得同一专有技术，取得所有权，并可采取适当的保密措施。

(九) 非专利性

专有技术是未申请专利的智力成果，并不是意味着专有技术不具备专利要件。有的专有技术是具备获得专利的条件的，但其所有人并不就此申请专利，因为专利保护有时间限制和地域限制，而且必须公开专利内容，这样就使得专利易被他人擅自使用。

此外，取得专利权还需支付一定数额的专利维持费等。尽管申请专利有诸多不利，但当专有技术所有人许可他人使用时，相互之间仅依合同的保密条款，难免使专有技术的保密成为不可能，而且雇员也有泄露的可能。因此，一部分专有技术所有人可能申请专利，使专有技术转化为专利，以获得专利法保护。

专有技术不申请专利则不受专利法保护，但是并不等于不受其他法律保护。从国际技术转让实践来看，单纯的专有技术许可占到 30%，附有专有技术的专利许可占到 60%，专有技术的重要性使各国认识到，必须通过专利法之外的其他法律保护经常遭到专有技术许可合同受让方、企业雇员、合同关系以外的第三方侵害的专有技术所有人的利益。

上述条件是商业秘密应该具备的，这几个条件是相互联系，缺一不可的，缺少任何一个条件，均不构成商业秘密。

**三、专有技术保护形式**

各国保护专有技术的法律形式通常有以下几种：

(一) 通过侵权行为法保护

凡因过失、故意或以不法行为使他人遭受损害，即构成侵权行为，侵权人必须承担损害赔偿责任。

(二) 通过合同法保护

即在专有技术许可合同或雇佣合同中订立保密条款，由受让方或雇员承担保密义务，否则承担违约责任。

（三）通过反不正当竞争法保护

即将通过某些手段侵犯专有技术所有人权利的行为视为不正当竞争行为。《与贸易有关的知识产权协议》规定，世界贸易组织的成员应该用反不正当竞争法保护。我国在《反不正当竞争法》中对专有技术给予了法律保护。此外，国家工商局于1995年11月23日还专门发布了《关于侵犯商业秘密行为的若干规定》。

（四）通过刑事法律保护

世界各国的法律以及有关国际公约均要求商业秘密权利人对其所拥有的商业秘密采取必要的或合理的保密措施，并以此作为是否对其给予法律救济的一个重要的考虑因素。例如，美国《统一商业秘密法》中规定：商业秘密意为特定信息，包括配方、样式、编辑产品、程序、设计、方法、技术或工艺等，它们由于未能被可从其披露或使用中获取经济价值的他人所公知且未能用正当手段已经可以确定，因而具有实际或潜在的独立经济价值。同时，是在特定情势下已尽合理保密努力的对象。

《中华人民共和国反不正当竞争法》规定，商业秘密是指不为公众知悉、能为权利人带来经济利益、具有实用性并经权利人采取保密措施的技术信息和经营信息。

《与贸易有关的知识产权协议》第三十九条规定，自然人和法人应有权阻止其合法控制的信息在未经其同意的情况下，被以违反诚实商业做法方式泄露给他人、被他人获得或使用，只要该信息：

（1）是保密的，即无论作为一个整体还是就其各部分精确的排列和组合而言，该信息尚不为通常处理该信息的人所普通知晓，或不易被他们获得；

（2）因为保密而具有商业价值；

（3）由该信息的合法控制人在当时的情况下采取了合理的步骤以保持其秘密性。

一般而言，违反诚实商业做法的方式应至少包括：违反合同、违背信任和违约的意向，第三方获得未公开信息而该第三方知道或因严重疏忽尚未能知道这种获得是通过这些做法实现的。

本案法庭的判决合理。GPS&A公司拥有的技术秘密具有主观保密性、客观秘密性和价值性等几个特点，构成商业秘密，享有法律的保护。

## 相关法律法规

### 一、美国《统一商业秘密法》

“商业秘密”意为特定信息，包括配方、样式、编辑产品、程序、设计、方法、技术或工艺等，其：

1. 由于未能被可从其披露或使用中获取经济价值的他人所公知且未能用正当手段已经可以确定，因而具有实际或潜在的独立经济价值。

2. 是在特定情势下已尽合理保密努力的对象。

### 二、《中华人民共和国反不正当竞争法》

第九条　经营者不得实施下列侵犯商业秘密的行为：

1. 以盗窃、贿赂、欺诈、胁迫电子侵入或者其他不正当手段获取权利人的商业秘密；

2. 披露、使用或者允许他人使用以前项手段获取的权利人的商业秘密；

3. 违反保密义务或者违反权利人有关保守商业秘密的要求，披露、使用或者允许他人使用其所掌握的商业秘密。

第三人明知或者应知前款所列违法行为，获取、使用或者披露他人的商业秘密，视为侵犯商业秘密。

本条所称的商业秘密，是指不为公众所知悉、能为权利人带来经济利益、具有实用性并经权利人采取保密措施的技术信息和经营信息。

### 三、《与贸易有关的知识产权协议》

第三十九条

1. 在有效防范《保护工业产权巴黎公约》（1967）第十条之二所规定的不公平竞争行为过程中，各成员应根据第二款规定对未公开信息和根据第三款规定对提交给政府或政府机构的数据提供保护。

2. 自然人和法人应有权阻止其合法控制的信息在未经其同意的情况下，被以违反诚实商业做法的方式泄露给他人、被他人获得或使用，只要该信息：

（a）是保密的，即无论作为一个整体还是就其各部分精确的排列和组合而言，该信息尚不为通常处理该信息的人所普通知晓，或不易被他们获得；

（b）因为保密而具有商业价值；并且

（c）由该信息的合法控制人在当时的情况下采取了合理的步骤以保持其秘密性。

3. 各成员如要求提交需相当努力才可获取的未公开的试验数据或其他数据作为批准销售使用了新型化学成分而制造的药品或农业化学品的条件，应对该类数据提供保护，以防止被不正当地投入商业应用。此外，各成员应保护这些数据免遭公开，除非为保护公众的需要，或除非已采取措施确保该数据不被不正当地投入商业应用。

## 案例三十七　发明专利申请优先权原则

### ——A 国 A&G 公司与中国西南大学研究所案

#### 案情简介

A 国 A&G 公司于 2002 年 9 月 10 日向中国专利局提交了一份名为“节水马桶”的发明专利申请。该发明已于 2002 年 4 月 13 日以相同主题的内容向 A 国提出专利申请，并在向中国专利局提交该专利申请的同时，提交了要求优先权书面声明。2002 年 11 月 20 日，该公司又向中国专利局提交第一次在 A 国提出的专利申请文件的副本。

2002 年 7 月，中国西南大学研究所也成功研制出“节水马桶”。2002 年 7 月 22 日，该研究所向中国专利局提交关于这项发明的专利申请。

中国专利局在审查了 A 国 A&G 公司和中国西南大学研究所的专利申请文件后，最终将发明专利权授予 A 国 A&G 公司。

#### 争议焦点

中国专利局为什么把这项专利权授予 A 国 A&G 公司？

#### 思路

问题涉及优先权原则。

#### 学理分析

中国专利局应当把该项发明专利授予 A 国 A&G 公司。

**一、优先权原则的含义**

《保护工业产权巴黎公约》中的优先权原则是指已经在一个成员国正式提

出了发明专利、实用新型专利、外观设计专利或商标注册的申请人，在其他成员国提出同样的申请，在规定期限内应该享有优先权。在规定的申请优先权期限届满以前，任何后来在公约其他成员国提出的申请，都不因在此期间内他人所作的任何行为，特别是另一项申请、发明的公布或非法利用、出售设计复制品或使用商标等行为而失效。并且此类行为不能形成任何第三者的权利或任何个人占有的权利。但是，在作为优先权根据的初次申请日以前第三者所取得的权利，应按公约各成员国的国内立法加以保留。

也就是说，在优先权期间内对其他人的同样申请不能授予工业产权。该工业产权授予该优先权人。对于已在本国取得工业产权，而后又需要在国外注册的工业产权的所有人而言，优先权原则至关重要。如果没有优先权，就必须同时在国内外几个国家提出申请，否则，后提出的申请可能得不到保护。

## 二、优先权原则的适用范围

《保护工业产权巴黎公约》中的优先权并不是对公约所指的一切工业产权全部适用，它只适用于发明专利、实用新型、外观设计和商标。而对于商号、商誉、产地名称等则不适用。

对于服务商标，公约第四条规定：“各成员国应保护服务标记，但不应要求各成员国规定对这种标记进行注册。”此规定表明，公约没有把服务商标的注册作为对成员国国内法的硬性要求。成员国可以对服务商标提供注册保护，也可以不提供注册保护。当提供注册保护时，该国有权决定对服务商标适用优先权原则。

## 三、优先权申请人的范围

公约规定，已在一个成员国内正式提出过一项发明专利、实用新型、外观设计或商标注册的申请人或其权利继承人，在规定期限内在公约其他成员国提出同样的申请时，享有优先权。从上可见，优先权申请人有两类：申请工业产权的人、其权利继承人。

## 四、申请优先权的前提条件

主张优先权的前提条件是已在一个成员国内正式提出申请。所谓正常国内申请就是指能够确定在该国提交申请日期的一切申请，而不问该申请结果如何。凡依照任何成员国国内法或成员国之间签订的双边或多边条约规定属于正常国别的申请。

## 五、申请优先权的期限

发明专利和实用新型的优先权申请期限为 12 个月，外观设计和商标的优先权申请期限则为 6 个月。上述期限从第一次提出申请之日起算，提出申请的当天不计入期限之内。如果期限的最后一天是被请求保护国家的法定假日或主管机关当天不办理申请，则该期限应顺延至其后的第一个工作日。

与第一次申请内容相同的申请，后来又在同一国家被提出时，如果前一次申请已被撤回、放弃或驳回，并没有提供给公众审阅，也没有遗留任何未定的权利，并且也没有成为请求优先权的依据，则后来的申请应被认为是第一次申请。其提出日期应该作为优先权期限的起算期，前一次申请不能成为请求优先权的根据。

如根据以实用新型申请为基础的优先权在一个国家提出外观设计申请时，其优先权期限应与对外观设计规定的优先权期限相同；在一国以发明专利申请为基础的优先权在一个国家提出实用新型申请也是允许的，反之亦然，优先权申请期限以后以申请的期限为准。

**六、申请优先权应提交的文件**

申请优先权应依次提交下列文件：

1. 申请优先权的声明。

2. 凡因前已提出之申请要求给予优先权者，应提出声明，指出该申请的日期和被请求国。

3. 以前申请书副本。

4. 成员国可要求提出优先权的人提交以前申请书（说明书和附图等）的副本。该副本应经原受理申请机关核实无误，不需要任何其他证明。成员国还可要求该副本附有原受理申请机关出具证明申请日期的证明书和译本。

除上述程序外，被请求国不得要求申请人再办理其他关于声明优先权的手续。

《保护工业产权巴黎公约》第四条规定，已经在本联盟的一个国家正式提出专利或实用新型注册，或外观设计注册，或商标注册的申请的任何人，或其权利继受人，为了在其他国家提出申请，在以下规定的期间内应享有优先权。第四条还规定，在上述期间届满前，在本联盟的任何其他国家后来提出的任何申请不应由于在这期间完成的任何行为，特别是另外一项申请的提出，发明的公布或利用、外观设计复制品的提供出售或商标的使用而成为无效，而且这些行为不能产生任何第三人的权利或个人占有的任何权利。优先权的期间，对于专利和实用新型应为 12 个月，对于外观设计和商标应为 6 个月。

A 国和中国同为《保护工业产权巴黎公约》的成员国，根据《保护工业产权巴黎公约》优先权原则的规定，A 国 A&G 公司自 2002 年 4 月 13 日在 A 国提出专利申请时即享有优先权，其向中国专利局提出申请的申请日应为优先权日，这早于中国西南大学研究所提出专利申请的申请日。

## 相关法律法规

**《保护工业产权巴黎公约》**

第四条　〔A. 至 I. 专利、实用新型、外观设计、商标、发明人证书：优先权. G. 专利：申请的分案〕

A.（1）已经在本联盟的一个国家正式提出专利、实用新型注册、外观设计注册或商标注册的申请的任何人，或其权利继承人，为了在其他国家提出申请，在以下规定的期间内应享有优先权。

（2）依照本联盟任何国家的本国立法，或依照本联盟各国之间缔结的双边或多边条约，与正规的国家申请相当的任何申请，应认为产生优先权。

（3）正规的国家申请是指足以确定在有关国家中提出申请日期的任何申请，而不问该申请以后的结局如何。

B. 因此，在上述期间届满前在本联盟的任何其他国家后来提出的任何申请，不应由于在这期间完成的任何行为，特别是另外一项申请的提出、发明的公布或利用、外观设计复制品的出售或商标的使用而成为无效，而且这些行为不能产生任何第三人的权利或个人占有的任何权利。第三人在作为优先权根据的第一次申请的日期以前所取得的权利，依照本联盟每一国家的国内法予以保留。

C.（1）上述优先权的期间，对于专利和实用新型应为十二十月，对于外观设计和商标应为六个月。

（2）这些期间应自第一次申请的申请日起算；申请日不应计入期间之内。

（3）如果期间的最后一日是请求保护地国家的法定假日或者是主管机关不接受申请的日子，期间应延至其后的第一个工作日。

（4）在本联盟同一国家内就第（2）所称的以前第一次申请同样的主题所提出的后一申请，如果在提出该申请时前一申请已被撤回、放弃或驳回，没有提供公众阅览，也没有遗留任何权利，而且如果前一申请还没有成为要求优先权的根据，应认为是第一次申请，其申请日应为优先权期间的起算日。在这以后，前一申请不得作为要求优先权的根据。

D.（1）任何人希望利用以前提出的一项申请的优先权的，需要作出声明，说明提出该申请的日期和受理该申请的国家。每一国家应确定必须作出该项声明的最后日期。

（2）这些事项应在主管机关的出版物中，特别是应在有关的专利证书和说明书中予以载明。

（3）本联盟国家可以要求作出优先权声明的任何人提交以前提出的申请（说明书、附图等）的副本。该副本经原受理申请的机关证实无误后，不应要求任何认证，并且无论如何可以在提出后一申请后三个月内随时提交，不需缴纳费用。本联盟国家可以要求该副本附有上述机关出具的载明申请日的证明书和译文。

（4）对提出申请时要求优先权的声明不得规定其他的手续。本联盟每一国家应确定不遵守本条规定的手续的后果，但这种后果决不能超过优先权的丧失。

（5）以后，可以要求提供进一步的证明。

任何人利用以前提出的一项申请的优先权的，必须写明该申请的号码；号码应依照上述第（2）项的规定予以公布。

E.（1）在依靠以实用新型申请为根据的优先权而在一个国家提出外观设计申请的情况，优先权的期间应与对外观设计规定的优先权期间一样。

（2）而且，依靠以专利申请为根据的优先权而在一个国家提出实用新型的申请是许可的，反之亦同。

F. 本联盟的任何国家不得由于申请人要求多项优先权（即使这些优先权产生于不同的国家），或者由于要求一项或几项优先权的申请中有一个或几个因素没有包括在作为优先权基础的申请中，而拒绝给予优先权或拒绝专利申请，但以在上述两种情况都有该国法律所规定的发明单一性为限。

关于作为优先权根据的申请中所没有包括的因素，以后提出的申请应该按照通常条件产生优先权。

G.（1）如果审查发现一项专利申请包含一个以上的发明，申请人可以将该申请分成若干分案申请，保留第一次申请的日期为各该分案申请的日期，如果有优先权，并保有优先权的利益。

（2）申请人也可以主动将一项专利申请分案，保留第一次申请的日期为各该分案申请的日期，如果有优先权，并保有优先权的利益。本联盟各国有权决定允许这种分案的条件。

H. 不得以作为优先权根据的发明中的某些因素没有包含在原属国申请列举的请求权项中为理由，而拒绝给予优先权，但以申请文件从全体看来已经明确地写明这些因素为限。

I.（1）在申请人有权自行选择申请专利证书或发明人证书的国家提出发明人证书的申请，应产生本条规定的优先权，其条件和效力与专利证书的申请一样。

（2）在申请人有权自行选择申请专利证书或发明人证书的国家，发明人证书的申请人，根据本条关于申请专利证书的规定，应享有以专利、实用新型或发明人证书的申请为根据的优先权。

第四条之二　〔专利：就同一发明在不同国家取得的专利是互相独立的〕

（1）本联盟国家的国民向本联盟各国申请的专利，与在其他国家，不论是否本联盟的成员国，就同一发明所取得的专利是互相独立的。

（2）上述规定，应从不受限制的意义来理解，特别是指在优先权期间内申请的各项专利，就其无效和丧失权利的理由以及其正常的期间而言，是互相独立的。

（3）本规定应适用于在其开始生效时已经存在的一切专利。

（4）在有新国家加入的情况下，本规定应同样适用于加入时各方面已经存在的专利。

（5）在本联盟各国，因享有优先权的利益而取得的专利的有效期间，与假设没有优先权的利益而申请或授予的专利的有效期间相同。

第四条之三　〔专利：在专利证书上记载发明人〕

发明人有权在专利证书上写明发明人的名字。

第四条之四　〔专利：在法律限制销售的情况下取得专利的条件〕

不得以专利产品的销售或依专利方法制造的产品销售受到本国法律的限制或限定为理由，而拒绝授予专利或使专利无效。

# 案例三十八　临时性保护原则

## ——D 国 A&G 优先权案

### 案情简介

1998 年 3 月 1 日至 3 月 10 日，在中国 S 市政府举办的国际航空工业博览会上，D 国 A&G 飞机制造公司展出了其新研制出的一种新型飞机发动机。

1998 年 6 月 9 日和 7 月 16 日，D 国 A&G 飞机制造公司分别向中国和 D 国专利局就该项飞机发动机提出发明专利申请。

1998 年 12 月 4 日，当 A&G 公司就该项发明向 R 国特许司提出专利申请时，却因优先权日的问题与 R 国特许司发生意见分歧。A&G 公司认为优先权日应为 1998 年 3 月 1 日，而 R 国特许司则认为优先权日为 1998 年 6 月 9 日。

### 争议焦点

本发明专利申请的优先权日应为哪天？为什么？

### 思路

要熟悉临时性保护原则。

### 学理分析

飞机发动机专利申请的优先权日应为 1998 年 3 月 1 日。

1873 年奥匈帝国曾经邀请一些国家在维也纳举办国际发明博览会，大多数国家因担心工业产权保护具有地域性，其本国发明在奥地利得不到保护而被他国所利用，而不愿去参加展览会。为此，奥匈帝国政府专门制定了一项法律，对所有的参加展览的外国发明给予临时性的保护。与会代表也呼吁知识产权的国际保护，比利时、西班牙、巴西、法国等在会议期间，召开国际会议，专门讨论知识产权国际保护。

《保护工业产权巴黎公约》第十一条规定，缔约国家应按其本国法律对其他任何缔约国家领土内举办的官方的或经官方承认的国际展览会上展出的商品中可以取得专利的发明、实用新型、外观设计和商标，给予临时保护。该项临时保护不应延展第四条规定的优先权期限。如以后要求优先权，任何国家的主管机关可以规定其期间应自该商品在展览会展出之日起算。每一个国家认为必要时，可以要求提供证明文件，证实展出的物品及其在展览会展出的日期。

发明、实用新型的临时保护期通常为 12 个月，商标、外观设计的临时保护期通常是 6 个月。在此期间内，不允许展品所有人以外的第三人申请工业产权。如果展品所有人在临时保护期内申请了专利或商品注册，则申请案的优先权日不从第一次提交申请案时起算，而从展品公开展出之日起算。在国际展览会上的展品的临时保护不是自动的，必须由要求得到临时保护的展品所有人取得举办国际展览会的成员国的有关当局的书面证明，以证明公开展出的日期以及展品种类、名称。

根据临时保护原则的规定，A&G 公司在 R 国提出的申请案的优先权日不再是第一次提出专利申请的日期，而是展品的公开展出之日，即 1998 年 3 月 1 日。

## 相关法律法规

**《保护工业产权巴黎公约》**

第十一条　〔发明、实用新型、外观设计、商标：在某些国际展览会中的临时保护〕

（1）本联盟国家应按其本国法律对在本联盟任何国家领土内举办的官方的或经官方承认的国际展览会展出的商品中可以取得专利的发明、实用新型、外观设计和商标，给予临时保护。

（2）该项临时保护不应延展第四条规定的期间。如以后要求优先权，任何国家的主管机关可以规定其期间应自该商品在展览会展出之日开始。

（3）每一个国家认为必要时可以要求提供证明文件，证实展出的物品及其在展览会展出的日期。

# 案例三十九　单一性原则

## ——Mr. Smith 与 L 国专利局案

### 案情简介

2002 年 5 月 6 日，Mr. Smith 向 L 国专利局提出塑料密封技术发明专利申请。2002 年 8 月 11 日，Mr. Smith 向 L 国专利局提出水净化技术发明专利申请。2002 年 11 月 9 日，Mr. Smith 向 L 国专利局提出保温技术发明专利申请。

2003 年 4 月 17 日，Mr. Smith 以包含保温技术、水净化技术、塑料密封技术等三项技术的塑料净化保温供水设备向 R 国特许司申请产品发明专利，其同时提出优先权申请。

### 试问

1. R 国特许司是否会批准 Mr. Smith 的申请？
2. Mr. Smith 的申请的优先权期间从哪天起算？

### 思路

注意发明的单一性原则。

### 学理分析

本案中，如果 R 国特许司经审查认为 Mr. Smith 的此项产品发明专利申请符合发明的单一性原则，那么 Mr. Smith 此次申请的优先权期间应当从 2002 年 5 月 6 日起算。

如果 R 国特许司经审查认为 Mr. Smith 的此项产品发明专利申请不符合发明的单一性原则，那么 Mr. Smith 应就其三项发明分案提出专利申请。

这里涉及专利申请的单一性原则和合并申请的规定。

1. 所谓单一性是指一件发明或实用新型专利申请应当仅限于一项发明或者实用新型。一件外观设计专利申请应当仅限于一种产品所使用的一项外观设计。这就是“一发明创造一申请的原则”。根据这一原则，不能把两项以上的发明创造放到一件专利申请提出，而应分别提出专利申请。

一项专利申请只限于一项发明创造，即通常所说的“单一性原则”，这是世界上多数国家处理专利申请时所采用的原则。我国的专利法也确立了这一原则。采用这一原则，便于专利申请的审查和国务院专利行政部门对专利申请进行有效的分类、检索，有利于安排不同的审查人员进行审查以提高审查工作效率，对专利申请人也有利。

2. 按照《中华人民共和国专利法》第三十一条第一款的规定，一件发明或者实用新型专利申请应当限于一项发明或者实用新型。即一件发明或者实用新型的专利申请中只能包含一项发明或者实用新型，仅限于一个独立的权利要求。如果权利要求书中只有一个独立的权利要求，或者在一个独立的权利要求之下还有若干个从属权利要求，也是符合单一性的原则的。按照《中华人民共和国专利法》第三十一条第二款的规定，一件外观设计的专利申请只能包含一种产品所使用的一项外观设计。

3. 专利申请的单一性原则，在某些情况下也是可以例外的。

（1）按照《中华人民共和国专利法》第三十一条第一款的规定，对于发明和实用新型来讲，属于一个总的发明构思的两项以上的发明或者实用新型，可以作为一件申请提出，称为合并申请。按照《中华人民共和国专利法实施细则》的规定，可以作为一件专利申请提出的属于一个总的发明构思的两项以上的发明或者实用新型，应当在技术上相互关联，包含一个或者多个相同或者相应的特定技术特征，其中特定技术特征是指每一项发明或者实用新型作为整体考虑，对现有技术作出贡献的技术特征。符合上述规定的两项以上发明专利申请的权利要求，可以是下列各项之一：

①不能包括在一项权利要求内的两项以上产品或者方法的同类独立权利要求；②产品和专用于制造该产品的方法的独立权利要求；③产品和该产品的用途的独立权利要求；④产品、专用于制造该产品的方法和该产品的用途的独立权利要求；⑤产品、专用于制造该产品的方法和为实施该方法而专门设计的设备的独立权利要求；⑥方法和为实施该方法而专门设计的设备的独立权利要求。

(2) 按照《中华人民共和国专利法》第三十一条第二款的规定，用于同一类别并且成套出售或者使用的产品的两项以上的外观设计，可以作为一件申请提出。对于外观设计符合合并申请须具备两方面的条件：

一是使用两项以上外观设计的产品，必须属于同一类别。这里讲的“同一类别”，是指产品属于分类表中同一个小类。

二是使用两项以上外观设计的产品必须是成套出售或者成套使用的。这里讲的“成套出售或者成套使用”，是指各产品的设计构思相同，并且习惯上是同时出售、同时使用的。比如成套的茶具，用于钥匙环上的设计构思相同的一套十二生肖设计，可以作为一件外观设计专利申请，提出合并申请。

根据《保护工业产权巴黎公约》的规定，如果R国特许司认为Mr. Smith此项产品发明专利申请符合发明的单一性原则，Mr. Smith即可享有多项优先权，其优先权期间从最早的优先权日起算，也就是Mr. Smith此次申请的优先权期间应当从2002年5月6日起算。

《保护工业产权巴黎公约》规定，本联盟任何国家均不得由于申请人要求多项优先权（即使这些优先权产生于不同的国家），或者由于要求一项或几项优先权的申请中有一个或几个因素没有包括在作为优先权根据的申请中，而拒绝给予优先权或拒绝专利申请，但在上述两种情况都有该国法律所规定的发明单一性为限。关于作为优先权根据的申请中所没有包括的因素，以后提出的申请应该按照通常条件产生优先权。

《保护工业产权巴黎公约》还规定，如果审查发现一项专利申请包含一个以上的发明，申请人可以将该申请分成若干分案申请，保留第一次申请的日期作为各该分案申请的日期，如果有优先权的，并保有优先权的利益。

如果R国特许司经审查认为Mr. Smith的此项产品发明专利申请不符合发明的单一性原则，那么Mr. Smith应就其三项发明分案提出专利申请。如提出分案申请时某项技术已过优先权期限，可以2003年4月17日作为申请日；如尚在优先权期限内，则申请日为该分案申请的优先权日。

## 相关法律法规

**《中华人民共和国专利法》**

第三十一条　一件发明或者实用新型专利申请应当限于一项发明或者实用新型。属于一个总的发明构思的两项以上的发明或者实用新型，可以作为一件申请提出。

一件外观设计专利申请应当限于一种产品所使用的一项外观设计。用于同一类别并且成套出售或者使用的产品的两项以上的外观设计，可以作为一件申请提出。

# 案例四十　独家许可合同

## ——我国某计算机公司与 F 国 GPS&A 公司案

### 案情简介

1998 年，我国某计算机公司引进 F 国 GPS&A 公司的 MAC 专有技术，用于生产彩色显示屏。合同约定，1999—2009 年，我国此计算机公司于每年 12 月按年销售额的 5% 向 F 国 GPS&A 公司支付提成费。在 1999—2009 年期间，F 国 GPS&A 公司可自己在中国销售合同产品，但不得再向中国的其他单位转让此项技术。如果发生合同争议，在中国贸促会的国际经济贸易仲裁委员会仲裁。1999—2003 年，合同履行情况良好。

2004 年初，我国此计算机公司发现市场上有与合同产品完全相同的产品销售，这些产品的外包装表明其生产厂家为中国某公司，由于这些产品抢走我国此计算机公司的一些用户，引进方派专人对此进行调查，调查结果表明：中国此公司是于 2002 年获得 F 国 GPS&A 公司的授权，使用其 MAC 专有技术生产彩色显示屏。

于是，根据合同“争议解决条款”的约定，我国该计算机公司于 2004 年 10 月 30 日向中国贸促会的国际经济贸易仲裁委员会提请仲裁，要求 F 国 GPS&A 公司承担违约责任，赔偿其经济损失人民币若干元。

### 争议焦点

1. 本案中，F 国 GPS&A 公司将其专有技术再转让的行为是否构成违约？
2. 国际许可合同按授权程度的不同有哪些种类？

### 思路

什么是独家许可？

## 学理分析

仲裁裁决支持了原告的请求。我们先说一说许可协议。

### 一、概述

当今，技术持有人将其技术所有权或者使用权转让给他人，以获得报酬。技术受让人通过支付报酬取得受让技术的所有权或者使用权，以取得更大的经济效益。现实中，绝大多数技术转让不是转让所有权，而是技术使用权，使得许可协议得到广泛应用。原因在于：

1. 如果转让技术所有权，不方便技术提供方日后再利用转让出的技术，这需要征得受让方许可。

2. 受让技术所有权的一方支付了转让费，但是，实际上，技术转让人仍掌握着该转让技术。技术是装在持有人的头脑之中的，仅仅购买技术图纸资料是不行的。如果取得受让技术使用权，也可达到其经济目的，还支付较少的转让费。

许多国家对技术引进和输出作出法律上的规定，美国是科技大国，在这方面的法律最为完善。我国的许可贸易在 1979 年对外开放以后有了迅猛的发展，并制定了许多知识产权方面的法律，其中有关许可贸易方面的主要是《中华人民共和国技术引进合同管理条例》及其《施行细则》。此外，我国还参加了若干有关知识产权保护的国际公约。

### 二、许可协议的概念及特征

许可协议（licencing agreement）是指供方将其技术使用权在一定条件下让渡给受让方，而由受让方支付使用费的合同。国际许可协议就是指位于不同国家境内的当事人之间以让渡技术使用权为目的所签订的合同。许可协议有如下特征：

#### （一）供方和受让方分处不同国家

许可协议的主体即供方和受让方分处不同国家，其既可以是自然人，也可以是经济组织，但法人经济组织是常见的主体。

#### （二）许可协议的客体作跨越国境的移动

即从一个国家转移到另一个国家。

#### （三）许可协议具有较强的时间性和地域性

许可协议转让的是知识产权等无形财产权，由于知识产权的时间性和地域性，使得许可协议也具有这两种特性。随着科学技术的发展，许可协议的有效期趋于缩短，通常为3至7年，最长不超过10年。在地域性方面，供方只能在法律保护的范围内与受让方签订许可协议。

（四）许可协议内容复杂

很多许可协议属于混合性协议，或以一种标的为主兼有其他标的转让，或与机器设备的买卖、工程承包、合资经营、补偿贸易、合作生产、咨询服务等方式结合在一起。此外，还往往跟随大量附件。

（五）许可协议是有偿合同

政府与政府之间，或者企业与企业之间出于某种特定目的，将其知识产权等无形财产的使用权无偿让渡所签订的协议，不属于国际许可协议的范围。

**三、许可协议的客体**

许可证协的客体是许可协议的标的，或曰许可的对象。具体而言是指技术使用权，而不是技术所有权。

**四、许可协议的种类**

在许可贸易中，依许可标的及范围的不同可将许可协议作不同分类。

1. 根据许可协议的标的可分为：

（1）专利许可协议（patent licencing agreement）：即供方将其在某国拥有的专利权的使用权转让给受让方的协议。该种许可协议数量在许可贸易实践中位居第三，占20%。

（2）商标许可协议（trademark licencing agreement）：即供方将其在某国拥有的商标权的使用权转让给受让方的协议。商标使用权与专利权或专有技术使用权一同转让的情况较多。

（3）版权许可协议（copyright licencing agreement）：即供方将其在某国拥有的版权的使用权转让给受让方的协议。

（4）专有技术许可协议（know-how licencing agreement）：即供方将其拥有的专有技术的使用权转让给受让方的协议。实践中，专有技术是大量存在的，因此，在许可贸易中该种许可协议的数量位居第二，占30%。

（5）混合许可协议：即供方同时将其在某国拥有的专利、商标、版权和专有技术中的任何两种技术的使用权转让给受让方的协议。

在许可贸易实践中，以专利技术和专有技术同时作为许可对象的混合许可协议的数量最多，占一半以上。由于专利受法律保护的前提是向社会公众公开，为保护自身利益，专利权人往往将关键技术不申请专利，申请专利的只是其中的一部分技术，因此，只得到专利技术并不等于可以用于生产，必须得到关键技术即没有申请专利的专有技术。

2. 根据许可协议可使用的地域范围以及使用权范围的大小，可将其分五种：

（1）独占许可协议（exclusive licencing agreement）：指在协议规定的时间和地域范围内，受让方对受让的技术拥有独占的使用权，许可方不能将该技术使用权另行转让给第三方，同时许可方也不能在该时间和地域范围内自行使用该项出让的技术。

（2）排他许可协议（sole licencing agreement）：指在协议规定的时间和地域范围内，受让方对受让的技术拥有使用权，许可方不能将该项技术使用权另行转让给第三方，但许可方自己仍保留在该时间和地域范围内的使用权。

（3）普通许可协议（simple licencing agreement）：指在协议规定的时间和地域范围内，受让方不仅可以使用某项技术，许可方也可使用或许可第三方使用某项技术。通常情况下，如果许可协议未明确性质，应视为普通许可协议。普通许可协议的许可方保有较多的权利，因此，转让费比独占许可协议和排他许可协议的转让费要低。

（4）交叉许可协议（cross licencing agreement）：指技术许可方和受让方在协议中规定，将其各自的技术使用权相互交换，供对方使用。此种许可可以独占，也可以排他；可以有偿，也可以无偿。交叉许可通常发生在双方存在合作生产或开发研究关系、一方使用一项技术以另一方的技术互为前提、双方都有改进技术的情况。

（5）分许可协议（sub-licencing agreement）：指协议中的受让方可以将其受让的技术使用权再行转让给第三方。由于该类型的许可协议赋予受让方的权利较大，因此，转让费要高一些。

在上述分类中，独占许可协议的技术使用费最高，比普通许可协议的技术使用费高60%~100%。普通许可协议的技术使用费最低。

**五、许可协议的主要内容**

许可协议的内容是指供方和受让方达成的规范双方权利义务的合同条款。

在许可贸易中，许可协议的内容是双方履行合同以及解决合同纠纷的依据。许可协议内容完整与否直接关系到合同是否能够得到顺利履行。

1. 许可协议的基本事项。无论是专利许可、商标许可、版权许可抑或专有技术许可协议，由于其转让标的的共同特性，使其拥有很多共同特点和共同条款。

许可协议的结构一般分为三部分：合同首部、合同本文、合同尾部。

合同首部内容主要有合同名称，合同号码，供方和受让方名称及法定地址、法定代表人姓名及国籍、职务，合同订立时间和地点，鉴于条款（阐明订约目的、原则、背景、谈判过程及签订的有关协议、转让标的的合法性质等事项）。合同本文，合同本文是有关权利义务的记载，是协议的核心。附件补充合同本文，也是协议的一部分。合同尾部内容包括供方和受让方签字、附件目录等。值得一提的是，附件是许可协议的重要组成部分，往往涉及核心内容。不同标的的许可协议有不同特性和各自特殊的条款。通常情况下，许可协议的正文主要有如下条款：

①许可使用标的技术的内容；②许可使用标的技术达标考核检验的标准、期限、措施及风险责任的承担；③保密义务；④改进技术的归属和分享；⑤使用费及其支付方式；⑥违约责任及赔偿；⑦争议解决方式；⑧名词术语的解释。

2. 专利许可协议。专利许可协议是指以转让专利使用权为目的的许可协议。专利许可协议正文有如下主要条款：

（1）关键词语定义条款。该条款旨在避免双方当事人由于处在不同国家而可能导致对相同法律或技术用语的不同理解。通常需要定义的关键词语包括“专利技术”“供方”“受让方”“合同产品”“合同工厂”“净销售额”“净销售价”“专利资料”“合同生效日”“年度”等。如关键词语过多，可专列一个附件加以具体解释，以简化合同正文。

（2）合同标的或范围条款。也称授权条款，主要载明供方许可受让方使用的对象和提供技术的途径以及供方授予受让方的权利范围和合同区域等。具体内容包括：

①转让专利技术的名称、生产规模、产品品种范围，具体系列、型号和规格、质量；②专利批准时间、批准机关、专利编号、专利权保护范围、保护地区或国家以及有效期等；③许可使用的具体权利（如制造等）；④许可的性质（即是否为独占许可、排他许可或普通许可等）；⑤确定应用技术工艺要求达到的生产能力、材料利用率等技术性能指标等；⑥许可方提供实施该项技术所必要的各种技术资料清单及交付时间；⑦如受让方需要许可方提供技术服务或指导或人员培训等，也应详细注明。

上述内容如过多，可作为合同附件详细说明。

（3）合同价格、查账、支付方式。合同价格条款实际是使用费条款。供方向受让方转让专利权以收取使用费为前提条件。使用费意味着供方合理分享受让方由于使用该专利技术获得的经济效益。

专利使用费的计价通常考虑以下 4 个方面因素：

①供方研究开发该项专利所支出的费用，如研究发展新技术的投资，开发过程中的人力、原材料费用，引进设备费用，其他费用等；②受让方使用该专利技术可获得的经济效益；③授予使用权的范围和时间期限；④受让方支付使用费的时间和方式等，根据上述内容可将使用费的构成分为基础开发费（通常占总价的 60%）、技术服务费、项目设计费、技术资料费、项目联络费及技术培训费。

（4）专利许可协议的使用费计算方法。

专利许可协议的使用费计算方法通常有如下三种：

①一次总算价格（Lump sum price），也称固定价格。即在合同中一次算清一个固定的使用费数额，可由受让人一次付清或分若干期付清，一般多采用分若干期付清。一次总算价格方式对供方较为有利，但对受让方来讲，由于使用费中包含了受让方使用受让技术可望获得的利润，而估算利润大多不准确，如估算过高，则受让方风险较大。此外，技术受让方还要承担市场变化的全部风险。采取一次总算价格方式时，可采取一次性支付和分期支付的方式完成付款。一次性支付通常在技术资料交付并且受让方核查验收后一次付清，同时要求供方提供供方所在国家出具的出口许可证副本、商业发票、即期汇票、技术资料清单、交付技术资料的空运单、受让方出具的技术资料验收确认书等付款单据。分期支付通常按照合同执行的进度进行。如分四次支付，通常作如下安排：

A. 合同生效后支付第一笔款项（占合同价格的 5%～20%），供方提供供方所在国家出具的出口许可证副本、商业发票、即期汇票、供方银行出具的不可撤销保函等付款单据。

B. 交付技术资料后支付第二笔款项（占合同价格的 35%～50%），供方提供如下付款单据：商业发票、即期汇票、交付技术资料的空运单、受让方出具的技术资料验收确认书。

C. 项目投产后支付第三笔款项（占合同价格的 20%～30%），供方提供如下付款单据：商业发票、即期汇票、受让方出具的项目正式投产的确认书。

D. 合同产品保证期满后支付最后一款项（占合同价格的 5%～10%），供方提供商业发票、即期汇票、受让方出具的合同产品保证期满的确认书等付款单据。合同产品保证期通常为一年，自合同产品正式投产之日起算。

②提成价格（royalty price），也称滑动价格。即在合同中规定，在项目建成投产后，按合同产品产量、净销售额（通常指销售额扣除原材料、包装、运输、保险、关税、销售代理等费用后的余额；为避免分歧，各方应将净销售额的计算予以明确）或利润提取一定百分比（提成率）的费用作为使用费。根据联合国贸易和发展组织的统计数据，许可贸易中的提成费多为产品净销售价的5%~10%。提成率有固定与滑动之分，前者在合同有效期内是固定的，后者在合同有效期内按净销售额的不断增加而逐年提高或降低。与此相应，提成费也分为固定提成费与滑动提成费。提成率通常与产品销售量成反比。以提成方式支付使用费对受让方较为有利。有时，也可以规定最低提成费或最高提成费。如果计算的提成费大于最低提成费，按计算金额支付；如果计算的提成费小于最低提成费，按最低提成费。如果计算的提成费大于最高提成费，按最高提成费支付；如果计算的提成费小于最高提成费，按计算的提成费支付。

提成费的开始计算时间是一个重要的问题。按照国际惯例，合同提成价格开始计算的时间是合同产品保证期满（通常为一年）。提成费的支付在合同产品保证期满后按年支付。此外，为保证受让方提供真实的数据，应允许供方随时检查受让方有关合同产品生产和销售方面的账目。受让方应该定期向许可方提供关于产量或销售额的账目。查账费用一般由供方承担。

③一次总算价格与提成价格相结合，也称固定价格与滑动价格相结合。即在合同中规定，在合同生效后，立即支付固定价格部分（也称为入门费或初付费），在项目投产后一定年限内支付提成费。因此，又可称之为“入门费加提成费”。入门费通常占总价的10%~20%，提成费占总价的80%~90%。此种计价方式综合了前两种方式的优势，风险由双方分担比较合理，因而也成为国际许可贸易中常用的计价方式。

专利使用费的支付方式通常包括支付货币、汇款方式、付款单据、结算银行、支付时间和地点等。通常情况下，计价货币与支付货币相同，如不同应规定兑换率。汇款方式有电汇（T/T）、信汇（M/T）和票汇。付款单据包括商业发票、即期汇票、提单、银行保函等。在采用入门费加提成费方式时，入门费可一次或分期付清，提成费的支付在合同产品保证期满后按年支付。

④技术资料的交付条款。交付技术资料是供方将其专利技术使用权转让

给受让方的必要的前提条件。如果供方不交付技术资料，专利使用权的真正转让不可能实现。如美国学者 L. 科恩在其《商业性技术的国际转让》一书中指出：技术转让必须是“引进方对引进技术的吸收，如果技术仅仅从一方转移到另一方，并不构成技术转让……所谓技术吸收是指技术接受方能够掌握并有能力独立使用所引进的技术……如果仅仅是技术的转移而不包括技术的消化吸收，则是不完全的转让”。

交付技术资料条款包括以下内容：

a. 技术资料清单与份数。技术资料是说明供方转让专利技术内容的书面文件，必须准确、完整。

b. 技术资料交付时间、方式及实际交付日的确定。技术资料的交付时间多按受让方的工程进度和计划进行，可一次交付或分批交付，也有的规定在许可协议签订后交付。交付技术资料多用空运方式，即由供方将技术资料运到受让方指定的机场交付受让方。实际交付日期以目的地机场印戳日期为准。如交付技术资料延期，供方应该按照延期长短承担交付罚金的违约责任，罚款通常为合同总额的 5%。

c. 技术资料的风险分担。技术资料在抵达目的机场后，其风险由出让人转让给受让人。一旦资料在空运途中丢失或损坏，供方应承担风险责任，并负责补寄丢失或损坏的技术资料。

d. 技术资料的包装。供方交付的技术资料应有适合空运的包装，同时在包装上应标明合同号、收货人、目的机场、唛头、重量、件号等，包装内应附有技术资料清单。

e. 交付技术资料的通知。一般在技术资料交付后的 24 小时内，供方应以电报或电传方式通知受让方技术资料预计到达目的机场的日期、班机号、合同号、空运单号、空运日期、空运件数和重量等内容，同时将空运单和技术资料清单航寄受让方。

f. 技术资料使用的文字。供方大多愿意使用本国文字，而受让方则应根据自己的翻译能力选择适当的文字，否则，可能因为翻译困难而延误工期。

g. 技术资料的验收。受让方收到技术资料后，必须在规定时间（如一个月）内对资料进行清点，并检查清晰程度以及是否齐全。如发现与协议规定不符，受让方应在规定的期限内通知供方补寄、重寄或更换。

⑤产品考核验收。产品考核验收是指受让方对按供方提供的技术资料制造的产品是否符合许可协议规定的产品技术性能指标，有权进行检验核实。

考核验收的目的旨在保证受让方掌握所受让的技术。该条款主要包括：

考核验收产品的型号、规格、数量；考核验收的内容、标准和方法、次数；考核验收的时间、地点、人员、仪器设备；考核验收结果的评定和处理；考核验收费用的负担等。如不能达到合同指标，供方应该支付罚金，性能指标每降低一定比例，支付合同总额的一定比例的罚金，或降低一定比例的提成率，或降低一定比例的入门费和提成率。

⑥交货条款。专利许可往往容易伴随硬件即机械设备的引进而进行，此时需在协议中规定交货条款，具体写明供方提供设备的种类、规格、用途、交付时间和方式、风险及所有权的转移，供方需提交受让方的单据，供方出让机械设备的价格及支付方式等。

⑦技术改进和发展（improvement）条款。专利许可协议是一项长期性协议，在协议有效期内，供方和受让方都可能对转让专利技术予以改进或发展。该条款主要规定许可协议的各方在改进和发展了原有技术并取得专有权之后所面临的问题，包括改进或发展技术的所有权归属对象、供方和受让方能否相互交换改进或发展成果以及交换条件等。

⑧技术服务条款。技术服务包括设计和安装、调试、操作等方面的指导。技术服务是实现技术真正转让的重要环节，特别是技术人员的培训是使技术资料运用于实际操作的不可缺少的步骤。技术服务条款主要载明供方所派技术人员的性质及人数、承担的任务及工作量、服务时间、工作与生活条件、费用的支付等。需进行人员培训的，还应写明培训内容、方法、时间、地点、费用及培训人数等。

有些情况下，技术服务费并不单独计算，而是包括在合同总额中。有时则单独计算，单独支付。技术服务费也分为固定价格和滑动价格（按服务人数、时间、工资标准计算）。如采用固定价格，通常在设备试车考核合格后一次性支付，或分为若干期（设备安装开始时 15% ~ 25%、试车考核合格后 60% ~ 70%、性能保证期结束后 10% ~ 15%）支付。如采用滑动价格，可以按月支付或按季度支付。

⑨产品责任条款。该条主要规定受让方使用受让的技术所生产的产品如果对他人造成人身伤害或经济上的损失，由哪一方承担责任的问题。有的规定全部由受让方承担责任。有的规定如果受让方完全按照供方提供的技术和技术指导使用技术，而且所生产的产品也完全达到供方的技术指标，产品责任由供方承担。

⑩保证与索赔条款。供方向受让方通常提供如下保证：

a. 保证供方是协议所列一切专利技术和专利资料的合法持有人，并有权向受让方转让。如在合同执行中发生第三方指控侵权，由供方负责与第三方交涉，承担由此引起的一切法律与经济责任，并赔偿受让方因此所造成的损失。

b. 保证协议所涉及专利在协议执行期间是有效的和合法的，并保证到协议签订日止对任何可能日后导致专利转让无效的情况不知情。如果由于供方原因导致专利提前失效，供方应偿还专利失效后由受让方支付的费用，并支付利息。在协议有效期内，供方应按规定缴纳专利维持费，以保持专利有效性。

c. 保证按协议规定方式和时间交付技术资料，并保证技术资料的完整、准确、可靠、清晰、有效，如内容有误或不完整，有义务更换或补齐。

d. 保证受让方正确使用技术资料后能够生产出符合协议规定的技术标准（通常作为附件）。

e. 保证提供良好的技术服务。当供方未能履行上述保证时，即构成违约，并承担违约责任。受让方对违约行为有权提出索赔。在国际专利许可贸易中，索赔大多是罚款方式，主要有对技术资料迟期交付的罚款、产品达不到技术指标的罚款等。罚款百分比由双方协商。有些情况下，保证与索赔条款可规定受让方应承担的保证责任。

f. 保证对受让方的转让获得政府批准及必要的其他批准。

同时，供方也大多要求受让方有签署合同的合法权利和授权，并保证可以获得必要的政府批准及有关批准。因为，一些国家对技术进出口是有限制的，通常要求对技术转让合同进行审批方可有效。

⑪税收条款。各国在其税法中大多明确规定供方在受让方获得专利技术使用费时，应按受让方国家税法规定纳税，我国也采取此种做法。由受让方包税的做法是不公平的。

⑫不可抗力条款。规定不可抗力的范围、法律后果以及应采取的措施。

⑬违约及违约补救条款。规定违约的构成以及违约救济办法，如实际履行、损害赔偿、解除合同、支付罚金等。

⑭争议解决与法律适用条款。争议解决方式通常有协商、调解、仲裁或诉讼。采取何种方式解决纠纷由双方协商确定。所适用的法律可以是供方所在国家的法律，可以是受让方所在国家的法律，也可以是双方协商选择的其

他法律。但大多数发展中国家规定必须适用受让方所在国的法律。

⑮合同生效时间、有效期、延期条款。专利许可协议的有效期通常不超过 10 年，最长不能超过专利的有效期。

⑯合同的中止。本条主要规定合同中止的条件及中止后有关问题的处理，如受让方是否应该支付使用费及支付数额、受让方是否有权继续使用有关技术及是否归还技术资料等。

⑰合同的终止。

⑱其他条款。

专利许可协议通常有多个附件，例如专利资料名称、内容和申请情况，合同产品型号、规格和技术参数，提成费的起算时间和计算方法，供方查账的内容和方法，技术资料内容清单及交付时间和地点，技术服务和人员培训安排，产品考核验收方法、银行保函等。

国际许可合同案授权程度由大到小分为独占许可合同、独家（排他）许可合同和普通许可合同。

F 国 GPS&A 公司将其专有技术再转让的行为构成违约。因为 F 国 GPS&A 公司与我国此计算机公司签订的专有技术许可合同按其授权性质讲属于独家许可合同，即在 1999—2009 年 10 年内在中国的地域范围内，我国此计算机公司获得独家使用权，F 国 GPS&A 公司在此时间和地域范围内，可自己利用该技术，但无权将该技术再许可第三方使用。

# 案例四十一　商标独立性原则

## ——M 国酒业公司注册商标案

### 案情简介

2001 年 2 月 26 日，M 国酒业公司委托中国某商标代理公司代为办理“PLANET”商标在中国的注册事宜。该商标由文字和图形共同组成，文字部分为“PLANET”，图形则为 3 个三角形图案。

商标局审查后，以该商标缺乏显著性为由驳回注册申请。不久，M 国酒业公司又委托中国某商标代理公司向商标评审委员会请求复审，申请复审的主要理由是：“PLANET”文字和图形商标是 M 国酒业公司用于酒类制品及酒具的商标，历史悠久，早已驰名世界，已在 M 国和世界许多国家获得注册，为公众所认可，获得了特别含义。中国和 M 国同为《保护工业产权巴黎公约》的成员国，该商标既然能在 M 国注册，那么也应在中国获得注册。

2002 年 6 月 5 日，我国商标评审委员会经复审，再次驳回 M 国酒业公司上述商标的注册申请。

### 争议焦点

我国商标局和商标评审委员会驳回注册申请的决定是否违反《保护工业产权巴黎公约》的有关规定？为什么？

### 思路

理解商标独立性原则。

### 学理分析

本案中，我国商标局和商标评审委员会驳回注册申请的决定符合《保护工业产权巴黎公约》所确认的商标独立性原则，没有违反《保护工业产权巴黎公约》的规定。

商标权独立原则是指对成员国国民在任何成员国中提出的商标注册申请，不能以未在本国申请、注册或续展为理由而加以拒绝或使其注册失效。在一个成员国内正式注册的商标，应视为与在其他成员包括申请人所属国注册的商标无关。规定商标权独立性原则主要是考虑到各国具有不同的法律制度和申请程序。《保护工业产权巴黎公约》第六条规定，商标的申请和注册条件，在本联盟各国由其本国法律决定。但对本联盟国家的国民在本联盟任何国家提出的商标注册申请，不得以未在原属国申请、注册或续展为理由而予以拒绝，也不得使注册无效。在本联盟一个国家正式注册的商标，与在本联盟其他国家注册的商标，包括在原属国注册的商标在内，应认为是相互独立的。

## 相关法律法规

**《保护工业产权巴黎公约》**

第六条 〔商标：注册条件；同一商标在不同国家所受保护的独立性〕

（1）商标的申请和注册条件，在本联盟各国由其本国法律决定。

（2）但对本联盟国家的国民在本联盟任何国家提出的商标注册申请，不得以未在原属国申请、注册或续版为理由而予以拒绝，也不得使注册无效。

（3）在本联盟一个国家正式注册的商标，与在联盟其他国家注册的商标，包括在原属国注册的商标在内，应认为是互相独立的。

第六条之二 〔商标：驰名商标〕

（1）本联盟各国承诺，如本国法律允许，应依职权，或依有关当事人的请求，对商标注册或使用国主管机关认为在该国已经属于有权享受本公约利益的人所有而驰名、并且用于相同或类似商品的商标构成复制、仿制或翻译，易于产生混淆的商标，拒绝或取消注册，并禁止使用。这些规定，在商标的主要部分构成对上述驰名商标的复制或仿制，易于产生混淆时，也应运用。

（2）自注册之日起至少五年的期间内，应允许提出取消这种商标的请求。本联盟各国可以规定一个期间，在这期间内必须提出禁止使用的请求。

（3）对于依恶意取得注册或使用的商标提出取消注册或禁止使用的请求，不应规定时间限制。

第六条之三 〔商标：关于国徽、官方检验印章和政府间组织徽记的禁例〕

（1）（a）本联盟各国同意，对未经主管机关许可，而将本联盟国家的国徽、国旗和其他的国家徽记、各该国用以表明监督和保证的官方符号和检验印章以及从徽章学的观点看来的任何仿制用作商标或商标的组成部分，拒绝注册或使其注册无效，并采取适当措施禁止使用。

（b）上述（a）项规定应同样适用于本联盟一个或一个以上国家参加的政府间国际组织的徽章、旗帜、其他徽记、缩写和名称，但已成为现行国际协定规定予以保护的徽章、旗、其他徽记、缩写和名称除外。

（c）本联盟任何国家无须适用上述（b）项规定，以免损害本公约在该国生效前善意取得的权利的所有人。在上述（a）项所指的商标的使用或注册性质上不会使公众理解为有关组织与这种徽章、旗帜、徽记、缩写和名称有联系时，或者如果这种使用或注册性质上大概不会使公众误解为使用人与该组织有联系时，本联盟国家无须适用该项规定。

（2）关于禁止使用表明监督、保证的官方符号和检验印章的规定，应该只适用于在相同或类似商品上使用包含该符号或印章的商标的情况。

（3）（a）为了实施这些规定，本联盟国家同意，将它们希望或今后可能希望、完全或在一定限度内受本条保护的国家徽记与表明监督保证的官方符号和检验印章的清单，以及以后对该项清单的一切修改，经由国际局相互通知。本联盟各国应在适当的时候使公众可以得到用这样方法通知的清单。但是，就国旗而言，这种相互通知并不是强制性的。

（b）本条第（1）款（b）项的规定，仅适用于政府间国际组织经由国际局通知本联盟国家的徽章、旗帜、其他徽记、缩写和名称。

（4）本联盟任何国家如有异议，可以在收到通知后十二个月内经由国际局向有关国家或政府间国际组织提出。

（5）至于国旗，上述第（1）款规定的措施仅适用于1925年11月6曰以后注册的商标。

（6）至于本联盟国家国旗以外的国家徽记、官方符号和检验印章，以及政府间国际组织的徽章、旗帜、其他徽记、缩写和名称，这些规定仅适用于接到上面第（3）款规定的通知超过两个月后所注册的商标。

（7）在有恶意的情况下，各国有权取消即使是有1925年11月6日以前注册的含有国家徽记、符号和检验印章的商标。

（8）任何国家的国民经批准使用其本国家国徽记、符号和检验印章者，即使与其他国家的国家徽记、符号和检验印章相类似，仍可使用。

（9）本联盟各国承诺，如未经批准而在商业中使用本联盟其他国家的国徽，具有使人对商品的原产地产生误解的性质时，应禁止其使用。

（10）上述各项规定不应妨碍各国行使第六条之五3款第（3）项所规定的权利，即对未经批准而含有本联盟国家所采用的国徽、国旗、其他国家徽记，或官方符号和检验印章，以及上述第（1）款所述的政府间国际组织特有符号的商标，拒绝予以注册或使其注册无效。

第六条之四 〔商标：商标的转让〕

（1）根据本联盟国家的法律，商标的转让只有在与其所属商行或商誉同时转让方为有效时，如该商行或商誉坐落在该国的部分，连同在该国制造或销售标有被转让商标的商品的专有权一起转让予受让人，即足以承认其转让为有效。

（2）如果受让人使用受让的商标事实上会具有使公众对使用该商标的商品的原产地、性质或重要品质发生误解的性质，上述规定并不使本联盟国家负有承认该项商标转让为有效的义务。

第六条之五 〔商标：在本联盟一个国家注册的商标在本联盟其他国家所受的保护〕

A.（1）在原属国正式注册的每一商标，除应受本条规定的保留条件的约束外，本联盟其他国家也应和在原属国注册那样接受申请和给予保护。各该国家在正式注册前可以要求提供原属国主管机关发给的注册证书。该项注册证书无须认证。

（2）原属国系指申请人设有真实、有效的工商业营业所的本联盟国家；或者如果申请人在本联盟内没有这样的营业所，则指他设有住所的本联盟国家；或者如果申请人在本联盟内没有住所，但是他是本联盟国家的国民，则指他有国籍的国家。

B. 除下列情况外，对本条所适用的商标既不得拒绝注册也不得使注册无效：

（1）商标具有侵犯第三人在被请求给予保护的国家的既得权利的性质的；

（2）商标缺乏显著特征，或者完全是由商业中用以表示商品的种类、质量、数量、用途、价值、原产地或生产时间的符号或标记所组成，或者在被请求给予保护的国家的现代语言中或在善意和公认的商务实践中已经成为惯用的；

（3）商标违反道德或公共秩序，尤其是具有欺骗公众的性质。这一点应理解为不得仅仅为商标不符合商标立法的规定即认为该商标违反公共秩序，除非该规定本身同公共秩序有关。

但本规定以适用第十条之二为条件，方可适用。

C.（1）决定一个商标是否适合于受保护，必须考虑到一切实际情况，特别是商标已使用期间的长短。

（2）商标中有的构成部分与在原属国受保护的商标有所不同，但并未改变其显著特征，亦不影响其与原属国注册的商标形式上的同一性的，本联盟其他国家不得仅仅以此为理由而予以拒绝。

D. 任何人要求保护的商标，如果未在原属国注册，不得享受本条各规定的利益。

E. 但商标注册在原属国续展，在任何情况下绝不包含在该商标已经注册的本联盟其他国家续展注册的义务。

F. 在第四条规定的期间内提出商标注册的申请，即使原属国在该期间届满后才进行注册，其优先权利益也不受影响。

第六条之六　〔商标：服务标记〕

本联盟各国承诺保护服务标记。不应要求它们对该项标记的注册作出规定。

第六条之七　〔商标：未经所有人授权而以代理人或代表人名义注册〕

（1）如果本联盟一个国家的商标所有人的代理人或代表人，未经该所有人授权而以自己的名义向本联盟一个或一个以上的国家申请该商标的注册，该所有人有权反对所申请的注册或要求取消注册，或者，如该国法律允许，该所有人可以要求将该项注册转让给自己，除非该代理人或代表人能证明其行为是正当的。

（2）商标所有人如未授权使用，以适用上述第（1）款的规定为条件，有权反对其代理人或代表人使用其商标。

（3）各国立法可以规定商标所有人行使本条规定的权利的合理期限。

## 案例四十二　驰名商标特殊保护

### ——“六必居”案

### 案情简介

1989年初，北京市某食品公司在向R国销售“六必居”商品时，被R国某厂商起诉侵权，原因是“六必居”这一商标已于1988年由R国某厂商在R国注册。1989年3月，北京市该食品公司以“六必居”为中国驰名商标为由，向R国特许司申请特殊保护并很快出具中国商标局的有关证明。1989年年底，R国特许司取消R国厂商的抢先注册，同时注册了北京市该食品公司的“六必居”商标。

### 争议焦点

R国特许司因何取消R国该厂商的商标注册？

### 思路

如何保护驰名商标。

### 学理分析

本案中，因为承担《保护工业产权巴黎公约》对驰名商标提供特殊保护的义务，R国取消了R国该厂商的商标注册。

《保护工业产权巴黎公约》第六条规定：“各缔约国承诺，如本国法律允许，应依职权或依有关当事人的请求，对商标注册国或使用国主管机关认为在该国已经属于有权享受本公约利益的人所有而驰名，并且用于相同或类似商品的商标的复制、仿制或翻译，以及易于产生混淆的商标，拒绝或取消注册，并禁止使用。这些规定在商标的主要部分构成对上述驰名商标的复制或仿制，易于产生混淆时，也应适用。自注册之日起至少5年期间内，应允许提出取消这种商标的请求。本联盟各国可以规定一个期间，在这期间内可以提出禁止使用的请求。对于依恶意取得注册或使用的商标提出取消注册或禁止使用的请求，不应规定时间限制。”

R国和中国同为《保护工业产权巴黎公约》的成员国，而根据《保护工业产权巴黎公约》的规定，凡被一成员国认定的驰名商标，各成员国都应对其提供特殊保护，其中包括在5年内权利人有权请求取消他人在同种或同类商品上善意的注册与其驰名商标相同或近似的商标。

## 相关法律法规

**《保护工业产权巴黎公约》**

第六条　〔商标：注册条件；同一商标在不同国家所受保护的独立性〕

（1）商标的申请和注册条件，在本联盟各国由其本国法律决定。

（2）但对本联盟国家的国民在本联盟任何国家提出的商标注册申请，不得以未在原属国申请、注册或续版为理由而予以拒绝，也不得使注册无效。

（3）在本联盟一个国家正式注册的商标，与在联盟其他国家注册的商标，包括在原属国注册的商标在内，应认为是互相独立的。

第六条之二　〔商标：驰名商标〕

（1）本联盟各国承诺，如本国法律允许，应依职权，或依有关当事人的请求，对商标注册或使用国主管机关认为在该国已经属于有权享受本公约利益的人所有而驰名、并且用于相同或类似商品的商标构成复制、仿制或翻译，易于产生混淆的商标，拒绝或取消注册，并禁止使用。这些规定，在商标的主要部分构成对上述驰名商标的复制或仿制，易于产生混淆时，也应运用。

（2）自注册之日起至少5年的期间内，应允许提出取消这种商标的请求。本联盟各国可以规定一个期间，在这期间内必须提出禁止使用的请求。

（3）对于依恶意取得注册或使用的商标提出取消注册或禁止使用的请求，不应规定时间限制。

第六条之三　〔商标：关于国徽、官方检验印章和政府间组织徽记的禁例〕

（1）（a）本联盟各国同意，对未经主管机关许可，而将本联盟国家的国徽、国旗和其他的国家徽记、各该国用以表明监督和保证的官方符号和检验印章以及从徽章学的观点看来的任何仿制用作商标或商标的组成部分，拒绝注册或使其注册无效，并采取适当措施禁止使用。

（b）上述（a）项规定应同样适用于本联盟一个或一个以上国家参加的政府间国际组织的徽章、旗帜、其他徽记、缩写和名称，但已成为现行国际协定规定予以保护的徽章、旗、其他徽记、缩写和名称除外。

（c）本联盟任何国家无须适用上述（b）项规定，以免损害本公约在该国生效前善意取得的权利的所有人。在上述（a）项所指的商标的使用或注册性质上不会使公众理解为有关组织与这种徽章、旗帜、徽记、缩写和名称有联系时，或者如果这种使用或注册性质上大概不会使公众误解为使用人与该组织有联系时，本联盟国家无须适用该项规定。

（2）关于禁止使用表明监督、保证的官方符号和检验印章的规定，应该只适用于在相同或类似商品上使用包含该符号或印章的商标的情况。

（3）（a）为了实施这些规定，本联盟国家同意，将它们希望或今后可能希望、完全或在一定限度内受本条保护的国家徽记与表明监督保证的官方符号和检验印章的清单，以及以后对该项清单的一切修改，经由国际局相互通知。本联盟各国应在适当的时候使公众可以得到用这样方法通知的清单。但是，就国旗而言，这种相互通知并不是强制性的。

但是，对于国旗来说，这种相互通知并不是强制性的。

（b）本条第（1）款（b）项的规定，仅适用于政府间国际组织经由国际局通知本联盟国家的徽章、旗帜、其他徽记、缩写和名称。

（4）本联盟任何国家如有异议，可以在收到通知后十二个月内经由国际局向有关国家或政府间国际组织提出。

（5）至于国旗，上述第（1）款规定的措施仅适用于1925年11月6日以后注册的商标。

（6）至于本联盟国家国旗以外的国家徽记、官方符号和检验印章，以及政府间国际组织的徽章、旗帜、其他徽记、缩写和名称，这些规定仅适用于接到上面第（3）款规定的通知超过两个月后所注册的商标。

（7）在有恶意的情况下，各国有权取消即使是有1925年11月6日以前注册的含有国家徽记、符号和检验印章的商标。

（8）任何国家的国民经批准使用其本国家国徽记、符号和检验印章者，即使与其他国家的国家徽记、符号和检验印章相类似，仍可使用。

（9）本联盟各国承诺，如未经批准而在商业中使用本联盟其他国家的国徽，具有使人对商品的原产地产生误解的性质时，应禁止其使用。

（10）上述各项规定不应妨碍各国行使第六条之五3款第（3）项所规定的权利，即对未经批准而含有本联盟国家所采用的国徽、国旗、其他国家徽记，或官方符号和检验印章，以及上述第（1）款所述的政府间国际组织特有符号的商标，拒绝予以注册或使其注册无效。

第六条之四　〔商标：商标的转让〕

（1）根据本联盟国家的法律，商标的转让只有在与其所属商行或商誉同时转让方为有效时，如该商行或商誉坐落在该国的部分，连同在该国制造或销售标有被转让商标的商品的专有权一起转让予受让人，即足以承认其转让为有效。

（2）如果受让人使用受让的商标事实上会具有使公众对使用该商标的商品的原产地、性质或重要品质发生误解的性质，上述规定并不使本联盟国家负有承认该项商标转让为有效的义务。

第六条之五　〔商标：在本联盟一个国家注册的商标在本联盟其他国家所受的保护〕

A.（1）在原属国正式注册的每一商标，除应受本条规定的保留条件的约束外，本联盟其他国家也应和在原属国注册那样接受申请和给予保护。各该国家在正式注册前可以要求提供原属国主管机关发给的注册证书。该项注册证书无须认证。

（2）原属国系指申请人设有真实、有效的工商业营业所的本联盟国家；或者如果申请人在本联盟内没有这样的营业所，则指他设有住所的本联盟国家；或者如果申请人在本联盟内没有住所，但是他是本联盟国家的国民，则指他有国籍的国家。

B. 除下列情况外，对本条所适用的商标既不得拒绝注册也不得使注册无效：

（1）商标具有侵犯第三人在被请求给予保护的国家的既得权利的性质的；

（2）商标缺乏显著特征，或者完全是由商业中用以表示商品的种类、质量、数量、用途、价值、原产地或生产时间的符号或标记所组成，或者在被请求给予保护的国家的现代语言中或在善意和公认的商务实践中已经成为惯用的；

（3）商标违反道德或公共秩序，尤其是具有欺骗公众的性质。这一点应理解为不得仅仅为商标不符合商标立法的规定即认为该商标违反公共秩序，除非该规定本身同公共秩序有关。

但本规定以适用第十条之二为条件，方可适用。

C.（1）决定一个商标是否适合于受保护，必须考虑到一切实际情况，特别是商标已使用期间的长短。

（2）商标中有的构成部分与在原属国受保护的商标有所不同，但并未改变其显著特征，亦不影响其与原属国注册的商标形式上的同一性的，本联盟其他国家不得仅仅以此为理由而予以拒绝。

D. 任何人要求保护的商标，如果未在原属国注册，不得享受本条各规定的利益。

E. 但商标注册在原属国续展，在任何情况下绝不包含在该商标已经注册的本联盟其他国家续展注册的义务。

F. 在第四条规定的期间内提出商标注册的申请，即使原属国在该期间届满后才进行注册，其优先权利益也不受影响。

第六条之六　〔商标：服务标记〕

本联盟各国承诺保护服务标记。不应要求它们对该项标记的注册作出规定。

第六条之七　〔商标：未经所有人授权而以代理人或代表人名义注册〕

（1）如果本联盟一个国家的商标所有人的代理人或代表人，未经该所有人授权而以自己的名义向本联盟一个或一个以上的国家申请该商标的注册，该所有人有权反对所申请的注册或要求取消注册，或者，如该国法律允许，该所有人可以要求将该项注册转让给自己，除非该代理人或代表人能证明其行为是正当的。

（2）商标所有人如未授权使用，以适用上述第（1）款的规定为条件，有权反对其代理人或代表人使用其商标。

（3）各国立法可以规定商标所有人行使本条规定的权利的合理期限。

# ■ 第七章

# 国际投资法

## 案例四十三　ICSID 的管辖权问题

——H&W 公司与乙国政府争议案

### 案情简介

2000 年，甲国 H&W 公司与乙国政府开办的圣菲布琼拉公司订立了为期 25 年的合同。该合同约定，由 H&W 公司租赁经营圣菲布琼拉公司拥有的伊丽莎白大饭店，如发生争议，各方同意交“解决投资争端国际中心”仲裁。

在经营的前 3 年中，H&W 公司一直认为圣菲布琼拉公司提供的大饭店不能达到合同要求的条件，经过多方努力，仍然没有预期的结果。于是，H&W 公司从 2003 年开始付部分租金。随后，圣菲布琼拉公司作为报复手段，撤除了合同中约定应该提供的大饭店的安全保卫人员。双方协商多次，无果。

2003 年 4 月 1 日，圣菲布琼拉公司派人进驻大饭店，宣布没收大饭店，命令所有 H&W 公司方面的人员立即离开大饭店。于是，H&W 公司向“解决投资争端国际中心”提请仲裁，要求乙国政府赔偿 7000 万美元损失。

注：甲国和乙国均为《解决国家和他国国民投资争端公约》成员。两国政府之间有投资保护协议，协议规定：两国应相互给予对方的外国投资安全保障，如为公共利益有必要实行国有化征收，应给予外国投资者充分和有效的补偿。

### 争议焦点

1. “解决投资争端国际中心”的管辖范围是什么？
2. 上述纠纷是否属于“解决投资争端国际中心”管辖范围？为什么？

## 思路

熟悉解决投资争端国际中心的有关内容。

## 学理分析

本案中，属于“解决投资争端国际中心”管辖范围，因为：

1. 争端当事人一方是公约缔约国或该缔约国的公共机构或实体，另一方是另一缔约国的国民。

2. 争端当事人在合同中同意将争议交“解决投资争端国际中心”。

3. 争端属于国际私人直接投资争端，乙国行为构成间接征收，“解决投资争端国际中心”可受理。

具体分析如下：

**一、关于“解决投资争端国际中心”管辖范围**

“解决投资争端国际中心”的宗旨在《解决国家与他国国民间投资争端公约》的第一条就写得很明确：依照公约的规定，为各缔约国和其他缔约国的国民之间的投资争端提供调停和仲裁的便利。“解决投资争端国际中心”并不直接参加调解和仲裁，只是提供调解员和仲裁员名册，供投资者和缔约国选择，依公约组成特别委员会员或仲裁庭进行调解和仲裁。提交“解决投资争端国际中心”仲裁的投资争端，必须符合公约规定的条件：

（一）主体资格的条件

也就是当事人的资格。凡提交“解决投资争端国际中心”仲裁的投资争端的当事人，其中一方必须是公约缔约国或该缔约国的公共机构或实体，另一方则应是另一缔约国的国民，包括自然人、法人及其他经济实体。

这就是说，争端双方一般应当具有不同的国籍。在实践上，外国投资者常常在东道国设立当地的公司，而这些公司只有当地的国籍。对于这些在东道国设立的外商投资企业与东道国政府之间的争端，尽管这些企业与东道国的国籍相同，但按照《解决国家与他国国民间投资争端公约》也可被视为另一国国民。

《解决国家与他国国民间投资争端公约》第二十五条第二款第二项包含这个意思：如果某法律实体与缔约国只有相同的国籍，但由于该法律实体直接受到另一缔约国利益的控制，如果双方同意，为了公约的目的，该法律实体也可被视为另一国国民。

如在中国境内举办的外商独资企业，虽是中国法人，但因其为外国人所控制，在经中国同意后，可将之视为“另一缔约国国民”，其与东道国（中国）的投资争端是可以提交“解决投资争端国际中心”调解与仲裁的。

（二）主观要件

也就是当事双方要同意，而且必须有争端当事人各方的书面同意。当事人各方同意是“解决投资争端国际中心”管辖权的基石。该条件的要求是：

1. 批准或加入公约本身并不等于缔约国承担了将某一特定投资争端提交“解决投资争端国际中心”调解或仲裁的义务。某一具体争端是否被“解决投资争端国际中心”管辖，还必须有缔约国（争端国）与该项目的外国投资者之间的书面明示，将此争端提交“解决投资争端国际中心”解决。

2. 任何缔约国可以通知“解决投资争端国际中心”，它愿意或不愿意将某类争端提交“解决投资争端国际中心”管辖，这是公约给予各缔约国的权利。但这种“通知”并不构成同意；“同意”必须是双方就某一具体争端作出的共同意思表示。但“通知”对“同意”的作用是：“同意”应在“通知”的范围内进行。

3. 当事人各方一经“同意”，任何一方不得单方面撤回其已经表示的同意。此外，某一缔约国的公共机构或实体表示的同意，须经该缔约国批准，除非该缔约国通知“解决投资争端国际中心”不需要此项批准。

依据《解决国家与他国国民间投资争端公约》，“同意”具有以下的严格法律后果：

1. “解决投资争端国际中心”管辖成为排他性救济。这表现在：

（1）一旦当事人“同意”在“解决投资争端国际中心”仲裁，有关争端就不再属于作为争端一方的缔约国国内法管辖的范围，而是处于“解决投资争端国际中心”的专属管辖之下。只有一种例外，即据公约第二十六条的规定，缔约国可以要求用尽当地各种行政或司法补救办法，作为其同意根据本公约交付仲裁的一个条件。

（2）排斥投资者本国的外交保护。《解决国家与他国国民间投资争端公约》第二十七条第一款规定：缔约国对于其国民和另一缔约国根据本公约已同意交付或已交付仲裁的争端，不得给予外交保护或提出国际要求，除非该另一缔约国未能遵守和履行对此项争端所作出的裁决。

2. 当事人不能单方面撤回或改变已同意提交“解决投资争端国际中心”管辖的争议事项。

3. 在一方拒绝参加仲裁时，实行缺席审理程序。当事人一方对“解决投资争端国际中心”管辖权提出异议并拒绝参加仲裁的情况下，仲裁庭有权对自身权限作出决定；如果认为对某项争端有管辖权，则必须把仲裁继续下去，最终作出缺席裁决。

4. 胜诉方可以在任何一个缔约国的国内法院或机构请求执行仲裁裁决。《解决国家与他国国民间投资争端公约》第五十四条第一款对败诉方拒不执行裁决的情况作了规定，要求“各缔约国应承认依照本公约作出的裁决具有约束力。并在其领土内履行该裁决所加的财政义务，如同该裁决是该国法院的最后判决一样”。

（三）客体的条件

这涉及投资争端的法律性质。根据《解决国家与他国国民间投资争端公约》的规定，“解决投资争端国际中心”管辖权应扩及缔约国及其公共机构或实体与另一缔约国国民之间直接因投资而产生的任何法律上的争端。这就是说，“解决投资争端国际中心”对投资争端的仲裁，仅限于由于投资而产生的法律争端，而不是其他方面的争端。至于单纯的“利润冲突”问题，则不属法律争端。

只有同时具备以上三个实质要件的情况下，才属于“解决投资争端国际中心”管辖的范围。

**二、乙国的行为涉及间接征收**

征收包括直接征收和间接征收：

1. 直接征收一般指直接剥夺财产所有权。

2. 间接征收一般指对财产所有人使用、占有和处置的财产虽未被政府接管，但由于政府所采取的措施或行为的无理干涉或阻碍，从而使所有权人在合理期限内不能使用、占有和处置财产，或使企业不能有效经营而导致损失的风险，而由承保人负责赔偿。

各国对外国投资的安全与利益在国有化或者征收与补偿方面都有一些保护措施，一般来说，任何主权国家在一定条件下，有权对其境内的私有财产实行国有化或征收。这项依国家主权属性引申出来的国家权利已被国际社会公认。对外国投资的国有化或者征收或其他类似措施问题，既关系到资本输入国的主权问题，又涉及外国投资者的投资安全与利益，因而向来是国际投资争端中最突出的问题，也是保护外国投资的核心问题。

许多国家为了改善本国的投资环境以吸引外资，采取种种措施，给外国投资者提供关于国有化或征收与补偿方面的法律保证。规定只在法律限定的条件下才实行征收或国有化，并给予补偿，以此来维护投资安全。具体做法各国不尽相同：

1. 在国内法上未予规定，而通过双边投资条约来提供保证。

2. 在宪法、国内立法或政策声明作出明确规定或提供保证。

《中华人民共和国宪法》第十八条明确规定，外商在中国投资及从事其他经济活动，其合法权益受中华人民共和国法律保护。我国在外资法中对国有化或征收的规定是：国家对外资企业不实行国有化和征收，在特殊情况下，根据社会公共利益的需要，对外资企业可以依照法律程序实行征收，并给予相应的补偿。

## 相关法律法规

### 一、《解决国家与他国国民间投资争端公约》

第一条

兹建立解决投资争端国际中心（以下简称“中心”）。

中心的宗旨是依照本公约的规定为各缔约国和其他缔约国的国民之间的投资争端，提供调解和仲裁的便利。

第二十五条

中心的管辖适用于缔约国（或缔约国向中心指定的该国的任何组成部分或机构）和另一缔约国国民之间直接因投资而产生并经双方书面同意提交给中心的任何法律争端。当双方表示同意后，任何一方不得单方面撤销其同意。

“另一缔约国国民”系指：

（1）在双方同意将争端交付调解或仲裁之日以及根据第二十八条第二款或第三十六条第三款登记请求之日，具有作为争端一方的国家以外的某一缔约国国籍的任何自然人，但不包括在上述任一日期也具有作为争端一方的缔约国国籍的任何人。

（2）在争端双方同意将争端交付调解或仲裁之日，具有作为争端一方的国家以外的某一缔约国国籍的任何法人，以及在上述日期具有作为争端一方缔约国国籍的任何法人，而该法人因受外国控制，双方同意为了本公约的目的，应看作是另一缔约国国民。

某一缔约国的组成部分或机构表示的同意，须经该缔约国批准，除非该缔约国通知中心不需要予以批准。

任何缔约国可以在批准、接受或核准本公约时，或在此后任何时候，把它将考虑或不考虑提交给中心管辖的一类或几类争端通知中心。秘书长应立即将此项通知转送给缔约国。此项通知不构成第一款所要求的同意。

第二十七条

缔约国对于其国民和另一缔约国根据本公约已同意交付或已交付仲裁的争端，不得给予外交保护或提出国际要求，除非该另一缔约国未能遵守和履行对此项争端所作出的裁决。

在第一款中，外交保护不应包括纯粹为了促进争端的解决而进行的非正式的外交上的交往。

第五十四条

每一缔约国应承认依照本公约作出的裁决具有约束力，并在其领土内履行该裁决所加的财政义务，正如该裁决是该国法院的最后判决一样。具有联邦宪法的缔约国可以在联邦法院或通过该法院执行裁决，并可规定联邦法院应把该裁决视为组成联邦的某一邦的法院作出的最后判决。

要求在一缔约国领土内予以承认或执行的一方，应向该缔约国为此目的而指定的主管法院或其他机构提供经秘书长核证无误的该裁决的副本一份。每一缔约国应将为此目的而指定的主管法院或其他机构以及随后关于此项指定的任何变动通知秘书长。

裁决的执行应受要求在其领土内执行的国家关于执行判决的现行法律的管辖。

**二、《中华人民共和国宪法》**

第十八条　中华人民共和国允许外国的企业和其他经济组织或者个人依照中华人民共和国法律的规定在中国投资，同中国的企业或者其他经济组织进行各种形式的经济合作。

在中国境内的外国企业和其他外国经济组织以及中外合资经营的企业，都必须遵守中华人民共和国的法律。它们的合法的权利和利益受中华人民共和国法律的保护。

# 案例四十四 国际投资中的征收

## ——Mobil v. Venezuela 案

### 案情简介

1975 年，委内瑞拉进行了石油工业的国有化，对私人石油工业进行征收，并成立了委内瑞拉玻利瓦尔共和国国家石油公司（简称 PDVSA），而本案中的被申请人委内瑞拉则是 PDVSA 的唯一股东。20 世纪 80 年代，为了对多余的石油资源进行开采，委内瑞拉制订了“石油开发”计划，允许外国投资者参与本国的石油工业。同时，委内瑞拉还在国内作出了一系列刺激外国投资的改变。由此，美孚公司对委内瑞拉的投资环境进行了考察与评估，最终决定与 PDVSA 合作（包括 Cerro Negro 和 La Ceiba 两个项目），并签订了合作协议和条件框架协议。然而，在委内瑞拉新任领导人查韦斯上台后，情况开始发生变化。申请人所享有的协议规定的优惠逐渐被取消，并最终于 2007 年，在第 5200 号法令颁布后，委内瑞拉政府没收了申请人在其国内的所有财产且未给予任何补偿。申请人不服委内瑞拉当局的行为，于 2007 年 9 月 6 日将纠纷提交 ICSID 仲裁庭请求仲裁。案件事实大概分为以下部分：

**一、双方订立的 Cerro Negro 合作协议和条件框架**

1996 年 9 月 17 日，美孚、Lagoven Cerro Negro（简称 Lagoven）和美孚 PIV 签订第一份无约束力的暂定协议书，对 Cerro Negro 的合成原油的共同开发和运营，以及 Lagoven 将对特定的政府行为给美孚带来的不利影响予以补偿作出了规定。

1997 年 1 月 1 日，美孚、Lagoven 和 Veba Oel（简称 Veba）签订了第二份暂定协议书，约定在合资中 Lagoven 和美孚 PIV 各占 41% 的股份，而 Veba 则持有 16% 的股份。

1997 年 3 月 17 日委内瑞拉能源矿产部向国会递交了 Cerro Negro 合作条件框架，并于同年的 4 月 24 日获得通过。

1997 年 6 月，Cerro Negro 合作协议被提交给了委内瑞拉国会，国会于 10

月通过了该协议及其附件。10 月 28 日，Lagoven Cerro Negro、PDVSA-CN、Veba Orinoco 和美孚 PIV 共同加入了该合作协议，并由 PDVSA P&G 将勘探与发展 Cerro Negro 区域的石油的专有权利授予了 PDVSA-CN、美孚 Cerro Negro 和 Veba Orinoco。

在 Cerro Negro 条件框架中，委内瑞拉对协议的参与者作出了如下的承诺：

第十三条：一旦委内瑞拉为了履行自己的国际义务而要实行石油减产，适用于协议成员的减产率不得高于全国的石油减产率。

第十五条：协议成员不需要纳地方税或者州税，同时适用普通企业税率而非税率更高的石油企业税。

第十八条：协议及其产生的所有事项均不可强加责任义务于委内瑞拉，也不可限制其独立之主权。

第二十条：协议允许对因政府的行为而造成的不利影响，在其责任范围内，对必要的补偿进行重新谈判。

除此之外，在 Cerro Negro 合作协议中则包含以下内容：

该协议所允许的活动包括发展勘探超重原油、升级石油精炼厂、铺设管道、进行产品销售。协议同时赋予了各方参与者扩大超重原油和合成原油的生产容量的权利，然而这样的增产计划需要各方一致同意，或者在特定的情况下，根据多数原则通过。此外，协议第十五条还规定，PDVSA-CN 将为被认为是“歧视性措施”的政府行为进行补偿和赔偿，该规定中还对“歧视性措施”进行了详细的解释，然而第十五条也规定了 Lagoven CN 采取“歧视性措施”而不被追究责任的例外：在布伦特原油价格超过基价持续时间超过六个月后，Lagoven CN 将不为其歧视性措施而承担赔偿外国当事方的责任。

## 二、提成税（Royalty Rate）的提高

2001 年，掌握着立法权的查韦斯总统通过了取代 1975 年国有化法和 1943 年碳氢化合物法的全新的碳氢化合物组织法。在新法的指导下，所有的碳氢化合物的生产活动都由国家掌控，私人只能通过混合制企业来参与。2004 年，在查韦斯的指示下，能源矿产部宣布之前 Cerro Negro 特许权协议（Cerro Negro Royalty Reduction Agreement）中承诺的 1% 的提成税将被更高的 16% 的税率所取代。由此，从 2004 年 10 月份起，美孚 Cerro Negro 开始支付 16% 的提成税。而这样的情况也相同地发生在 La Ceiba 计划中。随后，在 2005 年 6 月，能源矿产部又一次宣布，对于 Cerro Negro 计划中每天超过 120000 桶的超出产量将征收 30% 的提成税。

## 三、提炼税（extraction tax）的出现

在2005—2006年国际石油价格飙升的大背景下，委内瑞拉国会于2006年5月16日颁布了一项对2001年碳氢化合物组织法的修改法令，该法令创造了一种新的税种——“提炼税”。这种提炼税要求所有从地底下提炼出来的液体碳氢化合物产品都需缴纳33%的税。也就是说，美孚Cerro Negro按其在整个计划中的股份来计算需要承担16%的提炼税。因此，从2006年5月29日起，美孚Cerro Negro开始缴纳16%的提炼税。

## 四、Orinoco石油带合资参与者的所得税的提高

2006年8月29日，委内瑞拉国会对所得税法作出了修改，并撤销了Orinoco石油带的超重原油计划（Cerro Negro计划包含在内）产品的所得税适用普通企业所得税的规定，改而适用税率更高的石油工业所得税。从2007年1月1日开始，美孚Cerro Negro所需缴纳的所得税就从原来的34%升至50%。

## 五、Cerro Negro计划中的减产与限制出口

在2006年10月9日，能源部要求Cerro Negro的超重原油的产量要在当月减少50000桶。随后委内瑞拉由于参加到OPEC的两个减产计划中，需要对国内的石油生产进行缩减。而到了2006年年末，减产开始被限制出口所取代，这样的限制出口持续的时间包括了2006年的11月以及2007年1月—6月。对于委政府所强加的减产和出口限制，Cerro Negro声称，相较既定的目标而言，2006年少产了560000桶超重原油，而在限制出口上，一直延续到2007年6月在出口上共减少了5500000桶合成原油。

## 六、委内瑞拉对申请人在两个计划中的投资的国有化

自从2001年的碳氢化合物组织法颁布后，所有的参与合作开发协议都必须改造成混合制企业形式。仅有的存在于法律框架之外的合作只剩下Orinoco石油带合作组织（比如Cerro Negro计划）和合资开发协议（比如La Ceiba计划）。在2007年1月8日，查韦斯总统宣布所有的存在于碳氢化合物组织法法律框架之外的计划和组织（包括Cerro Negro计划）都将被国有化。随后于2007年2月1日委内瑞拉明确表示将通过授权法令对合资企业（包括La Ceiba计划）进行国有化征收。

2007年2月26日，查韦斯总统颁布了第5200号法令，该法令的主要内容是对上述的两种类型的合作组织进行“转移”，使它们成为国有占主要部分的新型混合制企业的一部分。

第 5200 号法令第 3 款规定了申请人必须将所有与其投资的两个计划有关的活动与运营移交给 PDVSA 的一个子公司，且最迟不得超过 2007 年 5 月 30 日。而法令的第 4 款则规定给予上述两种被国有化的企业的参与者 4 个月的时间去考虑加入新型的混合公司。第 5 款接着规定，如果 4 个月过去后，参与者未能就参与新型混合公司达成一致，那么将由 PDVSA 的子公司来接管这些企业（也就是 Cerro Negro 和 La Ceiba）的一切活动。

2007 年 6 月 27 日，随着四个月的谈判期的结束，被申请人委内瑞拉开始没收申请人在两个计划中的投资。随后委内瑞拉政府又颁布了一系列法律法规，努力为这种国有化提供一种合法的依据。至此，协议双方的合作关系完全破裂，申请人在委内瑞拉国内两个计划中的投资也都在委内瑞拉政府国有化中被征收。

## 争议焦点

### 一、国际投资争端解决中心（简称 ICSID）是否具有本案的管辖权

被申请人提出管辖权异议，认为 ICSID 对本案中有关提成税、税率提高和基于每天超过 120000 桶石油的产品所提起的索赔没有管辖权。其认为：对于这些税率改变应该考虑当时（2007 年）适用这些变化的具体的财政制度，而不是单纯地从其改变表面来判断。而对于产量限制的规定则是从 20 世纪 90 年代，条约被通过的那时起就已经限定下来了。

而申请人则认为在本案中提起的所有的索赔，ICSID 均具有管辖权，尤其是在：①被申请人强加的 33% 的提炼税；②被申请人对保证申请人适用普通企业税的承诺的违反。

### 二、国际商会（简称 ICC）仲裁对本案的影响

2008 年，美孚 Cerro Negro 向 ICC 提起了仲裁程序，被申请人为 PDVSA 和 PDVSA-CN。该程序启动的依据是 Cerro Negro 合作协议的第十五条，这一条规定给予了美孚 Cerro Negro 因特定的政府行为而向 PDVSA-CN 求偿的权利，但同时美孚 Cerro Negro 也负有采取合法方式起诉委政府而避免重复救济的义务。而在 ICC 仲裁过程中，该案的申请人美孚 Cerro Negro 承诺对于之后的 ICSID 仲裁中与 ICC 仲裁中出现的重复赔偿的部分将对被申请人进行偿还。

2011 年 12 月 23 日，ICC 作出了上述有关案件的仲裁裁决，ICSID 仲裁庭要求双方分别发表对于 ICC 裁决是否会对本案产生影响的意见如下。

申请人：ICC 的裁决对于本案不会有任何影响，既不会影响责任的判定，也不会影响数额的裁量。申请人认为 ICC 的仲裁与本案的仲裁涉及的是不同的主体间的不同的责任义务。因此，申请人认为 ICC 的仲裁裁决并不会导致赔偿争端的终结，同时被申请人所提出的不同的争论也是站不住脚的。

被申请人：既然 ICC 的判决已经作出，那么 Cerro Negro 的索赔请求仲裁庭应予以驳回，因为对于 Cerro Negro 的赔偿，在其他的赔偿机制中已经作出了赔付。

**三、委内瑞拉对申请人的投资的征收是否合法**

（一）申请人的主张

申请人认为委内瑞拉违反了《双边投资条约》（Bilateral Investment Treaty，BIT）第六条的规定，违法地征收了其在上述两个计划中的投资。其中 BIT 第六条的内容如下：条约双方均不可对另一方在其国内的投资采取征收措施或国有化措施，以及效果等同于征收或者国有化的其他措施，除非满足以下条件：①采取的措施是为了追求公共利益，并且是在法定的合法程序下进行的；②这些措施必须是非歧视的，同时不违反其在采取措施前所作出的承诺；③必须对这些措施造成的后果进行补偿，同时这样的补偿必须是及时、充分、有效的。

申请人认为，在第 5200 号法令直接征收其在两计划中的权利和利益前，他们投资的权益就已经被效果等同于征收的委内瑞拉政府行为永久地剥夺了，同时申请人指出，这些行为既无法定程序，也与其承诺相违背，更是没有丝毫赔偿。因此，申请人认为被申请人的措施完全违反了 BIT 第六条的规定，毫无疑问是一种违法的征收，应给予赔偿。

（二）被申请人的主张

被申请人认为，国有化的进行是依据当时的一项公共政策，并且采取的是一种有序、非歧视性的方式，并且是为了追求公共目的。同时被申请人声明，委内瑞拉政府并未作出过任何限制自己在石油领域的管理和征税的主权权力的特殊的承诺。此外，被申请人进一步提出，其一直致力于与申请人在补偿上进行真诚的协商，但由于申请人的要求太高而未达成。因此，被申请人认为，在补偿的量上未能达成一致，不能就此说这样的征收是违法的。

**四、赔偿数额的计算**

（一）Cerro Negro 中的现金净流量

1. 产量。

申请人认为：在 Cerro Negro 协议通过的一开始，双方就设立了每天产量为 120000 桶的初始目标，同时对之后的增产权利排除偏见。因此申请人认为，通过技术的提高以及设备的升级，同时再建造一个升级装备设施，他们能够在2014年达到每天344000桶的产量，并要求以这样的产量为基础计算赔偿。对于被申请人是否对计划的产量作出了限制性规定，申请人对此予以否定。根据申请人的说法，在2005年时，委内瑞拉政府还对每天产量超过120000桶的产品征收更高的30%的提成税，由此可见申请人保有提高产量的权利。

被申请人则认为：在本计划中产量的峰值就是每天120000桶，不会有所谓的提高。此外，被申请人同样质疑，在增产需要委内瑞拉当局批准的情况下，申请人成功增产不大可能。更别说根据2001年的碳氢化合物组织法，超过原来产量的两倍的情况是完全不可接受的。最后，关于申请人所提出的产量的如此巨幅的增加在技术上是行不通的，而且是基于不真实的经济假设得来的。在论述巨额增产不可能之后，被申请人还对现金流量折现法的基础作出了质疑。

2. Cerro Negro的运营成本与资本投资。

申请人认为：运营成本主要是保持和提高Cerro Negro的装置以及对通货膨胀和不确定的兑换率作出的支出调整。此外，申请人对被申请人的运营成本计算予以质疑，认为其夸大了生产消耗。申请人认为被申请人的专家高估了油井维护和维持的资本耗费，同时指责对方由于当地的通货膨胀而对2007年的预算作出不公正的调整。

被申请人认为：应根据2007年Cerro Negro计划的预算来进行评估。被申请人的专家认为这个预算实际上低估了通货膨胀率，同时没有充分考虑到额外的雇用开销以及充分的维修款项。

（二）Cerro Negro赔偿中的产品价格是否适用价格上限

被申请人的观点是：在Cerro Negro合作协议中规定的价格上限应该应用于本案之中。被申请人认为价格上限在合作协议的第十五条中作出了规定："在任何一个原油基准价格超过27美元（以1996年的美元为基准，在2007年相当于25.07美元）每桶的财政年度里，赔偿将无法得到保证。"因此，被申请人据此认为赔偿应根据这一价格上限受到限制。

申请人的观点为：被申请人并不是Cerro Negro合作协议的当事方，而且本案不涉及第十五条规定的索赔。

对于申请人的上述观点，被申请人予以反驳："这并不是一个合同履行的问题，而是一个尊重条款框架的问题。"被申请人还认为，潜在的卖家在评估

MCN 的股份价值时也一定会考虑这个价格上限的。

（三）La Ceiba 被征收财产的计算

申请人认为，在当时的情况下，最有效的赔偿方式就是对申请人的在这个计划中的实际投资额——1.793 亿美元进行补偿。

被申请人则对此持不同意见，申请人在 La Ceiba 中只是持有 50%的股份，另外 50%的股份由 Petro Canada 持有，而 Petro Canada 接受了 0.75 亿美元作为对其 50%股份征收的补偿。由此，被申请人认为，赔给 Petro Canada 的数额也就是 2007 年 6 月份申请人被征收的投资的价值。

## 学理分析

### 一、ICSID 管辖权问题

根据 1999 年 10 月 3 日委内瑞拉政府实施的《保护与促进投资法规》第二十二条，ICSID 对本案没有管辖权。在 1991 年荷兰—委内瑞拉关于促进和保护投资条约下，被申请人认为 2005 年到 2006 年期间美孚公司的重组而建立荷兰控股公司引发了一系列的权利滥用的情况，而这剥夺了 ICSID 仲裁庭在 BIT 下的管辖权。

仲裁庭最终作出裁决：正如申请人所陈述的那样，他们对其在委内瑞拉境内的投资通过荷兰控股公司进行重组的目的是在委内瑞拉政府违反约定的情况下，能通过 BIT 下的 ICSID 仲裁来实现自身权利与利益的维护。仲裁庭认为，这种做法就解决未来的争端而言是完全合法的。而对于那些先前就存在的争端，情况则截然不同。仲裁庭认为，对投资进行重组仅仅是为了获得 BIT 下争端解决的管辖权会形成一种菲尼克斯仲裁庭所称的“在 ICSID 协议和 BIT 下的对国际投资保护系统的滥用”。在 2005 年 6 月 20 日，申请人一方告知了被申请人：合作协议中美孚的各方当事人都已经同意在关于所得税和提成税问题，以及当前或今后与委内瑞拉产生的任何争端（包括对申请人投资的征收），ICSID 均具有管辖权。综上，仲裁庭认为自己的管辖权是基于对 1991 年荷兰—委内瑞拉 BIT 的违约而产生的，同时仲裁庭只对这两个开发计划进行重组后所产生的争端有管辖权（尤其是委内瑞拉政府所采取的国有化措施所带来的争端）。

在提炼税问题上，仲裁庭认为：提炼税是在 2006 年 5 月 16 日修改通过并于 29 日生效的。而且在双方的往来信件中，2006 年 5 月 26 日由申请人向被申请人提出的抗议是有关提炼税的第一次出现，因此可以认定为在提炼税修改前，其并未引起争端，且修改与生效的时间都是在重组（2006 年 2 月 21 日）之后，因此仲裁庭在提炼税的争端上拥有管辖权。

而在所得税提高的问题上，情况则截然不同。尽管相关的法律法规是在 2006 年 8 月正式颁布的，但是在 2005 年 4 月的媒体报告中就已经出现了相关的内容，此外在 2005 年 6 月 20 日申请人寄给被申请人的信件中就已经提及了所得税提高的问题。因此可以认定这个争端在 2005 年 6 月之前就已经存在了，在时间上先于重组的时间，因此仲裁庭在所得税提高上不具有管辖权。

**二、ICC 裁决不会导致本案的终结**

在这个问题上，仲裁庭认为被申请人的观点是毫无根据的。ICC 仲裁程序是根据 Cerro Negro 合作协议第 15 条的规定启动的，且仲裁双方为美孚 Cerro Negro、PDVSA 和 PDVSA-CN，而本案被申请人委内瑞拉政府并不是该案的当事人，且本案主要是关于国家在违反条约和国际法后的责任问题，这些问题很显然在 ICC 的裁决中并未得到解决。ICC 裁决对本案的影响仅限于仲裁庭在事实认定上应尽量与其对有关事实判断相一致。因此，ICC 仲裁并不会对本案的继续进行产生实质性的影响，更加不会导致本案的终结。

**三、委内瑞拉的征收是合法的**

仲裁庭对这个问题分两步进行推理：

1. 2007 年 6 月前委内瑞拉的行为是否构成征收？

仲裁庭认为，在国际法语境下，一个不具备征收所有要件的行为如果产生了对整个投资进行实质性剥夺的效果，那么也可以被等同于征收。而这种剥夺包括对整个投资价值的永久剥夺和对投资者控制投资的权利的永久剥夺。由于被申请人在两个计划中实施的措施并不完全符合上述定义，因此，申请人所列举的这些措施并不构成征收。

2. 2007 年 6 月后的征收是否违法？

关于法定程序，仲裁庭认为，征收行为是由于国会颁发的法令和总统采取的决定导致的。在协商过程中，国有化只有在协商失败后才会被委内瑞拉政府考虑。仲裁庭认为，被申请人所给予的 4 个月的考虑时间的程序使得合资参与者能够权衡他们的股份并在合理的期间内作出自己的决定，因此被申请人并未违反 BIT 第六条法定程序义务。

关于保护伞规则，对于申请人宣称的 2001 年碳氢化合物组织法所作出的特殊承诺，仲裁庭认为其不能适用于现存的这些合作中。原因如下。①在 cerro negro 条件框架中，明确规定了合作协议和所有的活动与运营均不可强加任何义务予被申请人，也不可限制其主权权力。②La Ceiba 条件框架中作出了同样的规定。被申请人除了保留其他权利之外，还保留了征收申请人投资的权利，同时被申请人也从未承诺将不运用这种权利。因此，仲裁庭认为征收行为并没有违反被申请人的承诺。

关于补偿，对于申请人所说的被申请人无意、不愿最终也没有进行补偿就足以构成违法征收的说法，被申请人认为，委内瑞拉政府一直是很乐意在任何案件中提供补偿的，仅仅是由于未受到补偿并不能导致整个国有化违法。对于被申请人的观点，仲裁庭表示认可，但是对于这样的一个案件，征收的合法性要由所提供的补偿方案来决定。在 5200 号法令中并没有正视补偿问题。而事实上，在《转移效力法》（Law on the Effects of Migration）中包含的"回归原则"则可以被视为是一种例外补偿。申请人大量地应用当时的媒体报告来证实自己的观点，同时也应用了时任能源部部长的拉米雷斯的声明来证明当时的委内瑞拉政府只愿意赔付这些被征收财产的账面价值。然而仲裁庭认为这些材料并不能真实地还原 2007 年双方关于补偿方案的讨论。毋庸置疑的是委内瑞拉政府提出过建议性的协商方案，同时他们之间也可能讨论过对被征收股份的评估方式，相关的限制条款以及实际上应赔付给申请人的款项，但最终未能达成一致。仲裁庭认为，就现有的事实来看，其并不能论证委内瑞拉政府的目的与 BIT 第六条规定的补偿的标准不一致。因此，仲裁庭认为本案中的征收并未违法。

综上，关于征收是违法的索赔，仲裁庭不予支持。仲裁庭也将不考虑非法征收赔偿的问题，对于申请人的赔偿将依照 BIT 第六条的要求进行计算。

### 四、赔偿数额的计算

#### （一）产量计算

首先在产量问题上，被申请人曾对此提出过管辖权的质疑。仲裁庭认为，申请人的索赔并不是直接针对被申请人 2005 年的措施，而是对 2007 年征收的求偿，因此 ICSID 在这个问题上拥有管辖权。由此，仲裁庭所要计算产量时间为从 2007 年 6 月 27 日到 2035 年 9 月 30 日。

根据 1975 年的国有化法，类似于 Cerro Negro 这样的协议的实施需要国会事先核准。而在 Cerro Negro 合作协议中的第八条第一款中并未排除提高产量的可能性，同时规定，要改变原有的产量需要协议各方的同意。任何未经同意而私自增产的一方都需承担因之而被剥夺财产和权利的风险。而协议中只能预见通过现有的石油精炼厂而无法预见建造新的精炼厂来提高产量。在2004年协议各方曾就增产展开了协商，但最终未能达成一致意见，增产协议破产。在2005年委内瑞拉当局对一些石油企业的增产行为进行了惩罚——对多产的部分征收更高的提成税，在能源矿产部给Cerro Negro的一封信中，这个问题得到了更加细致的解释："对超产的部分收取高额的提成税并不意味着超产的行为是合法的。"由此可以推知申请人是明知这样的增产行为是为东道国所不允许的。

仲裁庭认为，申请人所宣称的三倍于原来产量的数字需要新的石油提炼厂的建造、原有设施以及运输码头的扩展，而这一切违反了Cerro Negro合作协议中第八条第一款的规定。因此，仲裁庭决定，对于产量的计算应该建立在每天120000桶超重原油（也就是108000桶合成原油）的基础上，同时考虑一些风险因素（包括储运损耗、操作时间、典型失误等）最终决定将原来的每天108000桶减少4%得到每天104300桶合成原油的产量。

（二）成本的计算

仲裁庭把2006年Cerro Negro计划的2007年预算规划作为一个在不考虑任何政府采取不合理措施的情况下，投资者所需经营成本的最好标本，同时这样的预算对于潜在的卖家来说也十分有意义。此外，仲裁庭也不否认这个预算必须做出必要的调整。首先是在劳动力成本上，尽管OCN（Operadora Cerro Negro）和PDVSA在2007年10月签订了一份协议保证了对不同类型的劳动者的不同的补偿，然而却没有任何与这个协议成本有关的事实材料。此外，对于一个潜在的卖家而言，他肯定也无法在2007年6月份预见几个月后将会有这样一份协议签订，因此，仲裁庭不会考虑被申请人所称的劳动成本上升的情况。

另一方面，考虑到石油精炼厂的维持，每年的额外支出都必须增加到预算中去。此外，还应考虑每年2%的通货膨胀率和对委内瑞拉货币股价过高导致的6%的成本增加。因此，最终的运营成本为60.567亿美元。

而对于被申请人所称的申请人有义务为每个油井做更多的投资，仲裁庭不予认可。因此，对于投资成本的计算则仍以预算规划中的数字为基准。在这些计算标准的基础上，仲裁庭最终决定整个计划的成本（包括运营成本和投资资本）为17.799亿美元。

（三）不考虑价格上限因素

仲裁庭认为，Cerro Negro合作协议中的第十五条对外国投资者解决与

Lagoven CN 的纠纷还是解决与政府的纠纷这两种截然不同的情况作出了明确的区分。而第十五条规定的价格上限只有在请求 Lagoven CN 进行赔偿时才可以适用。既然本案中被申请人是委内瑞拉政府而不是 Lagoven CN，那么第十五条规定的价格上限将不对本案的赔偿产生任何影响。

（四）La Ceiba 计划价值的计算

根据 BIT 第六条的规定，计算出来的被征收财产的市场价值应该是在征收时，在买方与卖方都没有任何压力的情况下，一个完全意思自治的买家所愿意支付给卖家的数额。而本案中被申请人所提及的 Petro Canada 接受 0.75 亿美元补偿款是在第 5200 号法令实施前一天发生的，在这种情况下，Petro Canada 显然面临着不接受该条件其财产将被无偿征收的压力，无疑是与 BIT 第六条的规定相违背的。因此仲裁庭不接受被申请人的建议，而接受申请人的意见，以申请人在该计划中的投资额为参考标准，最终确定被征收的财产价值为 1.79 亿美元。

ICSID 的裁决如下：

1. 仲裁庭对于申请人所提出的关于所得税提高的索赔没有管辖权；

2. 仲裁庭有权审理下列请求：

（1）对于 Cerro Negro 计划中强加的提炼税的索赔；

（2）对于 2006—2007 年期间 Cerro Negro 计划中减产与限制出口的索赔；

（3）申请人在 Cerro Negro 计划和 La Ceiba 计划中的投资被征收而引起的索赔。

3. 被申请人应就其在 2006—2007 年期间的减产和出口限制赔偿申请人 9042482 美元；

4. 被申请人应就其对 Cerro Negro 计划的征收赔偿申请人 14.117 亿美元；

5. 申请人将重复赔偿的部分返还给被申请人能够避免重复赔偿；

6. 被申请人应就其对 La Ceiba 计划的征收赔偿申请人 1.793 亿美元；

7. 所有赔付给申请人的款项都是税后的；

8. 所有的赔付都适用每年 3.25% 的复利，从 2007 年 6 月 27 日一直到清偿之日；

9. 各方当事方都需承担自己的花费与律师费；

10. 所有当事方都需平等地承担本次仲裁的一切费用；

11. 其他一切申请，仲裁庭都不予支持。

关于法律问题分析——征收的合法性问题如下。

在国际投资法的领域，关于征收的合法性的判断标准，可以说是得到了学界的公认：①东道国为了公共利益；②采取非歧视性的方式；③依照法定程序进行；④对被征收的外国投资进行补偿。对于法定程序和补偿问题在上文的法律推理中仲裁庭已经作出了精彩的分析，此处不再赘述。

在公益问题上，本案中，征收的起源在于2001年委内瑞拉颁布了碳氢化合物组织法，规定所有与碳氢化合物有关的生产活动都必须以混合制企业的形式出现，且国有成分必须占据主导地位。这使得Orinoco石油带合作组织（包括Cerro Negro计划）和合资开发协议（包括La Ceiba计划）游离于当时的法律框架之外。因此，委内瑞拉政府希望对申请人在两个计划中的投资进行国有化，使之“合法化”的做法在某种程度上是符合东道国的公共利益的，也是无可厚非的。

在非歧视性上，委内瑞拉政府采取的国有化措施是面向所有的石油带合作组织和合资开发组织的参与者，并非仅仅针对申请人所投资的Cerro Negro计划和La Ceiba计划。同时申请人与被申请人对于歧视性措施的争辩更多是集中在计划中减产与限制出口的问题上，申请人对于征收方式是否具歧视性并没有作过多论述，因此，在笔者看来至少在征收上，委内瑞拉并未采取歧视性的措施。

然而，尽管对于征收是否合法的问题，标准已经十分细化，但在实际操作中仍有不小的难度，特别是对东道国当时目的的探究更是烦琐之至。那么在这四个判断标准之外，是否可以考虑引进一些辅助性的方法呢？在笔者看来，这样的做法并非不可行。

上文所提及的判断征收合法性的四个标准，无论是目的、方法抑或是程序、补救更多的都是从东道国的角度出发去考虑其合法性。然而笔者认为对于合法性的判断不能仅仅从东道国的立场上出发，不能单纯地考虑东道国的法律环境、社会状况等。更重要的是要求东道国在作出有关投资者的决定时，要在该决定给东道国带来的利益与给投资者造成的损失之间寻求一种平衡。这样的做法在笔者看来是在判断征收比例原则是否合法的应用。比例原则更多的是被应用于行政法领域，它包括适当性、必要性和均衡性，是行政法中用以限制行政权力和保护公民权益的一项十分重要的基本原则。然而这样的原则也可以被巧妙地应用到征收领域来。

首先是适当性。比例原则的适当性在行政法上指所采行的措施必须能够实现行政目的或至少有助于行政目的达成并且是正确的手段，应用到征收领域来就是要求国家采取的措施要基于合法目的且该措施要恰当。

在本案中，委内瑞拉政府对于申请人投资的征收确实是为将这两类合作企业类型纳入当时的法律框架中，因此，其目的是合法的。在征收前，东道国提前通知了投资者在四个月后，如果双方未能达成新的协议，将对其在相关企业中的投资进行国有化。这种做法使得合资参与者能够权衡他们的股份并在合理的期间内作出自己的决定，不可不谓恰当。

其次是必要性。比例原则的必要性在行政法上是指在前述“适当性”原则已获肯定后，在能达成法律目的诸方式中，应选择对人民权利最小侵害的方式，应用到征收领域上则是指要求东道国采取的措施是实现既定目标且对投资者的权利或利益的损害程度较小的方式。即如果存在其他同样能够实现既定目标的可替代性措施，那么，该措施就是违背必要性的。

那么在本案中，东道国是否有其他的可替代措施可以实现既定的目标呢？首先我们要弄清楚，委内瑞拉的既定目标是什么？从之前的分析来看，委内瑞拉的既定目标是将这两类合资企业纳入现有的法律框架中来。那么为了实现这个目标，是否有比征收更合适的方法呢？其实是有的，在征收前，东道国就告知申请人，可以进行协商来继续参与到合资企业中，并给了 4 个月的时间，尽管最终协商未能成功，但是这不能抹杀东道国所做的努力，也就是说，在必要性上，东道国确实有更好的措施，同时也尝试去施行这种措施，但最终没有成功。而对于协商的失败应归责于哪一方，笔者认为，这就需要像本案中的仲裁庭那样地去刨根问底地追寻。

最后是均衡性。比例原则中的均衡性在行政法上是指行政权力所采取的措施与其所达到的目的之间必须合比例或相称，应用到征收领域中则要求考虑东道国措施带来的积极效益与给投资者带来的损失的平衡。

在这一点上，本案中即使委内瑞拉不对申请人的投资进行征收，其自身也并不会遭受任何的实质的经济损失。而一旦进行国有化，对于申请人而言，其在委内瑞拉境内的投资就将遭受毁灭性的打击。从这一角度上来说，委内瑞拉政府的行为似乎不符合均衡性的标准。然而，如若考虑到这种做法是对游离于法律框架外的经济体的取缔，是为了维护委内瑞拉国内法治的稳定性与可预期性，是该国在法制建设上的需要，那么可能这两者的利益就让人难以衡量了。

总之，尽管比例原则应用在判断征收是否合法上，可能也并非是十分恰当的做法，但在笔者看来，这样的新尝试可以为我们提供一种视角，从不同的角度去衡量各方的利益。

# ■ 第八章

# 国际融资法

## 案例四十五 国际融资担保

——神州银行和香港欣然国际有限责任公司案

### 案情简介

2001年10月25日，神州银行与香港欣然国际有限责任公司签订了《综合授信额度合同》。合同约定：神州银行给予香港欣然国际有限责任公司综合融资额度5000万美元。其中，信托提货（T/R贷款）4500万美元，每次期限120天；流动资金贷款额度500万美元，期限一年。

抵押人为香港欣然国际有限责任公司和倪秋雨。

抵押条款约定：抵押人自愿将自己有权设立抵押的财产，第一优先地抵押给神州银行，以该抵押物为香港欣然国际有限责任公司在综合融资额度有效期内和综合融资额度内循环、连续借用的贷款本金以及由此产生的利息、罚息、滞纳金、违约金和实现债权、抵押权的费用作担保。抵押担保的期限从抵押物在抵押登记机关办理抵押物登记之日起，至合同项下全部额度借款本金、利息、罚息、滞纳金、违约金和实现债权的费用全部还清之日为止。合同约定适用中华人民共和国法律。倪秋雨在抵押人栏内签名，香港欣然国际有限责任公司在《综合授信额度合同》抵押人一栏加盖了公章，并由其法定代表人倪秋雨签名。

2002年7月7日，神州银行和香港欣然国际有限责任公司签订《开证额度合同》，约定神州银行授予香港欣然国际有限责任公司250万美元开证额度，期限 4 个月。香港欣然国际有限责任公司不按时归还每次的 T/R 借款本金，从逾期之日起加收 50% 的罚息。抵押条款约定，抵押人自愿将自己有权设立抵押的财产第一优先地抵押给神州银行，以该抵押物为香港欣然国际有限责任公司在综合融资额度有效期内和综合融资额度内循环、连续借用的贷款本金及由此产生的利息、罚息、滞纳金、违约金和实现债权的费用作担保，并作为香港欣然国际有限责任公司按期偿付融资额度借款本金、利息、罚息、滞纳金、违约金和实现债权、抵押权的费用的担保（包括神州银行通过法律途径实现债权所发生的所有费用）。抵押担保的期限从抵押物在有关抵押登记机关办理抵押物登记之日起，至合同项下全部额度借款本金、利息、罚息、滞纳金、违约金、实现债权的费用全部还清之日为止。该合同约定适用中华人民共和国法律。香港欣然国际有限责任公司在《开证额度合同》抵押人一栏加盖了公章，并由其法定代表人倪秋雨签名。

2002 年 10 月 28 日双方签订《贷款展期协议》，将该 250 万美元额度续期 1 年，展期期限自 2002 年 10 月 28 日起至 2003 年 10 月 28 日止。借款利率为随时浮动利率，实行优惠利率加 1.5%，本期优惠利率为 8.5%，优惠利率随各期借款利率调整而调整，贷款实行分段计息。若遇利率调整，贷款方则按新的利率计收利息，无须另行通知借款人。借款人须在展期贷款到期日向贷款方清偿全部贷款本金及未付利息。逾期未还的，贷款方有权按借款人实际使用贷款的天数，在按实际用款期限的利率档次计收利息基础上，从逾期之日起加收 50% 的罚息。抵押人确认，原合同设定的抵押继续作为偿还本协议展期借款本息及相关费用的担保，抵押人按原合同规定履行责任。《贷款展期协议》约定适用中华人民共和国法律。香港欣然国际有限责任公司在抵押人栏内盖章，并由倪秋雨签名。

2003 年 2 月 12 日，神州银行和香港欣然国际有限责任公司签订《借款合同》，约定神州银行向香港欣然国际有限责任公司发放贷款 300 万美元，期限 4 个月，从 2003 年 2 月 13 日至 6 月 13 日。利率为优惠利率加 3%，本期优惠利率为 8.5%。抵押条款约定，抵押人自愿将自己有权设立抵押的财产第一优先地抵押给神州银行，以该抵押物为香港欣然国际有限责任公司在综合融资额度有效期内和综合融资额度内循环、连续借用的贷款本金及由此产生的利息、罚息、滞纳金、违约金和实现债权的费用作担保，并作为香港欣然国际有限责任公司按期偿付融资额度借款本金、利息、罚息、滞纳金、违约金和实现债权、抵押权的费用的担保（包括神州银行通过法律途径实现债权所发生的所有费用)。抵押担保的期限从抵押物在有关抵押登记机关办理抵押物登记之日起，至合同项下全部额度借款本金、利息、罚息、滞纳金、违约金、实现债权的费用全部还清之日为止。

借款人挪用借款的，贷款人按挪用金额按本合同规定的利率加收 50% 的利息。借款人未按每月的结息日向贷款人计付利息的，贷款人对其拖欠的利息额按日计收万分之五的滞纳金。该合同适用中华人民共和国法律。

在《综合授信额度合同》《开证额度合同》与《借款合同》签订之后，神州银行依照约定划出款项，香港欣然国际有限责任公司出具了借款借据。

2003 年 6 月 10 日，TPYTEN 集团（香港）有限责任公司和神州银行签订《股权质押担保协议》，约定 TPYTEN 集团（香港）有限责任公司将其在神州秋林国际开发有限责任公司的 25% 的股份质押给神州银行，作为香港欣然国际有限责任公司向神州银行贷款的担保。神州秋林国际开发有限责任公司在该协议上加盖了公章。2003 年 11 月 29 日，神州经济开发区计划局批复同意宁海公司将合资公司已出资部分股权，作为香港欣然国际有限责任公司在神州银行所欠债务的质押担保。

2003 年 10 月 30 日，香港欣然国际有限责任公司与神州银行签订了《股权质押协议》，约定香港欣然国际有限责任公司将其在神州秋林国际开发有限责任公司的 65% 的股份质押给神州银行，作为香港欣然国际有限责任公司向神州银行贷款的追加担保。2004 年 1 月 1 日，神州经济开发区计划局批复同意宁海公司将合资公司已出资部分股权，为香港欣然国际有限责任公司在神州银行所欠债务提供质押担保。

之后，香港欣然国际有限责任公司因为公司内部问题，未能依约偿还债务，神州银行提起诉讼，要求偿还欠款，并要求香港欣然国际有限责任公司、TPYTEN 集团（香港）有限责任公司、倪秋雨承担担保责任。

法院认为：神州银行、香港欣然国际有限责任公司、TPYTEN 集团（香港）有限责任公司及倪秋雨在合同中约定适用中华人民共和国法律，该约定不违反法律规定，因此本案争议应适用中华人民共和国法律处理。神州银行与香港欣然国际有限责任公司之间签订的《综合融资授信额度合同》《开证额度合同》与《贷款展期协议》和《借款合同》都是双方当事人真实意思表示。同时，合同内容不违反国家法律，是有效合同。神州银行依照合同约定，将贷款划付给香港欣然国际有限责任公司。香港欣然国际有限责任公司没有依约偿还借款本息，应承担违约责任。

倪秋雨和香港欣然国际有限责任公司提供的房产和土地使用权抵押均办理了抵押登记手续，该抵押符合《中华人民共和国担保法》第三十四条和第四十一条、第四十二条的规定，是有效的。神州银行对倪秋雨和香港欣然国际有限责任公司提供的抵押物拍卖、变卖所得价款，有优先受偿权。依照《中华人民共和国担保法》第五十七条的规定，倪秋雨在神州银行实现抵押权后，有权向香港欣然国际有限责任公司追偿。

TPYTEN 集团（香港）有限责任公司和香港欣然国际有限责任公司提供了其在神州秋林国际开发有限责任公司的股权作为香港欣然国际有限责任公司向神州银行借款的质押担保。两份质押协议已由钦州宁海国际集装箱码头仓储有限公司报有关部门批复同意，该质押符合《中华人民共和国担保法》第七十五条、第七十八条的规定。因此，神州银行对 TPYTEN 集团（香港）有限责任公司、香港欣然国际有限责任公司在神州秋林国际开发有限责任公司已出资部分股权有权折价或对拍卖、变卖已质押股权所得价款，享有优先受偿权。根据《中华人民共和国担保法》第七十二的规定，在神州银行实现质权后，TPYTEN 集团（香港）有限责任公司有权向香港欣然国际有限责任公司追偿。

法院依照《中华人民共和国民法通则》第一百零六条、第一百零八条、第一百三十四条判决。

## 争议焦点

1. 什么是国际融资担保？请试述国际融资担保合同的法律关系。
2. 办理不动产担保应该注意什么？
3. 办理动产担保应该注意什么？
4. 违约金和损失赔偿之间有什么关系？

## 思路

这是相关的几个法律问题，分别一一解答。

## 学理分析

1. 什么是国际融资担保？请阐述国际融资担保合同的法律关系。

国际融资担保是指，在国际融资中，借款人或第三人以自己的资信或资产（物或权利）向外国贷款方所作的还款保证，当借款人不履行偿债义务时，以担保标的偿还债务。

国际融资担保主要有如下两类：

（1）信用担保。信用担保是指借款人或第三人以自己的资信向贷款人提供还贷担保，主要有保函、备用信用证、安慰函等。

（2）物权担保。物权担保是指借款人或第三人通过在其特定财产（特定的物或权利）上设定担保物权的方式向贷款人提供还贷担保，有不动产担保、动产担保和浮动担保等形式。

国际融资担保合同的法律关系和一般担保的法律关系的区别在于前者具有涉外因素。即在债权人与债务人之间是债权债务关系，债权人和担保人或保证人之间是担保法律关系，二者之间成立担保合同。担保关系是从属于债的关系的。在抵押人（或质押人）履行义务或抵押权人（或质押权人）实现抵押权或质权后，抵押人（或质押人）有权向借款人追偿。

从主体来看，接受担保的一方，即担保权人，是融资担保中的贷款人。提供担保的一方，在保证担保中，只能是第三人；在抵押和质押担保中，既可以是借款人，也可以是第三人。担保法律关系的客体，是指担保合同双方当事人权利义务所指向的对象。在保证担保中，客体是行为，在抵押担保中，客体是抵押财产，包括动产和不动产，以及不动产上的权利，如土地使用权。在质押担保中，客体既可以是法律允许流通的动产，也可以是无形的财产权利，如依法可以转让的债权、股票、股份、商标专用权、专利权、著作权中的财产权。

2. 办理不动产担保应该注意什么？

不动产担保是指债务人在其本人或第三人所有的土地房屋及地上的定着物、林木、土地使用权等不动产上设置的担保，此类担保一般适用于不动产所在地法。

由于各国法律对不动产的取得和变卖有严格的限制，债权人难以实现在不动产上设定的担保权益，所以，在国际融资中，当事人很少采用不动产担保。由于不动产无法转移占有，因而，只有不动产抵押担保形式。在不动产担保上，当借款人不按期归还借款时，贷款人有权以该财产折价或者以拍卖、变卖该财产的价款优先受偿。其中，贷款人称为抵押权人，以财产设立抵押的借款人或第三人称为抵押人。

抵押权人和抵押人签订抵押合同的方式主要有两种：

（1）签订单独的抵押合同。

（2）在借款合同中订立抵押条款。

但抵押合同签订后，抵押权并不当然生效。不动产抵押合同的生效有严格的形式要求，一般有两个必备条件：

（1）应以书面形式订立。

（2）需要办理登记。

有的国家还要求担保合同必须蜡封或者公证，或者附带有关约因的宣誓书。以不动产抵押的必须向法定的登记部门办理抵押物登记，登记之日即为抵押合同生效之日。

《中华人民共和国民法典》第四百条“设立抵押权，当事人应当采用书面形式订立抵押合同。”

办理抵押物登记的部门如下：

（1）以无地上定着物的土地使用权抵押的，为核发土地使用权证书的土地管理部门；

（2）以城市房地产或者乡（镇）、村企业的厂房等建筑物抵押的，为县级以上地方人民政府规定的部门；

（3）以林木抵押的，为县级以上林木主管部门；

（4）以航空器、船舶、车辆抵押的，为运输工具的登记部门；

（5）以企业的设备和其他动产抵押的，为财产所在地的工商行政管理部门。

未办理抵押物登记，或者登记机关不是法定机关的，抵押合同不生效。

抵押人以以外的其他财产抵押的，可以自愿办理抵押物登记，抵押合同自签订时生效，因此，抵押合同签订后，因抵押物的不同性质，分为签订当即生效和签订并经押物登记才生效两种情况。但当事人未办理抵押物登记的，不得对抗第三人。

3. 办理动产担保应该注意什么？

股权质押是动产担保的一种。动产担保是指债务人以其本人或第三人所有的动产作为担保物而设定的担保。

（1）动产分为有形动产和无形动产两类：①如货物、机器设备、船舶、飞机，对于有形动产担保，除船舶和飞机适用旗国法外，一般适用物之所在地法。②如有价证券、合同权益、特许权、应收款项和股份等，对于无形动产担保，一般适用登记地法和交易地法。

（2）动产担保可分为动产质押和动产抵押：动产质押是债务人或第三人将其动产转移给债权人占有而作为履行债务的担保。动产质押又可分为动产质押和权利质押两种。股权质押属于权利质押的一种。对于股权质押的生效，一般也要求以书面形式订立合同，而且要办理登记。法律要求履行批准手续的，还要办理批准手续。有关股权质押的质权的实际权利份额问题，质押人在公司中所占股份的多少取决于实际投入资金的数额，在出资不足时，其只能就已出资部分的股份对外提供质押担保，质押权人也只能对质押人已出资部分的股份行使质押权。

4. 违约金和损失赔偿之间有什么关系？

本案中的融资属于间接融资。借款人在借款到期时不还款就违反了融资合同。违约就会产生违约责任，违约金是承担违约责任的一种形式。当违约金不足以赔偿损失的时候，法院才可能支持损失赔偿的请求。

本合同中约定的违约金，应视为违反合同的损失赔偿。违约金过分高于或低于损失时，法院才可以根据当事人的要求调整。当事人在得到了违约金的补偿后，没有证据证明损失超过违约金数额的，不能获得违约金和损失赔偿的双重补偿。

本案中法院应该判决：

（1）香港欣然国际有限责任公司应偿还神州银行借款及利息和罚息。

（2）香港欣然国际有限责任公司、倪秋雨以其提供的抵押物对上述债务承担抵押担保责任。

（3）TPYTEN 集团（香港）有限责任公司、香港欣然国际有限责任公司以其提供的在神州秋林国际开发有限责任公司已出资部分的股权承担质押担保责任。

（4）本案受理费由 TPYTEN 集团（香港）有限责任公司、香港欣然国际有限责任公司和倪秋雨负担。

## 相关法律法规

**《中华人民共和国民法典》**

第一百七十九条　承担民事责任的方式主要有：

（一）停止侵害；

（二）排除妨碍；

（三）消除危险；

（四）返还财产；

（五）恢复原状；

（六）修理、重作、更换；

（七）继续履行；

（八）赔偿损失；

（九）支付违约金；

（十）消除影响、恢复名誉；

（十一）赔礼道歉。

法律规定惩罚性赔偿的，依照其规定。

本条规定的承担民事责任的方式，可以单独适用，也可以合并适用。

第三百九十二条　被担保的债权既有物的担保又有人的担保的，债务人不履行到期债务或者发生当事人约定的实现担保物权的情形，债权人应当按照约定实现债权；没有约定或者约定不明确，债务人自己提供物的担保的，债权人应当先就该物的担保实现债权；第三人提供物的担保的，债权人可以就物的担保实现债权，也可以请求保证人承担保证责任。提供担保的第三人承担担保责任后，有权向债务人追偿。

第三百九十五条　债务人或者第三人有权处分的下列财产可以抵押：

（一）建筑物和其他土地附着物；

（二）建设用地使用权；

（三）海域使用权；

（四）生产设备、原材料、半成品、产品；

（五）正在建造的建筑物、船舶、航空器；

（六）交通运输工具；

（七）法律、行政法规未禁止抵押的其他财产。

抵押人可以将前款所列财产一并抵押。

第四百条　设立抵押权，当事人应当采用书面形式订立抵押合同。

抵押合同一般包括下列条款：

（一）被担保债权的种类和数额；

（二）债务人履行债务的期限；

（三）抵押财产的名称、数量等情况；

（四）担保的范围。

第四百四十条　债务人或者第三人有权处分的下列权利可以出质：

（一）汇票、本票、支票；

（二）债券、存款单；

（三）仓单、提单；

（四）可以转让的基金份额、股权；

（五）可以转让的注册商标专用权、专利权、著作权等知识产权中的财产权；

（六）现有的以及将有的应收账款；

（七）法律、行政法规规定可以出质的其他财产权利。

第四百四十三条　以基金份额、股权出质的，质权自办理出质登记时设立。

基金份额、股权出质后，不得转让，但是出质人与质权人协商同意的除外。出质人转让基金份额、股权所得的价款，应当向质权人提前清偿债务或者提存。

第五百六十一条　债务人在履行主债务外还应当支付利息和实现债权的有关费用，其给付不足以清偿全部债务的，除当事人另有约定外，应当按照下列顺序履行：

（一）实现债权的有关费用；

（二）利息；

（三）主债务。

第五百七十七条　当事人一方不履行合同义务或者履行合同义务不符合约定的，应当承担继续履行、采取补救措施或者赔偿损失等违约责任。

人民法院审理民事案件，除适用上述规定外，还可以予以训诫、责令具结悔过、收缴进行非法活动的财物和非法所得，并可以依照法律规定处以罚款、拘留。

# ■ 第九章

# 国际税法

## 案例四十六　国际重复征税

——史蒂文森纳税案

### 案情简介

2005 年史蒂文森先生的国内外所得共计 40 万美元，其中在居住国 A 国所得 30 万美元，在收入来源国 B 国所得为 10 万美元。收入来源国实行 30% 的比例税率。居住国实行 20% ~ 50% 的累进税率，对 30 万美元所得的适用税率为 35%，对 40 万美元的适用税率为 40%。

### 争议焦点

1. 什么是累进税率？

2. 什么是比例税率？

3. 如果 A 国与 B 国都要对史蒂文森先生征税，以上属于重复征税还是重叠征税？为什么？

4. 如果居住国不采取任何避免国际重复征税的措施，史蒂文森先生国内外纳税的总税负是多少？

5. 如果居住国采取全额免税法避免国际重复征税，史蒂文森先生国内外纳税的总税负是多少？

6. 如果居住国采用累进免税法避免国际重复征税，史蒂文森先生的国内外纳税的总税负又是多少？

## 思路

国际税收涉及各国的税法和税收管辖权。国际双重征税的消除或减轻需要各国限制或放弃一定的税收管辖权。要解决这个问题，可以通过一国单方面的行动去实现，这称为单边措施。也可以通过相关国家共同采取行动来实现，这称为双边或多边措施，即依据相关协定来实现，比如签订双边条约、地区性多边条约。

## 学理分析

1. 累进税率是指随着征税对象数额增大而提高的税率。累进税率先把征税对象的数额划分等级，再规定不同等级的税率。征税对象数额越大的等级，税率越高。

累进税率的形式有全额累进税率和超额累进税率。

(1) 全额累进税率简称全累税率，即征税对象的全部数量都按其相应等级的累进税率计算征税率。

全额累进税率实际上是按照征税对象数额大小、分等级规定的一种差别比例税率。

采用全额累进税率，在两个级距的临界部位会出现税负增加不合理的情况。例如，某甲年收入 1000 元，适用税率 5%；某乙年收入 1001 元，适用税率 10%。甲应纳税额为 50 元，乙应纳税额为 100.1 元。虽然，乙取得的收入只比甲多 1 元，而要比甲多纳税 50 元，给人的感觉不甚合理。超额累进税率可以解决这个问题。

(2) 超额累进税率。超额累进税率就是把征税对象的数额划分为若干等级，对每个等级部分的数额分别规定相应税率，分别计算税额，各级税额之和为应纳税额。超额累进税率也就是说征税对象数额超过某一等级时，仅就超过部分，按高一级税率计算征税。

2. 比例税率是指：对某一征税对象，不论数额大小，只规定一个固定的税率征税。实行比例税率，税额随着征税对象数量按照比例增加。

比例税率一般有以下几种：

（1）单一比例税率：一个税种只规定一个税率。

（2）差别比例税率：一个税种在不同的情况下规定不同的比例税率。

比如按不同的产品、行业或地区实行不同的比例税率。

（3）幅度比例税率：国家只规定最低税率和最高税率，各地区可因地制宜在此幅度内自行确定一个比例税率。

3. 如果 A 国与 B 国都要对史蒂文森先生征税，属于国际双重征税。

在本案中，居住国 A 国与收入来源国 B 国都可能对同一跨国纳税人史蒂文森先生 2005 年在收入来源国 B 国的所得 10 万美元同时课税。

本案例中，应该注意是否涉及有关协定，史蒂文森可根据其居住国和收入来源国不同的法律规定，按不同计税方法进行纳税。

4. 19 万美元。10 万美元×30%+40 万美元×40%＝3 万美元+16 万美元＝19 万美元。

5. 13.5 万美元。30 万美元×35%+10 万美元×30%＝10.5 万美元+3 万美元＝13.5 万美元。

6. 15 万美元。30 万美元×40%+10 万美元×30%＝12 万美元+3 万美元＝15 万美元。

具体分析如下：

1. 国际重复征税是指两个或两个以上的国家各自依自己的税收管辖权，按同一税种，对同一纳税人的同一征税对象，在同一征税期限内征税。其基本特点为：

（1）征税主体为两个或两个以上的国家。

（2）纳税主体为同一纳税人。

（3）在同一的征税期间。

（4）纳税客体为同一的课征对象。

（5）税种为同一税种或类似税种。

在本案中，居住国 A 国与收入来源国 B 国都可能对同一跨国纳税人史蒂文森先生，就其 2005 年在收入来源国 B 国的所得 10 万美元同时课税。可见，史蒂文森先生所面临的就是国际重复征税。

2. 国际重复征税具有以下几个基本特点：

（1）征税主体的双重性。

（2）纳税主体的同一性。

（3）课税客体的同一性。

(4) 课征税种的同类型。

(5) 纳税人承担税负的国际性。

3. 国际重复征税的负面影响:

(1) 法律方面的影响:

国际重复征税不符合税收公平、平等负担的原则,使跨国纳税人负担过重,与其他纳税人相比较而言是不公平。

(2) 经济方面的影响:①纳税人负担较重。②妨碍国际资金的流动。③不利于国际资源的充分利用。

4. 产生国际重复征税的原因:

在国际经济领域中,两国政府对同一跨国纳税人同一时期的同一课征客体行使税收管辖权,产生冲突,是国家主权的冲突。主要表现在以下几个方面:

(1) 各国行使来源地管辖权的冲突。

(2) 各国行使居民管辖权的冲突。

(3) 居民居住管辖权和所得来源地管辖权的冲突。

(4) 各国对同一项费用、价格和利润的计算方法不同,有可能导致国际双重征税。

5. 避免国际重复征税的办法有:

(1) 免税法。

免税法,亦称豁免法,也称为"外国税收豁免",是指居住国政府对本国居民纳税人来源国的、已向来源地区纳税的跨国所得,在一定条件下放弃居民税收管辖权,允许不计入该居民纳税人的应税所得额内,免予征税的方法。免税法是避免国际重复征税的重要方法之一。免税法实质上是居住国对本国居民在国外所得征税权的放弃,承认来源地税收管辖权的独占性,从而避免税收管辖权的重叠交叉,防止国际重复征税发生。免税法作为避免国际重复征税的措施,不同于对外来投资提供税收优惠而实行的免税。

免税法主要形式为无条件免税法和有条件免税法。无条件免税法是指:对本国居民来源于境外的所得和财产免于征税而不附加任何条件。这是一种彻底地消除重复征税的做法。这与一个国家仅实行地域税收管辖权的效果是一样的。有条件免税法是指:对本国居民来源于境外的所得或财产是否免税设定一定的条件,只有符合条件的境外所得和财产才享受免税的待遇。

(2) 全额免税法和累进免税法。

①全额免税法是指居住国对居民纳税人来源于国内的所得征税时,完全

不计入已免税的国外所得，仅按国内所得额来确定适用税率征税的方法。

②累进免税法是指居住国在对其居民纳税人所得征税时，扣除该居民来源于境外的并已经纳税的那部分所得，但在确定适用的税率时，仍将这部分所得考虑计算在内，确定适用的税率。其计算公式为：

本国税额=（全部境内外应税所得额-境外免税所得额）×全部应税所得额应适用的累进税率

（3）抵免法。

抵免法，也称为“外国税收抵免”，是指居住国按本国居民纳税人在全世界范围内的所得乘以其应适用的税率减去其已在境外实际交纳的所得税额，得出该居民的应税税额。抵免法可避免对居民纳税人的境外所得重复征税。其计算公式为：

应向居住国缴纳的税=跨国所得×居住国所得税率-已在来源国缴纳的税款

①依照抵免法中的纳税人是否同一，可以将抵免法分为直接抵免和间接抵免。直接抵免是指对跨国纳税人已经向收入来源国直接缴纳的所得税税款的抵免。它适用于自然人、跨国公司的总公司与分公司之间。间接抵免是指居住国对跨国纳税人在收入来源国间接纳税的税款进行抵免。它适用于母公司与子公司两个完全独立的法人之间的抵免。间接抵免主要用于解决国际重复征税。

由于子公司具有独立的法人地位，它向来源国缴纳的所得税，不能视为母公司在来源国直接缴纳的税收。由于母公司从子公司分得的股息已经在国外通过子公司向来源国纳税，股息在居住国纳税，就会形成国际重复征税。该税款不是由母公司直接在外国缴纳，因此这种抵免称为间接抵免。为了鼓励母公司积极对外投资，在国外创设了公司进行经营，很多国家对这种已经由子公司向来源国缴纳了税款的母公司的股息也给予抵免。

②根据抵免数额有无限制，还可以将抵免法分为全额抵免与限额抵免。

全额抵免是指居住国政府对本国居民纳税人已向来源国政府缴纳的所得税税额予以全部抵免，即使境外所得在境外缴纳的税额超过该笔所得应在本国缴纳的税额。限额抵免是指居住国政府允许居民纳税人将其向外国缴纳的所得税税额进行抵免设置数量上限，即抵免额不得超过本国税法规定的税率所应缴纳的税款额。

③按照限额抵免计算方法的不同，又可以进一步将其划分为下列三种：

综合限额。是指将居民纳税人向所有来源国缴纳的税款合并起来计算以抵免的限额。计算公式为：

综合限额=来自国外的全部应税所得额÷来自居住国内外的全部应税所得额×抵免前按国内外全部应税所得额应向居住国缴纳的税额

分国限额。是指把应抵免的外国所得税税额分国别单独计算的抵免限额。计算公式为：

分国限额=来自某个应抵免国的应税所得额÷来自居住国内外的全部应税所得额×抵免前按国内外全部应税所得额应向居住国缴纳的税额

分项限额。是指居住国对其居民来自境外的各种类型所得分别计算抵免限额。纳税人就各类境外所得在外交纳的税款只能在同项抵免额内抵免。一些国家对某些种类的所得适用低税率，对这些项目的所得的纳税单独计算抵免限额。计算公式为：

分项限额=国外某一专项的应税所得÷居住国内外全部应税所得×居住国内外的全部应税所得按居住国税率计算的应纳税总额

目前，国际上大多数国家均采用限额抵免法以消除国际双重征税。因为与全额抵免相比，限额抵免可防止对国内税收带来不利的影响。实行抵免法的居住国一方面承认收入来源地税收管辖权的优先地位，另一方面也未放弃行使居民税收管辖权。因此，世界上大多数国家的国内法和税收协定都以互惠为前提条件，以个人所得税和公司所得税等直接税为抵免范围，以避免国际重复征税。

（4）扣除法。

扣除法是指居住国在其对本国居民纳税人征收所得税时，允许本国居民将其在境外已缴纳的税款作为费用从应税所得中扣除，再对扣除后的余额按照税率纳税。计算公式为：

居住国应征税额=（居民纳税人的国内外全部应税所得-国外已纳税额）×居住国税率。

综上所述，免除法、扣除法、抵免法都是避免和缓解国际重复征税的重要手段，但三者在防止国际重复征税的作用和效果上各有不同：

首先，抵免法不同于免税法。免税法虽消除了国际重复征税，但实质上放弃了居民税收管辖部门对居民纳税人国外所得的控制，因而对居住国税收利益带来较大冲击。抵免法则在承认来源地国税收管辖权的优先的同时，对居民纳税人来自国外并已向来源国纳税税额仍行使居民税收管辖权，实现了居民国和来源国的跨国收入分享。

其次，抵免法也有别于扣除法。扣除法并不完全承认来源地税收管辖权的优先权，因而不能完全解决跨国纳税人的双重国际税负。抵免法则在居住国税法规定的限度内，对来源国已征收的本国居民所得税予以抵免，从而基本上免除了跨国纳税人的双重税赋。

6. 通过国际税收协定可以确定，是将征税权完全划归居民所在国，还是将征税权完全划归收入来源国，或者将征税权划归居住国和来源国共享。

## 相关法律法规

### 一、《联合国关于发达国家与发展中国家之间避免双重征税的协定范本》

第23条A　免税方法

(1) 缔约国一方居民取得的所得或拥有的财产，按照本协定的规定可以在缔约国另一方征税时，首先提及的国家应对该项所得或财产给予免税，但第二款和第三款规定的除外。

(2) 缔约国一方居民取得的各项所得，按照第十条、第十一条和第十二条的规定，可以在缔约国另一方征税时，首先提及的国家应允许从对该居民的所得所征税额中扣除，其金额等于在另一国所缴纳的税款。但是，该项扣除应不超过对来自另一国的该项所得扣除前计算的税额。

(3) 按照本协定的任何规定，缔约国一方居民取得的所得或拥有的财产，在该国免税时，该国在计算该居民其余所得或财产的税额时，可对免税的所得或财产予以考虑。

第23条B　抵免方法

(1) 缔约国一方居民取得的所得或拥有的财产，按照本协定的规定，可以在缔约国另一方征税时，首先提及的国家应允许从对该居民的所得征税额中扣除，其数额等于在另一国所缴纳的所得税收；或从对该居民财产所征税额中扣除，其数额等于在另一国所缴纳的财产税收；但该项扣除，在任何情况下应不超过视具体情况可以在另一国征税的那部分所得或财产在扣除前计算的所得税额或财产税额。

(2) 按照本协定的任何规定，缔约国一方居民取得的所得或拥有的财产，在该国免税时，该国在计算该居民其余所得或财产的税额时，可对免税的所得或财产予以考虑。

## 二、《经济合作与发展组织关于对所得和财产避免双重征税的协定范本》

第二十三条 A 免税方法

（1）缔约国一方居民所取得的所得或拥有的财产，按照本协定的规定可以在缔约国另一方征税时，首先提及的国家应对该项所得或财产给予免税。但第二款和第三款规定的除外。

（2）缔约国一方居民取得的各项所得，按照第十条和第十一条的规定，可以在缔约国另一方征税时，首先提及的国家应允许从对该居民的所得所征税额中扣除，其金额相等于在另一国所缴纳的税款。但该项扣除应不超过对来自另一方的该项所得扣除前计算的税额。

（3）按照本协定的任何规定，缔约国一方居民所取得的所得或拥有的财产在该国免税时，该国在计算该居民其余所得或财产的税额时，可对免税的所得或财产予以考虑。

第二十三条 B 抵免方法

（1）缔约国一方居民取得的所得或拥有的财产，按照本协定的规定可以在缔约国另一方征税时，首先提及的国家应允许：

①从对该居民的所得征税额中扣除，其数额等于在另一国所缴纳的所得税收；

②从对该居民的所得征税额中扣除，其数额等于在一国所缴纳的所得税收。

但该项扣除，在任何情况下，应不超过视具体情况可以在另一国征税的那部分所得或财产在扣除前计算的所得税额或财产税额。

（2）按照本协定的任何规定，缔约国一方居民取得的所得或拥有的财产，在该国免税时，该国在计算该居民其余所得或财产的税额时，可对免税的所得或财产予以考虑。

# 案例四十七　属地税收管辖权中的常设机构

## ——D&K 公司纳税案

### 案情简介

已知 A 国与 B 国、C 国、D 国三国均签有双边税收协定。A 国的 D&K 公司在 B 国设有一分公司，在 C 国设有一常驻代办处。2006 年 10 月，D&K 公司在 D 国又开办了一次为期 6 个月的展销会。D&K 公司在日常经营中，还经常直接与 B 国、C 国、D 国三国的居民公司开展贸易活动。

### 争议焦点

1. D&K 公司在 B 国、C 国、D 国设立的分公司、常驻代办处、展销会等，是否构成在东道国设有“常设机构”？

2. D&K 公司与 B 国、C 国、D 国居民公司从事直接贸易活动所取得的营业利润应如何纳税？

### 思路

知道什么是常设机构。

### 学理分析

常设机构原则是来源国对非居民企业来源于本国的营业利润进行征税的重要依据。按照《关于对所得和财产避免双重征税的协定范本》和《联合国关于发达国家与发展中国家之间避免双重征税的协定范本》的规定，常设机构是指一个企业进行其全部或部分营业的固定场所。它应具备长期性、固定性和营业性的特征。

本案中的“展销会”因不具备前两个特征而不能视为常设机构。而对常设机构利润的确认，各国视其具体情况而分别采用“有实际联系原则”或“引力原则”。

“有实际联系原则”是指只有通过常设机构进行的营业活动产生的利润收益和与常设机构有实际联系的各种所得，才应确定为可归属于该常设机构的利润范围由来源地国征税。利润的取得应与常设机构本身的活动有关，如常设机构本身的营业利润与常设机构对其他企业投资贷款的股息、利息等，凡属此类所得，来源国才可以征税，当前“有实际联系原则”被大多数国家的双边税收协定所采用。

“引力原则”是指居住国一方企业在来源地国设有常设机构的情况下，该企业来源于来源地国境内的其他所得，尽管并非是通过该常设机构的活动取得的，只要产生这些所得的营业活动属于该常设机构的营业范围或与其相类似的，来源地国都可将它们归纳入常设机构的利润范围内征税。

本案 D&K 公司在 B 国设立的分公司、在 C 国设立的常驻代办处视为在东道国拥有常设机构，而在 D 国举办的展销会不构成常设机构。如果 B 国、C 国两国对常设机构的利润归属采用“引力原则”，则 D&K 公司与 B 国、C 国两国的居民公司从事直接贸易所取得的营业利润要分别归入其在 B 国设立的分公司和在 C 国设立的常驻代办处而向 B 国、C 国两国纳税。反之，如果 B 国、C 国两国对常设机构的利润归属采用的是“有实际联系原则”，则 D&K 公司的这部分利润则可以享受免税。

至于 D&K 公司与 D 国的居民公司从事直接贸易活动所获取的利润，是不用向 D 国纳税的，因为 D&K 公司在 D 国根本没有设立常设机构。

本案中：

1. D&K 公司在 B 国设立的分公司、在 C 国设立的常驻代办处应视为在东道国拥有常设机构，而在 D 国举办的展销会不构成常设机构。

2. 依据常设机构的性质与地位分别纳税。

## 相关法律法规

**《联合国关于发达国家与发展中国家之间避免双重征税的协定范本》**

第五条　常设机构

1. 本协定中“常设机构”这一用语是指一个企业进行其全部或部分营业

的固定营业场所。

2. “常设机构”这一用语特别包括：

a. 管理场所；

b. 分支机构；

c. 办事处；

d. 工厂；

e. 车间；

f. 矿场、油井或气井、采石场或者任何其他开采自然资源的场所。

3. “常设机构”这一用语同样包括：

a. 建筑工地，建筑、装配或安装工程或者与其有关的监督管理活动，但这种工地、工程或活动以连续为期 6 个月以上的为限；

b. 企业通过雇员或雇用的其他人员为上述目的提供的劳务，包括咨询劳务，但这种性质的活动以在该国内（为同一工程或有关工程）在任何 12 个月中连续或累计为期 6 个月以上的为限。

4. 虽有本条以上各项规定，“常设机构”这一用语应认为不包括：

a. 专用于储存或陈列本企业的货物或商品的设施；

b. 专为储存或陈列的目的而保有本企业的货物或商品库存；

c. 专为委托另一企业加工的目的而保有本企业的货物或商品库存；

d. 专为本企业采购货物或商品或者收集情报的目的而保有固定的营业场所；

e. 专为企业进行任何其他准备性质或辅助性质活动的目的而保有固定的营业场所。

5. 虽有本条第一款和第二款的规定，当一个纳税人（适用本条第七款的具有独立地位的代理人除外）代表缔约国另一方的企业在缔约国一方进行活动，对于这个纳税人为企业进行的任何活动，应认为该企业在首先提及的缔约国设有常设机构，如果这个纳税人：

a. 有权并经常行使这种权力以该企业的名义签订合同。但如该纳税人的活动仅限于本条第四款所规定的范围内，虽然是通过固定营业场所进行活动，但按照该款规定，并不得使这一固定营业场所成为常设机构。

b. 虽然没有该授权，但经常以首先提及的缔约国保有货物或商品库存，并代表该企业从库存中经常交付货物或商品。

6. 虽有本条以前各款规定，缔约国一方的保险企业，除再保险业务外，如通过一个纳税人（适用第七款具有独立地位的代理人除外）在缔约国另一方领土内收取保险费或接受保险业务，应被认为在缔约国另一方设有常设机构。

7. 缔约国一方的企业仅由于通过经纪人、一般佣金代理人或任何其他有独立地位的代理人在缔约国另一方进行营业，而这些代理人又按常规进行其本身业务的，应不认为在缔约国另一方设有常设机构。但是如果这种代理人的活动全部或差不多全部是代表该企业行事，则不被认为是属于本款所指的具有独立地位的代理人。

8. 本身为缔约国一方居住者的公司，控制或被控制于本身为缔约国另一方居住者的公司，或者在缔约国另一方进行营业，不问是否通过常设机构，这个事实并不使任何一公司或为另一公司的常设机构。

# 案例四十八 居民税收管辖权和收入来源地税收管辖权

## ——C 国交响乐团纳税案

### 案情简介

C 国交响乐团赴欧洲巡回演出，历经英国、法国、德国、瑞典、卢森堡等 10 多个国家，所到之处均受到热烈欢迎。最后，乐团回到 C 国演出达 30 多场次。

### 争议焦点

1. C 国交响乐团的演员在国外的所有演出报酬应向东道国纳税吗?

2. C 国演员应否向东道国纳税的依据是东道国之国内税法，还是 C 国与对方国家签订的双边税收协定?

3. C 国演员应就哪些收入向 C 国政府纳税?

### 思路

《联合国关于发达国家与发展中国家之间避免双重征税的协定范本》有相应的规定。

### 学理分析

本案中，C 国演员应就所到国之演出报酬向东道国缴纳个人所得税，还应该就全部演出报酬，向 C 国政府缴纳个人所得税。对于 C 国演员的演出报酬收益，C 国政府实施的是居民税收管辖权，其他东道国实施的是来源地税收管辖权。依《关于对所得和财产避免双重征税的协定范本》和《联合国关于发达国家与发展中国家之间避免双重征税的协定范本》之规定：对于演员、运动员等的劳务收益，无论其在来源国停留的时间长短，也无论在来源国是否设有固定基地，来源国都有权对其征收个人所得税。

本案C国演员应就所到国之演出报酬向东道国缴纳个人所得税。也就是在哪一国家挣的钱，就向哪一国家缴税。C国演员应否向东道国纳税的依据首先应是C国政府与对方国家签订的双边税收协定中的相关规定。如果C国政府与对方国家没有签订双边税收协定，则应依据东道国的国内税法之规定。

此外，C国演员应就全部演出报酬，包括赴欧洲演出和回国后的汇报演出收入，向C国政府缴纳个人所得税。

## 相关法律法规

**《联合国关于发达国家与发展中国家之间避免双重征税的协定范本》**

第十四条　独立个人劳务活动

1. 缔约国一方居住者由于专业性劳务活动或其他独立性质的活动而取得的所得，应仅在该缔约国征税。但在下列情况下，也可以在缔约国另一方征税：

a. 在缔约国另一方为从事上述活动的目的而经常设有固定基地的；在这种情况下，缔约国另一方据以征税的，应仅以属于该固定基地的所得为限；或者

b. 在缔约国另一方停留期间在该会计年度中累计等于或超过183天的；在这种情况下，缔约国另一方据以征税的，应仅以在缔约国另一方进行活动取得的所得为限；或者

c. 在缔约国另一方进行活动的报酬，该项报酬是由该缔约国居住者所支付或者由设在该缔约国的常设机构或固定基地所负担，其金额在会计年度中不超过……（具体金额通过双方谈判确定）。

2. “专业性劳务活动”这一用语，特别包括独立科学、文学、艺术、教育或教学活动，也包括医师、律师、工程师、建筑师、牙医师和会计师独立活动。

第十五条　非独立个人劳务活动

1. 从属于第十六条、第十八条和第十九条的规定，缔约国一方的居住者由于受雇而取得薪金、工资和其他类似的报酬，除了受雇于缔约国的另一方的以外，应仅在该缔约国征税。由于受雇于缔约国另一方而取得的报酬，可

以在缔约国另一方征税。

2. 虽有上述第 1 款的规定，缔约国一方的居住者由于受雇于缔约国另一方而取得的报酬，在下列情况下，应仅在首先提及的缔约国征税：

a. 收款人在该会计年度中在缔约国另一方的停留期间累计不超过 183 天；同时

b. 该项报酬是由雇主自付或其代理人代付，而雇主并非缔约国另一方居住者；并且

c. 该项报酬不由雇主设在缔约国另一方的常设机构或固定基地所负担。

3. 虽有本条以上规定，由于受雇于国际运输的船舶或飞机上，或受雇于从事内河运输的船只上而取得的报酬，可以在企业实际管理机构所在的缔约国征税。

第十七条　表演家和运动员所得

1. 虽有第十四条和第十五条规定，缔约国一方居住者，作为一个表演家，如戏剧、电影、广播或电视艺术家或者音乐家，或者作为一个运动员，在缔约国另一方从事其个人活动所取得的所得，可以在缔约国另一方征税。

2. 一个表演家或者运动员从事其个人活动所取得的所得，并非为了表演家或者运动员本人而是为了其他人的，虽有第七条、第十四条的规定，其所得可以在表演家或运动员从事活动的缔约国征税。

# 案例四十九　税收饶让抵免

## ——M 国律师纳税案

### 案情简介

在某纳税年度中，M 国律师里根 · 爱德华共有国内外所得 80 万美元，其中有来自 C 国 JKL 公司的股息收入 40 万美元。居住国 M 国所得税税率为 30%，来源国 C 国的所得税税率为 20%。由于里根 · 爱德华符合税收减免的条件，可以向 C 国减半缴纳所得税。

### 争议焦点

1. 在 M 国采用限额抵免法解决国际重复征税的情况下，里根 · 爱德华在该纳税年度需要向 M 国缴纳多少所得税？

2. 如果 M 国和 C 国签订的双边税收协定约定相互适用税收饶让抵免，那么里根 · 爱德华在该纳税年度需要向 M 国缴纳多少所得税？

### 思路

请参考《联合国关于发达国家与发展中国家间避免双重征税的协定范本》。

### 学理分析

本案参考结论如下：

1. 在 M 国采用限额抵免法解决国际重复征税的情况下，里根 · 爱德华在该纳税年度需要向 M 国缴纳 20 万美元。

2. 如果 M 国和 C 国签订的双边税收协定约定相互适用税收饶让抵免，那么里根 · 爱德华在该纳税年度需要向 M 国缴纳 16 万美元。

一般情况下，按照税收抵免制度，只有居民纳税人在来源地国实际已纳的税额，才能在居住国的应纳税额中得到抵免。如果纳税人来源于来源国的所得未在来源国纳税或少纳税，那么，居民纳税人可以在居住国应纳税额中抵免的税额就不存在或减少。

来源国为吸引外资而实行的减免税优惠就不能使跨国投资者实际受惠，其所放弃的税收利益实质上转为投资者居住国的国库收入，不能吸引资本输入。因此，处于资本输入国地位的来源国，为使其减免税优惠能发挥实际效用，往往在与资本输出国签订的双边税收协定中要求对方实行税收饶让抵免，即居住国对其居民因来源地国实行减免税优惠而未实际缴纳的那部分税额，应视同已经缴纳那样给予抵免。

首先，里根·爱德华应当向C国缴纳所得税40万美元×10%＝4万美元。如果M国适用限额抵免，其需要向M国再缴纳所得税80万美元×30%－4万美元＝20万美元。

如果M国适用税收饶让抵免，其需要向M国再缴纳80万美元×30%－40万美元×20%＝16万美元。

在采取抵免法时，如果来源地国的税率低，居住国的税率高，在居住国还要缴纳两者之差额。实际上，来源地国给予纳税人的优惠，又被居住地国政府收回去了。所以，资本输入国政府，为了使其优惠政策发挥实际的效益，经常与居住国政府签订定双重征税协定，要求对方实行税收饶让抵免。就是对于优惠部分，给予抵免。税收饶让抵免的意义，不是解决双重征税，而是为了让来源国吸引外资。

## 相关法律法规

**《联合国关于发达国家与发展中国家间避免双重征税的协定范本》**

第二十三条B 抵免方法

1. 缔约国一方居住者所取得的所得或拥有的资本，按照本协定的规定，可以在缔约国另一方征税的，首先提及的缔约国应当允许从对该居住者所得征税额中扣除，其金额相等于在缔约国另一方所缴纳的所得税额；和从对该居住者资本所征税额中扣除，其金额相等于在缔约国另一方所缴纳的资本税额。但该项扣除，在任何场合不得超过可以在缔约国另一方征税的那部分所得或资本在未扣除前原来计算的所得税额或资本税额。

2. 按照本协定的任何规定，缔约国一方居住者取得的所得或拥有的资本，在该缔约国享受免税的，该缔约国在计算该居住者其余所得或资本的税额时，对免税的所得或资本仍可予以考虑。

# 案例五十　国际重叠征税案

## ——H&W 公司控股 JKL 公司双重征税案

### 案情简介

M 国的 H&W 公司拥有 C 国的 JKL 公司的 50% 股份。H&W 公司在某纳税年度在 M 国有应税所得 100 万元。JKL 公司在同一纳税年度在 C 国有应税所得 200 万元。JKL 公司应该在缴纳公司所得税后按股权比例向 H&W 公司支付股息。已知 M 国所得税税率为 40%，C 国所得税税率为 30%。

### 争议焦点

如果 M 国适用限额间接抵免法来解决母子公司之间股息分配存在的国际重叠征税问题，在该纳税年度，假设 C 国免征股息预提税，H&W 公司应向 M 国缴纳多少所得税？

### 思路

国际重叠征税一般是由股息付出国或者股息收入国采取措施来解决。股息收入国用来解决国际重叠征税的方法主要有三种：

（1）对来自国外的股息减免所得税。

（2）准许母子公司合并报税。

（3）实行间接抵免法。

股息付出国解决国际重复征税的措施主要有：

（1）双税率制。

（2）折算制。

间接抵免法是股息收入国常用的解决国际重复征税的方法之一，按照这种方法实行抵免一般也有限额。

如果 M 国适用限额间接抵免法来解决母子公司之间股息分配存在的国际重复征税，H&W 公司该纳税年度实际应向 M 国缴纳的所得税税额为 50 万元。

（1）JKL公司交纳公司所得税后所得：200万元－200万元×30%＝140万元

（2）JKL公司支付H&W公司股息：140万元×50%＝70万元

（3）H&W公司承担JKL公司所得税额（视同纳税额）：（200万元×30%）×（70万元÷140万元）＝30万元

（4）H&W公司来自JKL公司的所得额：70万元+30万元＝100万元

（5）H&W公司间接抵免额：（100万元+100万元）×40%×［100万元÷（100万元+100万元）］＝40万元

（6）允许抵免额：30万元（因为限额）

（7）H&W公司实际缴纳M国所得税税额为：（100万元+100万元）×40%－30万元＝50万元

# 案例五十一　国际避税的识别

## ——AT&W 有限责任公司避税案

### 案情简介

AT&W 有限责任公司是 M 国的一家跨国公司。2004 年，AT&W 有限责任公司计划在中国投资设立一家种植芦荟并用芦荟加工化妆品的企业。经过研究后，AT&W 有限责任公司决定这一项目采取非法人的中外合作经营企业方式，并在 J 国设立一家子公司，将投资主体改为该 J 国的子公司。

AT&W 有限责任公司作出这一决定是因为：芦荟从种植到加工成为有商品价值的化妆品约需 4 年时间，这会使企业在开办初期面临较大的风险。如果采取中外合资经营形式，这种形式的企业在 M 国和 J 国均视为有限责任公司，公司的亏损只能在合资企业内部弥补。如果按 M 国和 J 国法律，没有法人资格的中外合作企业是负无限责任的合伙企业，其亏损可以在 M 国总公司内弥补。通过 M 国总公司弥补亏损，不仅可以减轻企业开办初期面临的风险，而且还可以使公司通过减少应税所得的方法，来减轻 AT&W 有限责任公司的税负。分析如下：

1. 如果 1997 年度 M 国 AT&W 有限责任公司所得为 1000 万美元，由于 M 国公司税率为 28%，按 M 国税法应缴纳 280 万美元的公司税：

1000 万美元×28% = 280 万美元

2. 假定其投资的中外合作企业应由其负担的亏损额为 100 万美元，M 国 AT&W 有限责任公司在其 1000 万美元所得中弥补了这部分亏损之后，应税所得减为 900 万美元，其应纳税款也降为 252 万美元：

（1000 万美元-100 万美元）×28% = 252 万美元

结果是少缴税 28 万美元：

280 万美元-252 万美元 = 28 万美元

3. 当该项目改由 J 国子公司投资时，由于 J 国公司税率为 40%，若子公司的利润为 500 万美元，其应纳税款就是 200 万美元。

500 万美元×40% = 200 万美元

4. 如果为中外合资企业弥补 100 万美元的亏损，其应纳税款就是 160 万美元：

（500 万美元-100 万美元）×40% = 160 万美元

该子公司可以少缴 40 万美元的税款：

200 万美元-160 万美元 = 40 万美元

5. 与在 M 国 AT&W 有限责任公司弥补亏损的办法相比，又可以少缴税款 12 万美元：

40 万美元-28 万美元 = 12 万美元

2005 年度纳税申报时，M 国税务当局在审核 AT&W 有限责任公司的合并会计报表后，认为 AT&W 有限责任公司有逃税的嫌疑。AT&W 有限责任公司辩称：自己完全遵守了 M 国、中国、J 国三国的税法，由子公司设立中外合作经营企业是合理的商业行为而不是逃税行为。最后，由于没有发现更多的证据，M 国税务当局认可了 AT&W 有限责任公司的行为。

## 争议焦点

1. M 国 AT&W 有限责任公司利用企业形式进行国际避税的行为是否违法？

2. 在国际税法中，这是一种什么行为？

## 思路

该企业应该承担有限责任还是无限责任，注意国家的税率之间的差别。

## 学理分析

所谓国际避税行为，是指跨国纳税人利用有关国家税收制度上的差异，采用一些不违法的方式，以减轻或消除其国际纳税义务的行为。国际避税行为有以下特点：

**一、国际避税是利用有关国家税收制度的差异进行的**

国际投资者在进行投资决策时，总要先进行可行性研究，选择最佳投资方案，其中税收是确定其资本投向的主要因素。由于各国的经济政策不同，有的采取低税、优惠等政策吸引外资，有的对外资采取限制政策，提高税负。这样，各国在征税范围、税率高低、奖限政策及征管手段上都存在很大差异，由此导致国际投资者在研究各国税法的基础上，寻找机会，达到避税的目的。

**二、国际避税是以不违法的方式为前提的**

国际避税是以不违法的方式进行的，是对有关国家税法中没有涉及或规定不明确之处的利用。这是国际避税与国际逃税的最大区别。国际避税行为可能被认为是不道德的，但避税所使用的方法是合法的，而且纳税人的行为不具备欺诈的性质。

在本案中，AT&W 有限责任公司巧妙地利用 M 国、J 国、中国三国税法的差异，使得其税负合法地减少。尽管这种行为给有关国家的税收带来损害，但也无法对其进行惩罚，因为这种行为在法律上是毫无瑕疵的。由于国际避税损害了相关国家的财政利益，各国纷纷采取措施来对付纳税人的避税行为。但目前有关措施主要是国内立法，国际性的反避税措施尚待制定。

本案中，M 国 AT&W 有限责任公司的行为是国际避税行为，但并不违法，是合理避税行为。

## 相关法律法规

**《中华人民共和国中外合资经营企业法》**

第四条　合营企业的形式为有限责任公司。

在合营企业的注册资本中，外国合营者的投资比例一般不低于百分之二十五。

合营各方按注册资本比例分享利润和分担风险及亏损。

合营者的注册资本如果转让必须经合营各方同意。

第二条　中外合作者举办合作企业，应当依照本法的规定，在合作企业合同中约定投资或者合作条件、收益或者产品的分配、风险和亏损的分担、经营管理的方式和合作企业终止时财产的归属等事项。

合作企业符合中国法律关于法人条件的规定的，依法取得中国法人资格。

# ■ 第十章

# 国际商事仲裁

## 案例五十二　国际商事仲裁条款之独立性

——英国海港公司诉芬兰堪瑟公司案

### 案情简介

被告芬兰堪瑟公司为了打入英国的保险市场，与原告英国海港公司签署了一个保险业务协议。在协议中包含了一条仲裁条款，该仲裁条款约定："由于本协议产生的所有争议或分歧，交由两名仲裁员裁决。"

之后，双方发生争议。于是，英国海港公司将此案诉诸法院，请求法院判决该协议无效。堪瑟公司认为双方当事人之间存在仲裁协议，请求法院裁定中止诉讼，将它们之间的争议按照协议中的仲裁条款，提交仲裁解决。英国海港公司声称，按照英国的法律，保险业协议应当取得英国工商局颁发的许可证。因未能获得英国工商局的许可，故此协议自始违法无效。

法院作出了如下判决：仲裁协议可以独立于无效合同，是法理学上的一项原则。只要仲裁条款不被直接指控为自始无效，合同中的仲裁条款或仲裁协议可以独立于合同而存在。因此，仲裁员可以据此条款对合同的最初效力作出裁定。在本案中所指控的违法性不涉及仲裁条款。

### 争议焦点

上述仲裁条款有效否？为什么？

## 思路

紧紧抓住仲裁条款具有独立性这个原则，来解决问题。

## 本案参考结论

仲裁条款有效。

## 学理分析

仲裁条款的独立性，又称为仲裁条款的分离性，或者仲裁条款的自治性，是指仲裁条款与主合同是分离的，虽然仲裁条款附属于主合同，但是它与主合同是两个分离的或独立的合约。仲裁条款的效力不受主合同效力的影响，即使主合同无效，仲裁条款仍然有效。

仲裁条款与其他合同条款的区别：

**一、仲裁条款与其他合同条款的性质不同**

主合同规定的是双方或者多方当事人实体方面的权利与义务。仲裁条款规定的是如果当事人在实体方面的权利得不到实现的时候，如何采取法律救济措施。

当事人在合同中的仲裁条款一般写上“任何与本合同有关的或因履行本合同所产生的争议，通过仲裁方式解决”等内容。如果合同内容全部履行了，也没有什么争议，就谈不上仲裁条款的履行了，仲裁条款形同虚设。其实，如果合同的内容完美地履行了，除了记账，合同本身也就没有什么意义了。如果合同内容未能完满履行，出现了争议，就需要履行仲裁条款了。从这个角度看，仲裁条款与其他合同条款的性质是不同的。

当事人订立仲裁条款的目的，是将包括合同效力在内的所有争议都交由仲裁解决。如果当事人在仲裁意思表示中有排斥仲裁庭对某些方面的问题，比如合同效力方面的争议进行审理的意思，就必须明确表示出来。

**二、仲裁条款与其他合同条款的法律依据不同**

判断合同与仲裁条款有效与否的法律依据是不同的。一个有效的合同，应该在形式要件和实质要件两个方面都符合当地的合同法的规定。仲裁条款是否有效，要看该仲裁条款是否符合仲裁机构所在地国家法律或仲裁规则对仲裁条款的形式、内容的要求。所以，如果合同无效，不会影响仲裁条款的效力。如果合同无效造成一方当事人遭受损失，还需要借助仲裁条款给予补偿。当然，如果仲裁条款无效，也不影响合同的效力，当事人还应该实现自己的权利，履行自己的义务。

仲裁协议独立原则的产生、确立及得到国际商事仲裁界的普遍接受，经历了一个相当长的历史过程。仲裁协议独立性理论是在国际商事仲裁实践中发展起来的，具有重大意义，仲裁协议独立性原则的意义在于使仲裁协议效力发挥至极致。

1942 年，英国上诉法院在审理海曼诉达文斯公司（Heman v. Darwin's Ltd.）一案中，确认了仲裁条款可以独立于它所依据的合同而存在这一原则。

达文斯公司是英国一家钢铁制造商，它与美国纽约的海曼订立了一项代理合同，合同指定海曼为达文斯公司在美国的独家代理，双方在合同中约定于 1938 年开始执行此合同。合同中的仲裁条款规定："由于本合同引起的任何争议，应当通过仲裁解决。"之后，达文斯公司拒绝履行合同，海曼起诉于法院，指控达文斯公司违约。达文斯公司请求法院终止此案的审理，理由是应该按照合同中的仲裁条款，将此争议提交仲裁解决。一审法院认为："如果合同从来就不存在，那么作为合同一部分的仲裁协议也就不存在。大合同中包含着小协议。"

上诉法院认为：首先，无论是某一方当事人违约的问题，还是另一方当事人继续履行合同的问题，都是与合同有关的争议，故都属于仲裁条款的管辖范围。其次，仲裁条款可以独立于它所依据的合同存在，没有违约的一方当事人是否可以继续履行合同的问题，应当由仲裁员而不是法院决定。

如果合同无效，仲裁条款也就无效，这是传统的观点。它的根本缺陷在于忽视了仲裁条款不同于合同其他条款的特殊性质。其实，仲裁条款规定的不仅仅是合同当事人之间相互承担的义务，它还是合同当事人通过协议对第三方的授权行为。这种授权的目的是选择和安排一种纠纷解决方式：当他们之间发生约定的、因合同而起的，或者与合同有关的争议时，应将争议交由仲裁人，通过仲裁方式解决。故，仲裁条款之效力具有其特殊性和独立性，它不应该因为主合同之履行发生争议或主合同被确定无效而失去效力，相反它正是因此才能够得以发挥作用。

《国际商事仲裁示范法》第十六条规定，仲裁庭可以对它自己的管辖权包括仲裁协议存在或效力的任何异议作出裁定。所以，构成合同一部分的仲裁条款应视为独立于其他合同条款以外的一项协议。仲裁庭作出的关于合同无效的决定，不应在法律上导致仲裁条款无效。《中华人民共和国仲裁法》第十九条，在我国首次对仲裁条款的独立性作了明确规定，坚持仲裁协议独立存在，合同的变更、解除、终止或者无效，不影响仲裁协议的效力的意思。《中华人民共和国民法典》第五百零七条对仲裁条款的独立性做了更明确的规定。《联合国国际贸易法委员会仲裁规则》在第二十一条中对这个原则有相应的规定：仲裁庭有权对其缺乏管辖权的主张进行裁决，包括是否存在有效仲裁协议或仲裁条款。还进一步指出：尽管仲裁庭认为主合同无效，合同中的仲裁条款不自动无效。英国在其 1966 年的《仲裁法》第七条明文规定："除非当事各方另有约定，不能因为协议的无效、不存在或已经失效，而将构成该协议一部分的仲裁条款视为无效、不存在或已经失效。该仲裁条款应当被视为可分割的协议。"还可以参考 1965 年《解决国家与他国国民间投资争端公约》第四十一条与《欧洲国际商事仲裁公约》第五条，它们对此均有相关规定。

## 相关法律法规

**一、《中华人民共和国民法典》**

第五百零七条　合同不生效、无效、被撤销或者终止的，不影响合同中有关解决争议方法的条款的效力。

**二、《中华人民共和国仲裁法》**

第十九条　仲裁协议独立存在，合同的变更、解除、终止或者无效，不影响仲裁协议的效力。

**三、《国际商事仲裁示范法》**

第十六条　仲裁庭对自己的管辖权作出裁定的权力

（1）仲裁庭可以对它自己的管辖权包括对仲裁协议的存在或效力的任何异议，作出裁定。为此目的，构成合同的一部分的仲裁条款应视为独立于其他合同条款以外的一项协议。仲裁庭作出关于合同无效的决定，不应在法律上导致仲裁条款的无效。

（2）有关仲裁庭无权管辖的抗辩不得在提出答辩书之后提出。当事一方已指定或参与指定仲裁员的事实，不得阻止该当事一方提出这种抗辩。有关仲裁庭超越其权力范围的抗辩，应在仲裁程序过程中提出越权的事情后立即提出。在这两种情况下，仲裁庭如认为推迟提出抗辩有正当理由，均可准许待后提出抗辩。

（3）仲裁庭可以根据案情将本条第（2）款所指的抗辩作为一个初步问题裁定或在裁决中裁定。如果仲裁庭作为一个初步问题裁定它有管辖权，当事任何一方均可以在收到裁定通知后三十天内要求第六条规定的法院对这一问题作出决定。该决定不容许上诉，在等待对这种要求作出决定的同时，仲裁庭可以继续进行仲裁程序和作出裁决。

**四、《联合国国际贸易法委员会仲裁规则》**

第二十一条

（1）仲裁庭应有权对认为它没有管辖权的异议，包括对关于仲裁条款或单独仲裁协议是否存在或有效的任何异议作出裁定。

（2）仲裁庭应有权决定以仲裁条款为其构成部分的契约是否存在或有效。按照第二十一条的规定，构成契约一部分并规定根据本《规则》进行仲裁的仲裁条款应视为独立于契约中其他条款的一项协议。仲裁庭所作的关于契约无效的决定，并不使仲裁条款在法律上无效。

（3）关于仲裁庭无管辖权的抗辩应至迟在答辩书中提出，关于反诉，则在对反诉的答辩书中提出。

（4）一般而言，仲裁庭应将关于其管辖权的抗辩作为先决问题加以裁定。但仲裁庭也可继续进行仲裁而在其最后裁决书中裁定此项抗辩。

**五、《解决国家与他国国民间投资争端公约》**

第四十一条

一、仲裁庭应是其本身权限的决定人。

二、争端一方提出的反对意见，认为该争端不属于中心的管辖范围，或因其他原因不属于仲裁庭的权限范围，仲裁庭应加以考虑，并决定是否将其作为先决问题处理，或与该争端的是非曲直一并处理。

**六、《欧洲国际商事仲裁公约》**

第五条　（关于仲裁管辖权的抗辩）

（一）当事人根据不存在仲裁协议，或仲裁协议无效，或已失效等事实，对仲裁员的管辖权提出抗辩时，此项抗辩应在发出仲裁请求书或提出争议实体答辩之前的期间提出；基于仲裁员超越其职权范围的事实提出抗辩，应在仲裁员被认定无管辖权的问题在仲裁程序中发生后，立即提出之。抗辩延迟提出时，仲裁员如认为其延迟有正当理由应即宣布准许其抗辩。

（二）上述第一款对管辖权的抗辩，如未在上述期限内提出，随后既不能在仲裁的下一阶段提出（在此阶段，这种抗辩，依仲裁员所适用的法律只能由当事人自行决定），也不能在以后对裁决的实质或执行进行审理或在诉讼中提出（在法院程序中，这种抗辩只能由当事人依审理裁决的实质或执行的法院的冲突规则决定）。仲裁员对不按时提出抗辩的裁决，须受司法监督。

（三）管辖权有问题的仲裁员，有权继续进行仲裁，并对自己的管辖权作出决定，并能决定仲裁协议或者包括此协议在内的合同是否存在或有无效力，但应受仲裁地法所规定的以后的司法监督。

# 案例五十三 国际商事仲裁排除国内法适用示范法规则的条件

## ——伊朗空军与西屋公司仲裁案

### 案情简介

该案的发生缘起于美国和伊朗公司的军事合作。在1971年到1978年的8年之间内，美国西屋公司与伊朗空军签订了出售和安装空军先进雷达的合同，合同中没有约定准据法选择条款，只约定发生争议由国际商会仲裁院在苏黎世进行仲裁。1979年伊朗爆发了伊斯兰革命，导致美伊两国的军事合作完全中断。西屋公司承诺的雷达出售和安装的合同根本没有履行。1995年伊朗就雷达销售合同向国际商会仲裁院申请了仲裁，要求西屋公司赔偿违约金和15年以来的利息。西屋公司提出抗辩，认为与合同有最密切联系的法律是西屋公司所在地马里兰州的法律，因为雷达的研制、销售和制造全部在马里兰州进行。那么，根据马里兰州的法律，销售设备合同的违约诉讼时效是4年，伊朗长达15年没有提出任何索赔主张就意味着其丧失了依据合同主张赔偿的权利。对此伊朗空军表示完全不能认同，因为根据伊朗法律早在伊斯兰革命以前就废除了诉讼时效的规定，西屋公司对此是知情的，而且伊朗空军作为伊朗政府的一部分，不可能接受美国一个州的法律的管辖。该合同显然应该适用伊朗的法律作出裁决。双方就准据法的适用无法达成一致，最终仲裁庭决定适用《国际商事合同通则》作为案件的实体准据法。

### 争议焦点

该仲裁案件中仲裁庭在仲裁中应该适用什么法律作为实体准据法？

### 学理分析

与法院诉讼不同，国际商事仲裁中仲裁员的准据法选择方法相对灵活，仲裁员可以不借助冲突规范直接选择“适合的”实体法作为准据法，这在学理上被称为“准据法直选”（voie directe），但这不意味着仲裁员可以任意地决定准据实体法的选择。在本案中仲裁员发现仲裁双方当事人对于对方国家的法律呈现出了完全的“负面选择意向”（implied negative choice）。双方在庭审中表露出完全不能接受适用对方国家法律的立场。仲裁庭尊重了当事人的这种法律选择态度，认为不论是美国法还是伊朗法在本案中都不应适用。然后，仲裁庭巧妙地发现了双方签订合同中的客观信息点，双方当事人都是长期从事军事设备买卖的主体，对于军事设备买卖的规则十分熟悉，因此可以认为双方当事人客观上存在于同一个“相关商业群体”（relevant commercial community）之中。由此可以推知，相关行业内的自治性商事惯例与争议合同的联系相对于美国法律和伊朗法律来说有更为紧密的联系。最终仲裁庭认为相关自治性商事惯例是解决该合同争议最为合适的准据法规则，最终适用了《国际商事合同通则》对案件进行了裁决。

## 相关法律法规

《国际商会仲裁院仲裁规则》第十七条第一款：当事人有权自由约定仲裁庭处理案件实体问题所应适用的法律规则。当事人对此没有约定的，仲裁庭将决定适用其认为适当的法律规则。

《联合国国际商事仲裁示范法》第二十八条第二款：如当事各方没有选择准据法，仲裁庭应适用其认为可适用的法律冲突规范所确定的法律。